课堂焦点：
新课程教学九辩

Ketang jiaodian:
Xinkecheng jiaoxue jiubian

严育洪◎编著

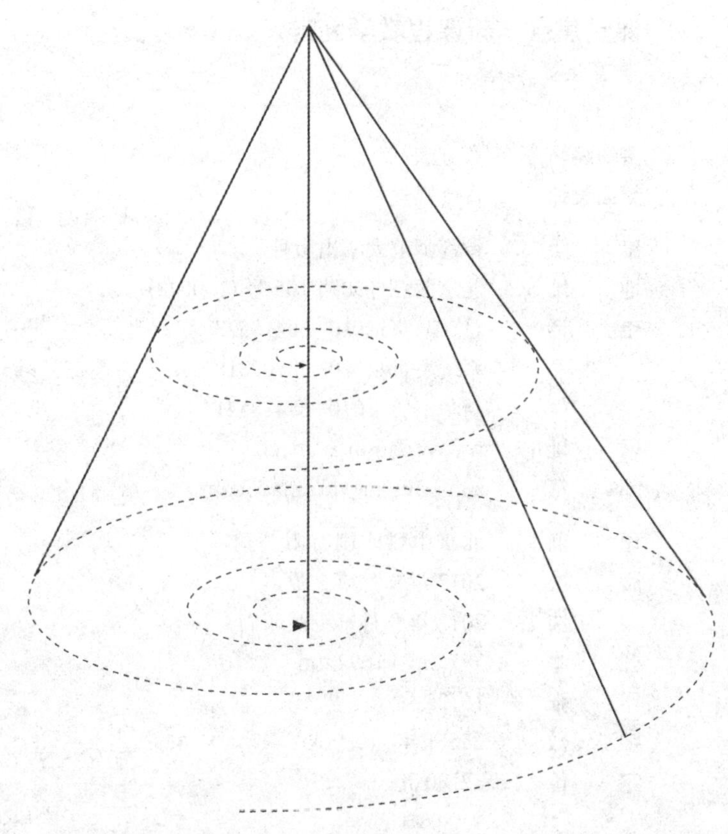

图书在版编目（CIP）数据

课堂焦点：新课程教学九辩／严育洪编著．—北京：首都师范大学出版社，2007.1

ISBN 978-7-81119-021-2

Ⅰ．课…　Ⅱ．严…　Ⅲ．课堂教学－教学研究－中小学　Ⅳ．G632.421

中国版本图书馆 CIP 数据核字（2007）第 001356 号

课堂焦点：新课程教学九辩

严育洪　编著

责任编辑　衣方杰
封面设计　奇胜视觉
出　　版　首都师范大学出版社
地　　址　北京西三环北路 105 号 (100048)
电　　话　总 编 室：010-68418523
系统发行：010-58802818
新华书店：010-68418521
网　　址　www.cnupn.com.cn
邮　　箱　zunshiyuan@hotmail.com
印　　刷　北京中科印刷有限公司
版　　次　2012 年 9 月第 3 版
印　　次　2012 年 9 月第 1 次印刷
开　　本　787mm×1092mm　1/16
印　　张　16.25
字　　数　255 千字
定　　价　32.80 元

前　言

教育实践中存在着诸多相对的教学关系，例如“预设”与“生成”、“个性”与“共性”、“独立”与“合作”、“表扬”与“批评”。这些教学关系的处理，曾在传统教学和新课程教学中或多或少地有所偏重，从而造成教学状态的失衡乃至失落，例如：将本应该对举、互融共生的目标对立了，将课程目标的实现形式与实质割裂了。在这种对立中，在这种形式对实质的背离中，部分新课程实施活动表现上“形”似了新课程所倡导的理念，但“神”失了，具有丰富深刻内涵的新课程理念在一些看起来热闹、活跃的课程实施过程中变得干瘪、肤浅甚至变形了。此中，教师常用表述语大多和大致为“既要……，更要……”，甚至极端地出现“不要……，而要……”的表述语。

这些，无疑反映了教师对各种教学关系的认识和理解存在相当的模糊和混乱。

面对新课程实施过程中出现的上述种种问题，我们必须以理性的建设性的姿态来审视它。从某种意义上说，新课程的实施过程是我们的教育理想、教育价值观实现的过程，我们必须以审慎的姿态面对新课程实施过程中出现的问题，对哪怕是局部的个别的问题，都应进行深刻的反思和及时的匡正。我们必须深入到这些问题的背后，探寻其深层的原因，并摸索出解决这些问题的切实有效的举措，以修正新课程发展的方向。

我们认为，新课程实施中出现的上述问题从根本上讲是两极对立思维的一种典型体现。两极对立思维是一种非此即彼、非好即坏的简单线性思维方式。以这种思维方式来看待和分析事物，往往容易将相互联系、相互渗透、相互包含的事物置于互不相容的两极，其结果就是割裂事物之间的复杂联系，将问题简单化、形式化、绝对化，从而影响相关实践活动的健康发展。

众所周知，哲学是科学的科学，对科学的研究方法有指导性的功能；哲学是思辨，是心灵的内省、直观、了解、辩证等主观的表达方式；哲学是分析，分析蕴含着批判、整合等方法，来厘清含混不清的问题。教师在实施新课程中应该走出两极对立的思维方式，应该用辩证的思维来处理好教学关系，用

"一分为二"的观点与积极的平衡论来考察教学关系中的矛盾双方。

本书取名《课堂焦点:新课程教学九辩》,用心良苦。

一、"课堂焦点"

模拟中央电视台"焦点访谈"的场景来建构全书的总体框架,让读者与文本之间有一个良好的言辨和思辨的情景。

1. 从外而内的过渡——"课堂焦点"的开幕曲

设立"旁征博引"板块,提供一个哲理故事,启示教育问题,由"题外话"诉说"行内话"。

2. 由点及面的展开——"课堂焦点"的主旋律

设立"绝对现场"板块,提供矛盾双方,引导读者基于下面的研究平台逐步获得教学的"辩证认识",最后得心应手地进行教学的"拓展延伸":

(1)两种视点:数学学科与语文学科之间的充实;

(2)两种现象:保守现象与激进现象之间的反差;

(3)两种状态:反面案例与正面案例之间的进步。

3. 去粗存精的总结——"课堂焦点"的休止符

设立"画龙点睛"板块,用简练却颇有哲理的教育感言、教育丝语来概括和点化全文。

二、"辩"

虽然只有一个字,却意味深长。

1. 取"辨析"之义

让读者置身于"绝对现场"的案例中,进行辨别分析,进行对比研究,领会各种教学关系的正确含义和地位。

2. 取"辩证"之义

书中各个栏目的设计都是力求能让读者采用辩证的思想来思辨、考察教学关系,从而能正确处理各种教学关系,正确实施新课程教学。这是全书编写的"聚焦点"。

"提供教学现场,观察不良倾向,进行辩证思考,实施有效教学",这是本书的编写意图,也是我们的自我期待。同时,我们希望本书能够给广大一线教师以启发,让每一位读者都能够经由本书到达对新课程理解的理性之岸,并用踏实有效的教学实践推动新课程的发展。

严育洪

2006年6月于江苏无锡

目录
Contents

“表现活动”和“思想活动”来到医院。

“表现活动”说:“我患了多动症。”

“思想活动”说:“我患了空想症。”

医生给“表现活动”开的药方是:“让‘思想活动’做你的导师。”

医生给“思想活动”开的药方是:“让‘表现活动’做你的教练。”

“关注共性”对“关注个性”说:“世界有了规范和统一,才那么美丽。”

目录 Contents

“关注个性”反驳“关注共性”说:“世界有了独特和创新,才那么美丽。”

世界说:“别争了,你们都是我的情人。有了你们,我才美丽,缺了任何一个,我就会逊色。”

“自主学习”对“指导学习”说:“没了你,我完全自由了。”

“指导学习”问“自主学习”:“那你以后还会遇到困难吗?”

“自主学习”:……

“指导学习”继续问:“那你还需要帮助吗?”

“自主学习”低下了头:“需要。谢谢你又一次指导了我,让我认识了错误。”

课堂焦点 1

"教学预设"与"教学生成"

"教学预设"问"教学生成":"课中,你会跟着我走吗?"
"教学生成"反问:"那你跟着学生走了吗?"
"教学预设"回答:"没有啊。我是跟着教材走的。"
"教学生成"断然反应:"那我就不一定会跟着你走了。"

旁征博引

[万事随缘]

三伏天，禅院的草地枯黄了一大片。

"快撒点种子吧！好难看哪！"小和尚说。

"等天凉了，"师父挥挥手，"随时！"

中秋，师父买了一包草籽，叫小和尚去播种。秋风起，草籽边撒边飘。

"不好了！好多种子都被吹飞了。"小和尚喊。

"没关系，吹走的多半是空的，撒下去也发不了芽。"师父说，"随性！"

撒完种子，跟着就飞来几只小鸟啄食。

"要命！种子都被鸟吃了！"小和尚急得跺脚。

"没关系！种子多，吃不完！"师父说，"随遇！"

半夜一阵骤雨，小和尚早晨冲进禅房嚷嚷道："师父！这下真完了，好多草籽被雨冲走了！"

"冲到哪儿，就在哪儿发芽！"师父说，"随缘！"

一个星期过去，原本光秃的地面，居然长出许多青翠的草苗，一些原来没播种的角落，也泛出了绿意。

小和尚高兴得直拍手。师父点头道："随喜！"

[教育启示]

老和尚洞察人情、深知物性、晓明禅道的形象跃然纸上，小和尚童心不泯、天真率直、活力四溢的个性尽现眼前。在小和尚心目中，在枯黄了的大片草地上撒上种子，最终在这片草地上“种苗得苗”是其预设的目标。殊不知种子在变成草苗的过程中，由于诸多突发性、不定性因素的“作祟”，原本预设的过程发生了新情况、新事件、新变化，直接导致的结果是取得了意想不到的效益——“原本光秃的地面，居然长出许多青翠的草苗，一些原来没播种的角落，也泛出了绿意”。

此番情景使我们不由想到我们的课堂教学：这种“目标—过程—结果”的演变序列，与课堂教学有着相同之处——草地上播撒种子，好比是教学目标；小和尚种植草苗的过程好比是学生研习新知的过程；草籽发芽长出绿苗好比是教学目标的落实。然其中最具启发与借鉴意义的是：面对小和尚种植草苗过程中遇到的新情况、新事件、新变化，老和尚依据小和尚的心理发展轨迹恰到好处的指引、点拨与调控，以及如何让平淡的种苗过程变得一波三折，种出新意、种出生机、种出情趣，又与我们如今提倡的动态生成课堂何其相似。

绝对现场

[讨论缘起]

在传统教学中，教师忠实地实施预设方案，排斥了学生有个性的思考，限制了学生对预设目标的超越，学生的创造智慧泯灭其中，教学变得机械、沉闷和程式化，缺乏生机和乐趣，缺乏对智慧的挑战和对好奇心的刺激，师生的生命活力受到阻碍和压抑。

在新课程教学中，我们已经打破了不折不扣地按照教学预设“照章办事”的旧观念，重视了教学的生成状态。生成是新课标倡导的一个重要理念，是师生、生生在互动中，从心与心的交流中，从思与思的碰撞中，从情与情的触摸中滋生出来的。

然而，目前出现了两种教学失衡的现象：一是有的教师过于重视生成而忽视预设，甚至认为预设可有可无，漠视了教学预设的作用；二是有的教师面对课堂上纷至沓来的生成束手无策，缺少教育机智，以致在追求生成的精彩中迷失了方向或者无可奈何地又把学生硬拉回预设。

A."保守"现象：偏重"教学预设"，轻视"教学生成"

病态扫描：微观预设，压缩生成空间

【第1种教学】"分数的意义"[①]

师1：对于这节课，我的教学设想分为三步：第一步让学生利用米尺测量黑板的长度，在得不到整数的情况下，引出分数。这样设计的目的是让学生在具体的情境中明白分数的产生与生活实际有着密切联系。第二步让学生说一说，已经掌握了分数的哪些知识，其目的是唤起学生对旧知的回忆，为新知的学习作好准备。第三步通过三个操作，突破学生对分数的原有认识，建立单位"1"的直观表象，并归纳出分数的意义。具体的操作是：①学生利用一张正方形纸折出分数，体验到可以把一个物体平均分成若干份，其中的一份或几份可以用分数表示。②学生利用一张标有刻度的10厘米长的纸条折出分数，体验到可以把一个度量单位平均分成若干份，其中的一份或几份也可用分数表示。③学生利用六个三角形（或圆片、纸片）的不同摆放，体验到可以把许多物体看作一个整体，进行平均分；对许多物体进行平均分，也可以用分数表示。

① 金坛市尧塘中心小学　陈东栋

理性操作:宏观预设,扩展生成空间

【第2种教学】"分数的意义"

师2:我认为前两步的教学设计较好,但第三步利用操作归纳分数意义的设计,仍然没有摆脱教师牵着学生走的模式。教师预设的三个操作,看起来学生动手了,但学生并没有从操作中真正明白分数的意义,只不过是在完成教师预设的方案。我想能否把三种情况或者更多种情况的操作合并为一步,让学生自由选择其中的一种进行操作。学生在操作中肯定会生成一些问题,如一张圆片、两张圆片、六张圆片的二分之一所代表的具体个数是不同的,下面的教学就以这些问题来展开,这样更能激发学生探究的欲望。

【评点】

在我们的教学中,教师往往会感到学生学得比较被动,缺乏问题意识,课堂中创生的东西少,其根本原因还在于教师在备课中,习惯于把学生的思维固定在教学预设中,生怕学生偏离教学预设的正常轨道。

以上两种教法,同样的教学内容,只不过是出场的顺序不同:第1种教学把知识分解为零碎的小块,然后把学生经过操作所得的结果加以整合,得出了本节课所要掌握的知识,其得出知识的过程虽然很顺利,但是学生的思维却因此而停顿,没有获得探究的情感体验,动手操作变成了机械的模仿行为;第2种教学设计板块式教案,同样也借助操作,只不过把问题埋入操作中,让学生在生成的矛盾碰撞中产生问题,以学生生成的问题作为研究的对象,在研究与探讨中生成并掌握知识。

病态扫描:零点预设,无视学生生成[①]

【第1种教学】备课本引发的思考

在翻看一些教师的备课本时,发现了一件很有意思的事情,大多数教师在写"教学目的"时基本上是这样的:"1. 能够正确流利地朗读课文;2. 能够认识和书写生字词;3. 能够体会到(根据具体的课文做出不同的要求)思想感情……"

看得出来,教师所预设的教学起点是学生对所要学习的课文一无所知的"零起点",但事实果真是这样吗?

我在班上对学生进行了一次调查:课本发到学生手中之后,学生普遍在开学的一周之内就已经将课文翻阅了一遍,对自己喜爱的课文学生一般都要读上三遍。对于课文中的生字词,学生在阅读时,他们会自己去查字典弄清字词的含义,并且学会了书写;关于朗读课文,随着年级的升高,学生识字能力的增强,学生在课余时间会对未学课文进行不自觉的翻阅和朗读,一般来讲,学生在学期进行一半之后,就能够将后面未学的课文较流利地朗读出来。

但是在和一些教师交谈的时候,让我感到惊讶的是:大多数教师在自己的心目中并没有学生知识能力进程的时间表,在平时的教学中仍然是将学生的学习起点设想成"零"起步。于是,在课堂教学中就形成了那种以教学目标为体现的千篇一律的程式化课堂教学,往往当教师一张口,学生就会知道教师的下一步程序。就这样在对昨天故事的重复中,学生对教师所要实施的一套早已了如指掌。学生虽然坐在教室里,但是思维并没有活跃起来,表现出消极的学习心态。

【评点】

每一次都从"零"起步的教学设计,将本来富有创造性的教育活动变成了简单的机械重复。这样的重复劳动学生厌倦,学生的学习激情得不

---

① 如皋市东陈镇山河小学 徐亚群

到激发，而且浪费了教学时间，导致了教学效率低下，也使得教师在简单的重复劳动中产生了惰性，进而产生职业倦怠。

理性操作：关注生成，随机调整预设

【第2种教学】《烟台的海》[①]

我引导学生感受夏日烟台海的浪漫可爱，人海相依的恬静和惬意。学生入文入情地朗读，我感到时机已经成熟，便将课前的设计和盘托出：此时的大海定会与火红的太阳进行着一番亲密的对话……后面的话尚未说完，突然从学生中蹦出了4个字“请写下来”。

我立刻反思自己：学生是不是太了解我的教学了？我的教学难道进入了一种一成不变的模式之中？对学生而言，过于熟悉的教学失去了它神秘莫测的面纱，其有效性是否会大打折扣？我扫视全体学生，扑面而来的不再是兴奋的目光，创造的激情，而是硬着头皮完成学习任务的无奈。我课前还在为自己设计的这一开放性的小练笔沾沾自喜呢，可现在……

如何使学生产生表达的欲望呢？我立刻收住即将吐出的字，接着说：“同桌之间分配好角色，开始对话。”学生即刻进入了角色，正当他们动情地说着时，我立即提出了动笔写下来的要求。此时，所看到的是个个神采飞扬，大有一吐为快的气势。

前排的一位女生问：“我可以写海浪与堤岸的对话吗？”“可以呀，这一小节的最后一句就是‘他们脚下，是海浪与堤岸的呢喃细语’。”这个孩子真正将文字读到了心里，并且找到了打动自己的所在。我立刻给予了回应，并且热情洋溢地鼓励大家还可以创新地更换对话的对象。这样，学生自由驰骋的空间就更广阔了。

【评点】

这一教学环节已不是最初的设计面目，通过学生的瞬间反应，教师捕捉到了有效的表情信息，随时有所更改，以期达到学生“有所感兴，则不倾

---

① 徐州市泉山区黄河新村小学

吐不舒快,本于内心的郁积,发乎情性的自然”的目的。即便是课前自己非常得意的设计,如若在课上不足以培养学生的丰富情感,也不能一意孤行,自以为是。学生的反应是衡量教学设计成败与否的一个重要尺度。

B. “激进”现象:偏重“教学生成”,轻视“教学预设”

病态扫描:追求生成,脱离预设目标

【教学片段1】“认识乘法”[①]

执教者在上课一开始出示了像动画片一样的精彩画面“动物园的一角”。老师让学生观察画面并提出“你发现了什么”,学生经过观察后踊跃发言:

生1:我发现这儿真好玩!有小动物,有房子、大树、白云、河流、小桥。

生2:我发现小河的水还在不停地流动呢!

生3:我发现小河里还有鱼儿在游呢!

生4:我发现小兔们在开心地蹦跳着。

生5:我发现小鸡的头还在一动一动的,它们在啄米呢,还是在啄虫子?

生6:我发现小桥上有两只小白兔,它们是要到桥这边来呢,还是要过桥去?

生7:那两座房子是小鸡的家,还是小兔的家?

生8:远处的白云在飘动着,好像在欢迎我们小朋友呢!

生9:我发现那座大房子门前有路通向小桥,而小房子门前却没有路。

至此,十多分钟过去了,学生不断有新的发现,老师在肯定中不断提

---

① 江苏省海安县明道小学 严华

问“你还发现了什么”，学生还是没有在问题情境中感知“几个几”的生活现象。

【评点】

本案例中，教师预设在情境中通过学生自己的观察归纳出“几个几”导入新知，但学生一直游离在老师的期望外，在老师耐心的等待中，这节数学课倒生成出“语文味”，疑似看图说话。我们在实施课前预设的过程中，虽然需要开放地融入弹性灵活的成分，适时调整预设，但一味追求生成也会导致教学的失控。当学生不能自行观察出“几个几”时，老师出面引导观察应该是必要的，而不应让学生说到哪里就哪里，“生成”出离题万里、不必要的许多“麻烦”。

理性操作：追究生成，回归预设目标

【教学片段 2】“美丽的花边”[①]

师：欣赏这两条花边，你觉得它们有什么特点？

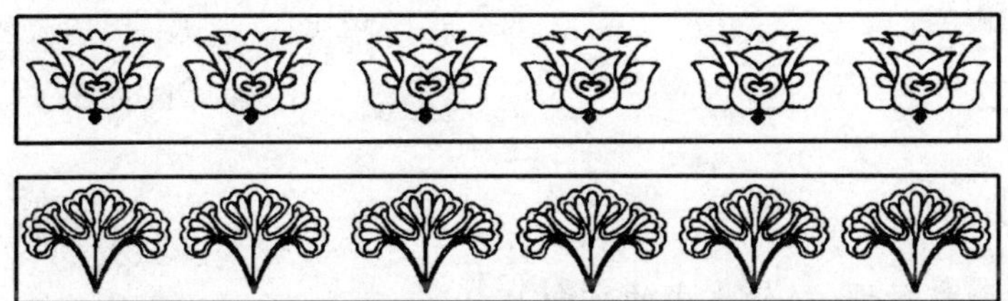

生 1：我觉得花边的图案色彩搭配得很好，所以它们很美丽。

生 2：我认为花边的颜色非常艳丽，带给我们美的享受。

师：同学们说得有道理，但是如果这些花边只是颜色鲜艳而形状、大小不一，花边还会这么美吗？（随手出示一条花边）

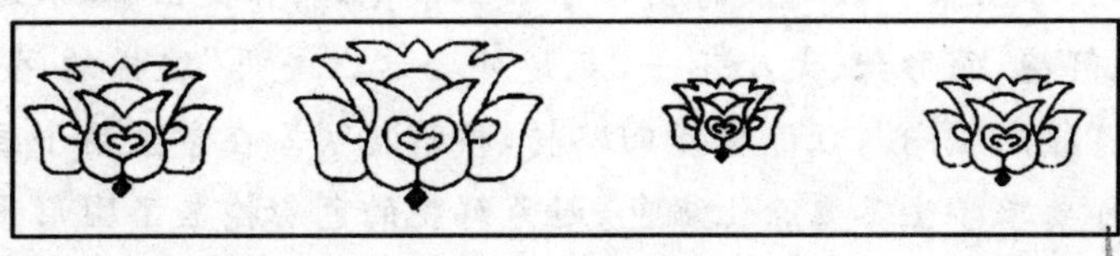

① 江苏省常州市实验小学　杨倪

生3：如果花边只是颜色鲜艳，形状、大小不一，就不美。

生4：我觉得前面两条花边美丽的原因不仅仅是颜色，重要的是这些花边都是通过平移画出来的。

生5：平移的特点是图形不变形，所以前面两条花边非常美丽，而第三条花边的图案显得有些凌乱。

师：好的。下面的花边你能接着往下画吗？怎样画但不涂色能使花边更美丽？

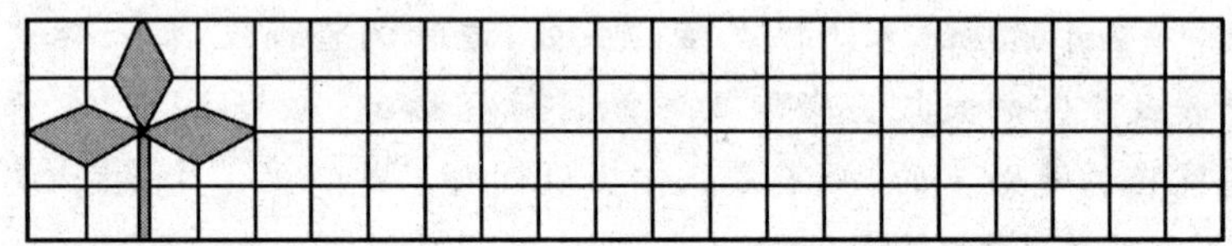

生1：我是利用平移画出花边的。我在图案中找到了所有的顶点，把这些点平移，然后再把平移后的点连起来。

生2：我认为没有必要把所有的顶点找出来。我只找了6个关键点，因为这些点都在每一方格线的中点位置。只要把这6个点平移，然后把平移后的点连起来就可以了。

师：这位同学非常善于观察，能从普通的点中找到最重要的几个点。

生3：把这6个关键点平移时，我有一个巧妙的方法，只要在6个点所在的方格正中间画一条线，6个关键点平移后的对应点一定都在这条线上。

……

【评点】

1. 调整预设，引领生成的方向

在欣赏花边时，有部分学生认为鲜艳的颜色使得花边更美丽，“破坏”了教师的教学预设。显然，颜色带给学生的视觉冲击是很大的，但是“颜色”不是我们关注的内容。怎样因势利导，让学生将关注的视角转向图案的形状和大小上来？教师及时出示了第三条花边，并提出“如果这些花边只是颜色鲜艳，而形状、大小不一，花边还会这么美吗”这样的问题，巧妙地为学生“指点航向”，让课堂峰回路转，柳暗花明。在学生动手画一个花边时，教师要求学生不要涂上颜色，避免鲜艳的色彩掩盖了图形平移的本质。

2. 抓住资源，挖掘生成的深度

在学生动手制作完花边进行交流时,第一个学生提出了找出所有的顶点进行平移,最后连点成形的方法;第二个学生则提出只要找出6个关键点进行平移,教师及时抓住学生的闪光点进行鼓励;第三个学生则进一步发现6个关键点平移的巧妙方法。教师注意倾听学生的发言,敏锐捕捉来自学生的资源,巧妙地引导,不但让学生体会了简捷地将一个图案进行平移的方法,而且强调了观察在学习过程中的作用。

病态扫描:为了学生生成,教师随意提问

【教学片段1】《捞铁牛》

师:同学们,怀丙和尚用巧力——水的浮力,捞起了一只铁牛,水底还有6只没捞上来。现在已是21世纪了,你想用什么方法来捞呢?

生1:用大吊车。

生2:用潜水机器人。

生3:用潜水艇和潜水员。

……

师:同学们,你们真是聪明,真可称得上是21世纪的"怀丙"了……

生4:(插嘴)老师,现在已是21世纪了,架设浮桥很少再有用大铁牛来拴的,所以我认为,那6只铁牛捞上来没用。(生4语惊四座,教师愕然缄默了……)

【评点】

遭遇如此"尴尬"生成,个中原因,并非学生有意刁难,而是教者被自己的预设"问题"捆住了手脚。这至少给我们两点启示:其一,别给学生设计这种"画蛇添足"的问题;其二,别让探究失去意义。

某些教师在设计教学时,似乎还乐于制造一些不成"问题"的问题,如《乌鸦喝水》一文——"如果你是那只乌鸦,你还会用什么方法来喝到瓶中的水?"《司马光》一文——"如果你是那群小伙伴中的一员,你会想什么办法来救落水儿童?"。

理性操作：学生质疑提问，教师正视生成

【教学片段 2】《早发白帝城》

一位老师执教公开课《早发白帝城》，让学生在课堂上充分地向老师提问题。结果，学生提出了以下的问题：李白写了多少首诗？李白的诗歌有什么特点？李白这首诗是怎么来的？李白的酒量有多大？李白有儿子吗？李白死在什么地方？这首诗是李白什么时候写的，青年、中年还是晚年？江陵是什么地方？现在叫什么？请老师给我们谈谈古体诗都有哪些形式特点好吗？李白那个时期还有哪些诗人？李白有个朋友叫杜甫，能谈谈杜甫的诗歌特色吗？李白与杜甫的风格有什么不同吗？我听说这是李白在被流放的途中重获自由时写的，他为什么被流放？他又为什么获得自由？白帝城的名字怎么来的？是不是曾经住过一个“白帝”？

以上是 5 分钟内学生提出的部分问题，这些问题中有许多他无法回答。但他坦然面对，能解答的解答，不能解答的与学生一起课后研究。

【评点】

陶行知先生说过：做“先生”的最大乐趣，就是教出值得自己崇拜的学生。学生能把老师问倒，说明他们有水平、善思考。据说在美国的课堂上，老师被学生问住的现象比比皆是，老师们都偷着乐呢！如果哪一天学生提的问题不多或质量不高，老师还会感到遗憾，从而反思自己的教学在哪儿出了毛病。

在生成性教学中，学生提出什么问题都不足为怪。好多问题不要说中小学老师，就是大学教授或许也难以回答得出来或讲得清楚。课堂上固然要解决问题，但更重要的是培养学生的问题意识，活跃他们的思维，开阔他们的眼界——这比解决问题重要得多。当然，能解决的问题应该当场解决，但不能当场解决的，也不妨引导学生课后利用图书、网络等资源解决（老师要参与思考与研究），甚至留待日后慢慢化解。

辩证认识

预设与生成是对立统一的矛盾体。就对立而言，课前细致的预设使本该动态生成的教学变成了机械执行教案的过程；就统一而言，预设与生成又是相互依存的，没有预设的生成往往是盲目的，而没有生成的预设又往往是低效的。

一、有效教学需要处理好“预设”与“生成”的辩证关系

（一）在凸显教学生成意识中加强教学预设的活性

凡事预则立，不预则废，预设是课堂教学的基本要求。教学是有目标、有计划的活动，没有预设方案的准备，教学只会变成信马由缰的活动。教师根据课前预设引领学生的思维，展开教学，这是毋庸置疑的，但传统教学的弊端是教师把教学过程统得过死，课堂完全成了教师的课堂，学生习惯于思考“老师要我回答什么”，而不是“我是怎样想的”，学习的过程成了学生揣摩教师意图的过程，成了学生努力配合教师完成教学预设的过程。

新课程教学要求教师课前有应付课堂上可能会出现种种意外的心理准备，课堂上才会游刃有余。名师的课堂常常能给我们带来意外的惊喜，常常能让学生学一点而知许多，这样的效果绝不是无中生有、空穴来风的偶然所得，恰恰是课前苦心经营、精心打造的必然所致。高质量的预设是教师发挥组织者作用的重要保证，它有利于教师从整体上把握教学过程，使教学能有序展开，从而提高学生学习活动的效率。

(二)在比照教学预设目标中调控教学生成的态势

创造性的生成是以“学生为本”的体现，它有利于提高学生自主探索的积极性和创造性，使教学过程充满生命活力。有的时候教学生成的发展变化和教学预设是一致的，这反映出教师对教学内容逻辑性的合理把握和教学对象认知状况的深入了解，但更多时候，两者是有差异的，甚至是截然不同的，这反映出教学过程的复杂性和教学对象的差异性。“意外情况”主要有两种类型：一种是客观突发事件，如教学环境的改变、教学参与主体的变数、教学场的外在“嵌入”；一种是主观预设之外又是情理之中的“突发情况”，如学生的突发奇问、教师讲授的“卡壳”现象。大部分“意外情况”属于后一种。对教师而言，当教学不再按照预设展开时，将面临严峻考验和艰难抉择，这需要教师既具有预设的目标意识又具有生成的机智意识。当然，学生在教学中产生某种顿悟但没有引起教师的关注和进一步利用，或师生进行不着边际的无意义互动，不能严格谓之教学的生成或生成性教学。

二、有效教学需要处理好“形案”与“心案”的辩证关系

《基础教育课程改革纲要》解读中提出：“教案的规范化对合格教师、尤其是优秀教师而言，可能是弊大于利。”我们的确应该对教案管理过程(教案的生成和实施)的固有价值和观念有所反思，正确处理“形案”与“心案”之间的关系。

“心案”指的是教师在教案实施过程中结合实际情况，不断调整和完善自己教学方案的弹性设计的总和，它把物化的、静态的“形案”变成一个有生命的、动态的生成过程。我们应备好“形案”，更应备好“心案”。

强调互动生成，对教师预设教学方案提出了更高的要求，预设不再是静态的“形案”，而是一个开放的、多种教学预案设计总和的“心案”，是一个在课堂中结合学生表现选择预案，随即产生方案的弹性的、动态的形成过程。教师在教学中做到心中有案，行中无案，寓有形的预设于无形的、动态的教学中，把握促使课堂教学动态生成的切入点。

拓展延伸

专场1:小学数学

一、加强沟通,创造预设与生成转化的通航机制

(一)精心预设,为生成启航

准确把握教材,全面了解学生,有效开发资源,是进行教学预设的重点,也是走向动态生成的逻辑起点。教师的预设越周密,考虑越详尽,则转换为切实有效的课堂教学实际流程的可行性就越强。

1. 教材透视

如果把教师对知识外延与内涵的理解视为一个生成教学的"最近发展区",那么理解越深广,预设越丰富,生成教学的"最近发展区"就越大,就越能涵盖或接近学生的"创新性发现",外显为教师能听"懂"学生的每一次发言,能看"懂"学生的每一次行为,从而为生成教学提供前提条件。

(1)穷举知识的"外延"

教材提供的范例或情景可能很经典,但不能否认在生活中有着更丰富的学生所熟知的情景。同时,认识教材展示的方法仅是解决问题的其中一个策略,这个策略可能很简洁,但不能否认在学生思维深处有着更多样的解决问题的方法。

(2)挖掘知识的"内涵"

追本溯源,探求核心知识,从整体上把握知识的纵向延伸和横向衍生,思考学生可能生成的问题和教材知识的前后因果关系与左右联系区别,设想联结的方法与途径。

2. 学情预测

教师应从学生的生理、心理以及已有知识水平诸多方面客观、准确、深入地了解学生，了解学生的个体差异，并通过个案调查、座谈问答及出预习题等方式予以实施。“学情预测”还应当包括对学生的生活环境和生活经验的了解，由此最大限度地开发教学资源，让存在于学生丰富多彩的生活当中的教学资源充分、自如地融入学生的日常学习活动。

(1)过学生年龄特征关

特定的年龄，意味着特定的思维水平与思维方式。例如，对刚进入校园的一年级小学生，如果总是让他们在计算后讨论“你是怎样计算的，为什么要这样计算”等，学生往往会“很不给面子”，因为他们的思维还停留在直观操作层面。教师不妨利用学具引导学生操作，使算理在操作过程中自然建构、生成。

(2)过学生知识结构关

学生会的无需多讲，学生半懂不懂的要适当点拨，学生完全不明白的要重点讲解，这是教师在面对课堂时首先需要搞清楚的。教学新课时，可采用“先问后讲”的形式，了解学生已有的知识储备与结构。

例如：在教学“两位数加两位数的口算”时，教师在课初口算复习时，穿插了几道新授的口算，发现绝大多数学生已经能很熟练地口算出结果了，教师便随即转换教学方法，追问学生“你是怎样算出来的”，“你能用几种不同的方法口算出结果吗”。这样“先练后讲”，尊重了学生的学习现实和起点。

(3)过学生群体特征关

每个班级的学生都是一个特殊的学习群体，在长期的共同学习中，都会自觉不自觉形成各自的特征。教师要熟悉自己所教班级学生的特点，选择更适合自己班级的教学方法。

3. 减法思维

在设计教案中，教师应“蹲下身来看学生”，用学生的眼光来审视教学内容，设身处地地想学生所想，疑学生所疑，变传统的“加法思维”为“减法思维”，突出重点，简化头绪，使之目标集中，成效凸现。

4. 多维导向

对于教学中的重、难点，教师在预设过程中要尽可能地进行多种考虑，主观上努力穷尽各种可能，才能在具体的教学过程中做到游刃有余。

5. 板块设计

设计板块式教学预案，是指“内容板块”，而不是“程序板块”，它们的相同之处在于“板块”是可以移动的。板块式教学预案，在对知识外延和内涵充分理解及对学生思维基本预测的基础上，将各知识点的教学设计成若干内容板块，分布在教学各环节中，视学生课堂实际反映进行“块移动”，使根据学生的思维实际及时调整课堂教学成为可能，从而为生成教学提供保证。从某种意义上说，“块状结构”的实质是“精简环节”，“块状结构”比“线型流程”显得更为粗犷。这种粗犷，解放了师生为急于追赶“线型流程”中的后继环节而匆匆奔走的步履，使得师生有了更为宽裕的时空余地来充分突破各独立板块的预期目标，从而实现教学过程的整体优化。

例如：教学“正比例意义”，课堂流程重点预设两大板块：一是“选择材料、主体解读”的“原型体验”板块，借助三则具体材料让学生经历“商量选择、独立解读、交流互评和推荐典型”等数学活动，积累较多的与正比例知识相关的信息和感性认识；二是“交流思维、点化引领”的“数学化生成”板块，学生立足小组间的观点交流和思维共享，借助教师适时介入的适度点拨，生成“正比例”数学概念，并通过回馈材料的概念解释促进理解的深入。

（二）不拘预设，为生成导航

课堂教学强调即时生成，其出发点是对学生学习需要的尊重。由于种种原因，师生之间的思维及其方式存在着一定的差异。教师再周密、详尽的教学预设也不可能完全替代学生的思维过程，因为它只是一种预测，只能是“大体则有、定体则无”。

1. 开放过程

要使预设好的大致教学结构转化为在实施过程中不断应答各种不确定性的随机应变的结构，除预设的多维、灵活、开放外，还需要教师根据学情对原教学预设及时做出调整。如对学生课堂上的质疑，应借助控制论原理，可引导学生自求自解；属于难点问题，教师可以旁敲侧击；属于有争议的问题，教师可指点学生各抒己见，在辩证处理好导与学的同时，使教学目标和教学策略能得到更好的调整。

2. 尊重个性

在教学过程中，不但教师会影响学生，学生的反应也在影响教师。学习是学生个性化的行为，教师应尊重学生富有个性的情感体验、思维方式和多元表达，从而杜绝将学生的思维纳入既定模式，以成人的理解代替学生的感受。

3. 捕捉契机

教师在教学中要善于抓住学生所思所想的契机，以及在教学推进过程中不断表现出来的思维火花，将教学及时进行调整，不断地推向理想境界。

（1）慧眼——敏锐地捕捉生成资源

课堂上学生思维的顿悟、灵感的萌发、瞬间的创造无处不在，教师应该独具一双慧眼，及时捕捉即时产生的教学资源，引领学生全身心地投入到知识的建构和创造的愉悦中去。

（2）慧心——随机地调节预设教案

教师手握的是已知的教案，面对的永远是学生未知的答案。是将教案进行到底还是顺着教学实际发展的方向去挖掘，是每一位教师面临的研究课题。

①选择预设，灵活生成

课前的多维预设为教学活动的展开设计了多种“通道”，这为教学方案的动态生成提供了广阔的空间。

例如：教学“分数乘分数”，当教师引导学生讨论“你认为分数乘分数该怎样计算”时，许多学生已经知道了“用分子相乘作分子、分母相乘作分母”的结论。这时，教师灵活地在“对未知的探索”与“对猜想的验证”这两种预设中，选择“对猜想的验证”，并通过“算一算、数一数、比一比”的学习活动让学生验证自己的猜测。学生在此过程中不仅成功地建构了知识意义，还经历了“发现问题——提出猜想——验证猜想——形成结论”的解决问题的过程。

②整合预设，机智生成

教学目标如何具体化？各维度和各层次目标如何随着教学进程逐一达成？教学内容怎样呈现？教学流程如何设计？运用哪些教学方法？……教学预设时教师的思维方式是分析性的。但在实施教学的过程中，教师应直面真实的教学，根据师生交往互动的具体进程来整合课前的各种预设。这时，教师的思维更多地表现为整合性。

例如：“能被 3 整除的数的特征”一课的巩固练习，教师的教学预设分三个层次：第一层，简单应用，巩固认识；第二层，灵活运用，形成策略；第三层，综合运用，获取技巧。显然，这样的预设只考虑了学生课前的知识储备，忽略了学生课中“做数学”的经验积累——学生在探索能被 3 整除的数的特征的过程中已经积累了“各数位上的数能被 3 整除，和也能被 3

整除”的事实经验，(尽管他们未曾深入研究)这为学生灵活应用规律进行判断做好了策略上的准备。实际教学中，学生有可能主动跳出课前第一预设(巩固认识)和第二预设(形成策略)而直接进入第三预设(获取技巧)，如果教师还机械地将学生纳入自己预设的轨道，那么学生的学习热情将会受到影响。这时教师可以机智地将三个层次的学习活动进行整合，主动让学生到台前唱“主角”，通过质疑和交流，使不同层次的学生互相学习，互相补充，获得不同的发展，使原本机械的教学预设在师生的共同创造中变得充满灵性、充满智慧、充满活力。

③放弃预设，创造生成

【案例】“圆柱的认识”

师：今天我们将继续研究立体图形。你准备研究什么？

生：我准备先研究圆柱体。

生：我准备将剩下的圆柱、圆锥和球一起研究，因为它们都有弯曲的面，肯定有类似的地方。

生：这样可能来不及。不过这样的研究可能便于比较，所以我建议先研究圆柱与圆锥。

师：(出乎意料，将“球”抛给学生)你们的意见如何？

生：研究圆柱和圆锥！

师：(稍作思考)行！你们准备研究些什么？

生：像长方体一样，研究“棱”、“顶点”、“面”的特征。

生：还可以研究一下“高”。

生：还可以与长方体和正方体进行比较。

师：你们可以独立研究，也可以小组合作，还可以先独立思考再小组交流……

【评点】

案例中，当学生自主选定的学习目标与教师的课前预设发生偏差时，教师及时放弃了“只研究圆柱特征”的预设方案而生成了“将圆柱、圆锥放在一起研究特征”的实施方案，从而顺利地将学完圆柱、圆锥后教师要求下的被动对比提前纳入新知学习过程中的主动探究，顺应了学生的探究欲望和学习需求。或者说，正因为学生找到了从“整体”入手这个“支点”，学生探究的兴趣才更加浓厚，探究的过程才更加深入,探究的发现才更加精彩。

(3)慧根——诗意地焕发生命活力

荷尔德林说:"人,诗意地栖居在大地上。"从生命的高度看,每一节课都是师生不可重复的、充满激情的生命历程。教师告别了"知识权威"的角色,从高高的讲台、成人的认知模式走向学生的认知领域和心灵世界。

教学活动由"知者"间的对话变为"智者"间的交流,教师不是带着知识走向学生,以完成教学任务为唯一目的,而是带着学生走向知识,和学生平等对话:允许学生表达自己的感受和见解,允许学生用自己的方式学习数学,允许教师本人在学生面前表现出"无知"……学生只有在自己的生活经验、知识基础之上感悟、体验并经历数学知识"再创造"的过程,才能在得到知识的同时生成捕捉知识、探索未知的智慧。

二、教后反思,研究预设与生成协调的改进措施

课堂是一个动态交互发展的过程,"预设"往往会出现多种结果,如果教师课后能进行反思,可以为以后的"再预设"提供帮助。

(一)反思成功之举——"预设"是怎样"生成"的

教师要及时把与学生联系最密切、学生最投入或最能体现自己教学意图的"成功点"记录下来,然后进行反思:预设的目标是怎样得到有效落实的?如何恰当处理预设内容?哪个教学环节生成效率最高?在灵活调控课堂方面有哪些成功经验?……

(二)反思败笔之处——"预设"为什么"未生成"

当教学出现失误时,教师可以从以下方面展开反思:预设目标是否脱离学生实际基础?预设内容安排是否妥当?预设教学方法的选用是否符合学生的身心特点?……对这些问题要从多方面找原因,及时找出问题症结,采取相应对策。

(三)反思教育机智——怎样促使"非预设"的"生成"

对预设之外的内容,教师若能发挥教育机智,突破原先教学预设的框

框，捕捉临时生成中的有意义成分，及时整合到教学中，便能取得意想不到的效果。教师课后要对“非预设生成”进行反思：寻找隐含在背后的理论依据，上升到一定高度，获得规律性认识，以使今后面临“意外”时，能够从容应对，取得良好结果。

(四)反思再教设计——为了“生成”该怎样“预设”

实践证明，成功的教案不在课前，而在课后。一节课下来，及时反思得失，找到教学实际与“预设”之间的差距，并进行必要的归纳与取舍，考虑如果再教这部分内容时应该如何做更有效，对原先的“预设”进行修改完善。

专场2：小学语文

一、动态教学的关系把握

(一)预设不是守旧，生成也不是时尚

预设就是“事先筹划”，生成应对“教学机智”，它们在以前的教学中需要，在如今的教学中也需要。预设时教师要达到“三种境界”：第一种境界——“我就是作者”；第二种境界——“我身临其境”；第三种境界——“我就是学生”。

(二)预设与生成没有轻重之分、优劣之别

预设和生成是没有轻重之分、优劣之别的，它们都应该为课的“顺利”和“完美”承当责任，都应该在课当中得到正确的诠释和有效的演绎。

(三)预设与生成可以意义同构、价值同取，但其内在机理和外化形式却不可能“求同”

1. 预设与生成的“过程”是不一样的

预设可以是合成的（如资料的合成、经验的合成、集体智慧的合成等）、延时的（只要课不急，就可以延长时间、延缓时间以作更充分的“准备”），而生成只能“独自”进行，“即时”完成。就“结果”而言，预设是允许且可以调整的，而生成则具有“无法更改性”。

2. 预设与生成的“关注对象”不同

预设要关注的是文本，如何将文本改造、转化成课堂教学的流程、环节和活动内容，是教师必须投放的“精力”；生成则是对学生的关注，学生在课堂上的表现、反应（哪怕是“非学习性”的）都应收入教师的眼底。“发现”是预设的全部，“应对”则是生成的根本。在预设时，教师不但要善于发现文本中“显露”的信息，更要善于发现其“隐藏”着的意义；在课堂生成时，教师不但要应对正常情况，更要应对“非正常”情况。

3. 预设与生成的“行为要求”也有差异

预设的技术含量大，追求的是精益求精、一丝不苟；生成的情感因素多，强调的是机智灵活、妥帖得体。预设所要借助的是教师的“理性”，生成所要借助的却是教师的“灵性”。

（四）预设应讲究科学性、经典性和充分性，生成则要体现有效性和自然性

预设的科学性指的是正确、合理，经典性指的是有新意和有创意，充分性是要对可能出现的情况作全面而又细致的分析，并做出“回答”。要使预设充分，应该履行好“三预”：(1)预想，即构想出“预案”；(2)预试，或者叫预答，就是将预案进行“预演”；(3)预判，即判别、判断一下“预演”的效果。生成的有效性是就价值取向而言的，有效的生成就应该是审时度势，相机行事。

（五）预设和生成都需要以“思想”打底子，用“智慧”撑门面

“只有有了认识的深度，才会有行为的高度。”一个优秀的语文教师，必须有四大支柱的坚固支撑：丰富的文化底蕴支撑起语文教师的诗性；高超的教育智慧支撑起语文教师的灵性；宏阔的课程资源支撑起语文教师的活性；远大的职业境界支撑起语文教师的神性。在预设与生成面前，如果没有对“思想”与“智慧”的正确认识和把握，我们就不可能做到“让预设与生成激情共舞”。

二、动态教学的生成途径

动态生成是基于教师的睿智之下，师与生、生与生、生与班群间用真

理、知识、智慧、志趣等共同缔造的精彩画卷，徜徉在其间的不仅仅是情感的满足，还有灵魂的荡涤、个性的张扬、精神的融合；充盈在其间的不仅仅是品格的纯洁，还有成功的喜悦、素养的丰腴。动态生成是课堂教学中对以往强调的目标预设性、过程计划性、结果规定性的一个重要补充和修正，其实施的过程巧妙适机、适宜，没有丝毫矫揉造作，没有任何硬性灌输，存活在有心与无心、有法与无法、缥缈与真实编织的和谐空间中。

（一）随时生成，让真理在实践中凸现

随时生成，指的是在课堂教学中，教师敏锐地抓住迸现在学生眼前的稍纵即逝的课程资源，并加以积极开发利用，推动教学从“无序”走向“有序”的一种有效方式。

【案例】“把错乱句子整理成一段通顺的话”的练习题

（　　）顿时，锅里便噼里啪啦响个不停。

（　　）翻了两次后，荷包蛋基本成形了，我把火开小了一些。

（　　）早晨，我穿好衣服，梳洗完毕，开始煎荷包蛋。

（　　）又过了一会儿，一只金黄色的荷包蛋便煎好了。

（　　）然后拿起一个大鸡蛋，在锅沿上轻轻一敲。两手掰开，把蛋黄蛋清倒进锅里。

（　　）过了一会儿，我放上一点盐，又用铲子把鸡蛋翻了个身。

（　　）我先把煤气灶打开，往锅里倒了一小勺色拉油。

学生集中交流时，出现了意想不到的情况：部分学生认为先“把蛋黄蛋清倒进锅里”，才会引起“锅里便噼里啪啦响个不停”；部分学生则认为，因为“往锅里倒了一小勺色拉油”，所以“锅里便噼里啪啦响个不停”。双方各执一词。

这时，正好是学校食堂准备午饭时间，教师灵机一动：“同学们，咱们现在就去食堂，请食堂师傅现场为我们煎一下荷包蛋，如何?!”飞进食堂，同学们眼睛紧盯着师傅面前的那口大黑锅，色拉油下锅后，未见响声，鸡蛋滑落到沸腾的油中，“噼啦、吱呀”响个不停。……

（二）随性生成，让灵智在交流中碰撞

随性生成，指的是在课堂教学过程中，教师紧紧依据学生的个性特点，把学生独特的思维、智慧当作一种精妙的课程资源来开发的教学方

式。此方式“纵容”学生发出不同的声音，从而使学生成为秉持着独立思考与判断的操守者。

【案例】《孔子游春》

生1：孔子是一位好老师。他教导弟子，不在教室，在河边；不用课本，用流水；不硬性灌输，而是借物喻理。

生2：孔子确实非同寻常。他首先认为泗水河边美丽的自然风光是弟子学习的好地方；接着，他便将弟子带进自然，让弟子们广泛地接触，尽情地拥抱河水，我建议我们的老师也要敢于让我们走出教室。

生3：我认为孔子的教学理念值得商讨！

师：（一愣）请说说你的看法。

生3：俗话说得好，“一天之计在于晨，一年之计在于春”，春天是最好的读书时期，孔子不让弟子们在教室里安心读书，却偏偏要跑到泗水河边游山玩水，这不是白白浪费大好光阴吗？

师：你敢于挑战权威，不人云亦云，勇气可嘉。对你的观点，大家有什么想法？……

（三）随遇生成，让知识在对话中传递

随遇生成，指的是在课堂教学中教师牢牢扣住迎面扑来的课程资源，作广度、深度开掘，不牵强附会，不强拉硬扯，从而让这种资源为教学服务的教学方式。

【案例】《小猫种鱼》

师：同学们，谁能用“种”字扩词并说句话。

生1：农民伯伯在田野里种花生。

生2：妈妈在山坡上种玉米。

生3：我和姐姐在花园里种花。

生4：老师，可不可以说种太阳？（闻听此言，孩子们哄堂大笑。）

师：嘘——，好孩子！可以，但你为什么这么说？

生4：（满怀信心地）不是有一首歌叫《种太阳》吗？

师：没错，想得多好！我们一起把这首歌唱出来好吗？（在同学们及老师的拍手应和声中，小男孩边跳边唱。歌舞结束，教室里恢复

了平静）

师：还有谁有独特的想法？

生5：毛主席在井冈山种下了革命的火种！

师：太棒了！想听听这里面的故事吗？……

（四）随缘生成，让志趣在心田中升腾

随缘生成，指的是教师在课堂教学中顺乎学生的学情，让有效的课程资源自然而然地生发，不刻板、不呆滞。

【案例】《孔子游春》

生1：我们要像水那样有志向。俗话说船大不怕浪高，志大不怕艰险。同学们，立志容易圆志难，只有不怕困难才能摘下成功的花朵。让我们向着自己的远大志向大步向前冲吧！

师：好！志当存高远。

生2：在我的心灵深处，常存在着一些自私自利的错误念头。当别人取得成功时，我不是分享快乐，而是嫉妒；当别人灰心丧气时，我不是帮扶关心，而是幸灾乐祸。今后我也要像泗河水那样，净化自己，做真君子。

师：你能看到自己的缺点，并想方设法改正，真是个好孩子。

生3：孔子是位充满智慧、和善可亲、知识渊博、循循善诱的好老师。他能从司空见惯的流水中，悟出如此深奥的道理，将君子的种种品质与水的特点紧紧联系在一起，真令人佩服。我应该向孔子学习，学习他那种“教书育人”的可贵品质。

生4：我曾在一本课外书上看到孔子说过这样一句话：三军可夺帅，匹夫不可夺志也。人立大志，则天下事可成也！

师：你能适时引用，并予以发挥，吾甚欣慰也！（生大笑）

三、动态教学的平衡艺术

课堂是一个充满活力的生命整体，处处蕴含着矛盾，其中生成与预设之间的平衡与突破，是一个永恒的主题。生成对教学目标的达成有利亦有弊，所以，我们努力追寻着综合的、最佳的动态平衡。

(一)放大生成,在追问探索中寻求平衡

对生成作放大性处理前,首先要直觉把握有没有作放大处理的必要;其次要巧妙设计估测追问的角度和效度;再次不能不讲究引导的力度和深度,使生成的放大处理有理、有节、有效。当对生成作放大性处理时,我们有必要回到原点,观照预设的教学目标,精设追问点,在灵动的生成中预设,在即兴的预设中生成。在新的知识、新的想象、新的情感中寻求一种综合的、最佳的动态平衡,酝酿新的突破。

(二)搁置生成,在委婉拒绝中寻求平衡

课堂教学要讲究效率,生成性课堂教学资源的开发要适度,不能盲目追求课堂教学中的生成性。从这一层面上看,生成有时需要搁置,在委婉拒绝中寻求平衡。

(三)缩小生成,在迂回突破中寻求平衡

所谓缩小,即是对生成进行有价值的控制和调整,避轻就重,避虚就实,小处着眼,大处着想,在迂回突破中寻求平衡。对生成作缩小处理的时候,我们还是有必要回到原点,去照应预设的教学目标,在有目标、有方向的引导中对生成作有效点化,不断地充实丰富预期的教学目标,实现平衡中的超越。

画龙点睛

• 教学预设对于教学生成,应像海绵一样虽具有定型,却富有弹性;教学生成对于教学预设,应像气球一样虽随风飘扬,却心有牵挂。

课堂焦点 2

“教学简约”与“教学展开”

“教学展开”对“教学简约”说:“感谢你有那么多空隙让我钻,给了我填空的机会。在我的眼里,你真不简单!”

“教学简约”回答“教学展开”:“注意,千万别把我留给学生思维的空间填满了。记住,心有多大,舞台就有多大。”

“教学展开”若有所思:“哦,明白了。我的展开是为了学生的展开。在你的眼里,我并不复杂!”

旁征博引

[化　　妆]

我认识一位化妆师，她是真正懂得化妆并以化妆闻名的。她说：化妆的最高境界可以用两个字形容，就是自然。最高明的化妆术，让人看起来好像没化过妆一样，妆与主人的身份匹配，能自然表现其个性与气质。拙劣的化妆是，一站出来别人就发现她化了浓妆，而这妆是为了掩盖缺点与年龄的。最坏的妆，是化过后，扭曲了自己的个性，失去了五官的协调。这就像你们写文章一样——拙劣的文章常常词句堆砌，扭曲了作者的个性。好一点的文章是光芒四射，但别人知道你是在写文章。最好的文章是作家心声自然流露，词语不堆砌，读时不觉得在读文章，而是在读一个生命。化妆只是最末的一个枝节，它能改变的事实很少。深一层的化妆师是改变体质，让一个人改变生活方式。再深一层的化妆是改变气质，多读书，多欣赏艺术，生活乐观，心地善良，关爱别人又有尊严，这样的人就是不化妆，也不会丑到哪里去，脸上的化妆只是最后的一件小事。简单地概括：三流的化妆是脸上的化妆，二流的化妆是精神的化妆，一流的化妆是生命的化妆。这跟写文章一样：三流的文章是文字化妆，二流的文章是精神化妆，一流的文章是生命化妆。

我被这位女化妆师的智慧折服，深为我最初对化妆师的观点感到惭愧。回家路上，我有了这样深刻的体悟：这个世界的表象都不是独立自存的，一定有它的内在意义，那么改变表象好的方法，不是在表象下功夫，而一定要从内在改革。

可惜，在表象上用功的人，往往不明白这个道理。

[教育启示]

完美的课堂教学，是每个教师的孜孜追求。教学目标的全面、教学内容的丰富、教学方法的多样、教学环节的顺畅、教学手段的齐全、教学气氛的热烈、教学结果的无瑕，是教师想唱响的课堂教学的完美之歌。教师力争在每一节课中做到全面兼顾和“达标”，期盼获得尽善尽美的教学效果。于是，教学形式上五彩缤纷的“花哨”、教学内容上面面俱到的“细致”、教学效果上滴水不漏的“扎实”，教师的这些“完美”之举有时反而会产生“过犹不及”的结果，使课堂教学不堪重负或流于形式。

其实，在教学中，“完美”并不等于“花哨”、“细致”、“扎实”，有时，“完美”反而是“简单”、“留白”、“遗憾”。一方面，教学的简单恰恰给了学生学习的不简单；另一方面，教学永远是一种遗憾的艺术。也就是说，教学很难达到十全十美的境界。我们的教学不可能一次承载太多太多的“重任”，也不可能一次承接太顺太顺的“呵成”。“一应俱全”、“一帆风顺”的教学未必就一定完美。当你用你所谓“完美”的指标去“配置”和衡量你的课堂教学时，蓦然回首，你可能会发现在诸多“圆满”之中，反而失去了其他一些宝贵的东西。

简言之，教学也需要一流的“生命化妆”。

绝对现场

[讨论缘起]

在传统教学中，教学方式比较“简单”——教师讲解、学生听讲，教学手段比较“简单”——一支粉笔、一副口舌，教学依据比较“简单”——教材详细、教参死板，教学过程比较“简单”——注重结果、注重训练。

在新课程教学中，教学内容呈现结果“简单”了，展开过程却“复杂”了，由此教学方式、教学手段、教学调控、教学评价也相应“复杂”。于是，导致教师教学追求复杂化，使教学弥漫着一股虚假的浮华风气：教学目标复杂，教师可能手忙脚乱，学生可能无所适从，课堂可能难以扎实；教学内容复杂，引用或引申太多，使教学可能“耕了别人的田，荒了自己的园”；教学环节复杂，教学过程被复杂出一种“畸变”，学生的学习可能被扭曲和异化。课堂成了包罗万象的大染缸，更像个打翻了的五味瓶，使原本简单的课有了千头万绪，枝繁叶茂却不见树干。

A. “保守”现象：偏重“教学简约”，轻视“教学展开”

病态扫描：教学简单处理，浓缩过程展开

【第1种教学】“加法的意义”[①]

人教版小学数学第一册教材中“加法的意义”是借助一幅简单的主题图，提炼出1+2=3的加法算式，进而抽象出加法意义。

1. 观察图示

师（出示教材主题图）：你们看到了什么？

生：一个小朋友折了一只纸鹤，另外两个小朋友折了两只纸鹤。

师：一共有多少只纸鹤？

生：3只。

2. 抽象算式

师：一只纸鹤可以用1来表示，两只纸鹤可以用2来表示，合起来一共有多少只呢，可以用“+”表示。（板书：1+2=3）

3. 深化意义

---

① 锡山高级中学小学部　陈蓓蓓

师：结合图示说说在 1+2=3 的算式中，1、2、3 分别表示什么？

生：1 表示一个数，2 表示另一个数，3 表示合起来的数。

教师感到很无奈，只好自己给出答案：1 表示 1 只纸鹤，2 表示纸鹤，3 表示合起来一共有 3 只纸鹤。

【评点】

教材无非是一个例子。教材由于篇幅的限制，往往以精炼、浓缩的编排方式呈现丰富的数学内容。教师作为教材的开发者，结合学生的心理规律和认知背景，通过对教材的再加工，将简单、静态、结果性的教材内容，设计成丰富、生动、过程化的教学内容，让学生在经历数学知识发生、发展、形成的"再创造"活动中，获取广泛的数学活动经验，进而促进自身的主动发展。然而，在上述案例中，教师套搬教材简单化的编排模式，只将教材内容作了简单化的教学处理。

1. 学习内容简单化

本案例中的主题图蕴含的数学问题丰富、多样，不仅是小朋友所折的纸鹤数量可以体现 1+2=3 的加法意义，而且折纸鹤的小朋友人数也可以体现这一数学问题。教师忽略了对教学资源的开发与利用，导致学生的感知片面、单一、肤浅。

2. 学习过程简单化

一年级学生对抽象的数学概念的建构，总是按照"动作认知（操作水平）——图形认知（表象水平）——符号认知（分析水平）"的认知顺序循序渐进地建立的。案例中，教师直接从动作感知阶段进入符号认知阶段，忽略了"图形认知"这个沟通直观思维与抽象思维的中介环节的教学，导致了学生思维活动的断层，无法将抽象的数学符号与具体实物联系起来理解、建构数学。

3. 学习方式简单化

本案例将学生学习活动建立在看数学、听数学、说数学等间接经验基础上，忽略了为学生提供亲自探索实践的机会，未能让学生自己去做数学、猜数学、找数学，积累丰富的直接活动经验，导致了学生对数学触摸得不深、不透，难以建立真正意义上的数学。这些简单化的教学设计，学生对加法意义的理解浅薄、单一，难以达到深刻理解与灵活应用的程度，制约了学生数学素养的培养与发展。

理性操作:教学艺术处理,丰富过程展开

【第2种教学】“加法的意义”

1. 活动感知

(1)观察。将教材中主题图设计成动态幻灯片,引导学生对纸鹤、小朋友数量情况进行观察,并用数学语言表述。

(2)操作。引导学生同桌合作,用3个实物(如铅笔、课本、练习本等)表示两部分物品的合并情形,并用数学语言表述。

2. 强化表象

(1)猜测想象。教师演示○○○,学生猜猜“○”可以表示什么,这个演示活动可以表示什么意思。

(2)操作思考。用3根小棒表示你熟悉的事物,把它们先分成两部分,再合并。接着把你的操作活动表示的事件和你的同桌说说。

3. 建立符号

(1)抽象算式。教师指出,实物、图形的数量可以用数表示,“+”表示将两部分合起来,刚才的数学活动可以表示成1+2=3。

(2)领悟意义。结合刚才学生喜欢的活动,说说1+2=3的各部分分别表示什么。

4. 回归实践

(1)摆一摆。学生根据1+2=3的算式摆一摆,用学具表示出这个算式表示的意义。

(2)说一说。再根据1+2=3的算式说一说,自己生活中哪些事件可用这个算式来表示。

【评点】

这样设计教学,遵循了学生学习数学的认知规律。通过对简单教材的创造性再加工、再设计,教学内容变得丰富、生动,更加有利于学生主动进行观察、操作、实验、猜测、推理与交流等数学活动。学生能真正经历将生活问题抽象成数学模型并进行解释与应用的过程,获取广泛的数学活动经验。

病态扫描:着眼局部,坐井观天

【教学片段 1】《春天的荠菜》

师:从哪里最能看出"我"盼春天的荠菜啊?

生 1:课文最后一段中"而挖荠菜时的那种坦然的心情,更可以称得上是一种享受:提着篮子,向广阔的田野奔去,嫩生生的荠菜用它们绿色的手掌,招呼我,欢迎我"。从"坦然、享受"这些词中可以看出她无拘无束,无忧无虑。

师:你能把这种坦然的心情通过朗读表现出来吗?(生读)

生 2:还有从这里可以看出来:"我最喜欢荠菜,把它下在玉米面的糊糊里,再放上点盐花,别提有多好吃了。"从"别提有多好吃了"可以看出虽然荠菜是野菜,但对于她来说,比财主家的豌豆、玉米好吃多了。

师:你能读好这句话吗?把"我"喜欢荠菜的感情读出来。(生读)

【评点】

以上片段中,学生虽然能抓住重点词句来感悟,但这种感悟是肤浅的,没有上文铺垫,没有情感蓄势。教师缺乏深层的引导点拨,即没有引导学生联系上文(因为饿而馋,因为馋而掰财主家的玉米,因为掰财主家的玉米而被财主追赶落水,游荡在田野)进行感悟。重点感悟离不开整体感悟。只有准确地把握整体,才能对其中的每一部分有深入的理解;相反,脱离了课文整体,就段悟段,就句悟句,那些感悟肯定是肤浅的,甚至是偏颇的。所以也就读不出层次,读不进文本的意境中去。

理性操作:着眼整体,一线串珠

【教学片段 2】《示儿》[①]

马老师先挂上了他的书法作品《示儿》,在学生初步了解这首诗的写

① 扬州市梅岭小学 陈冬云

作背景和初步理解诗意后，马老师出示了经他精简过的《示儿》：死去万事空，九州不见同。北定中原日，家祭告乃翁。

马老师让学生比较这两首诗。一位同学说，黑板上这首诗的一、二两句比原句少了“元知”、“但悲”。“但悲”就是唯一感到悲伤的。那么，诗人唯一感到悲伤的是什么呢？那就是看不到国家的统一。所以，通过这两个词，让我们充分感受到陆游这种至死不渝地关注国家民族的命运和前途的精神。还有一位同学说，黑板上这首诗的三、四两句比原句少了“王师”、“无忘”这两个词，诗也就大大逊色了。“王师”这里指南宋军队，“无忘”就是不要忘记。这时又有一位同学说：这首悲壮的绝句最后一次把将断的气息又来说未完的心事和无穷的希望，因而这首诗也就成了家喻户晓的爱国诗篇。

马老师接着问：“那么陆游的愿望到底有没有实现呢？”于是，他在黑板上又出示了一幅书法作品：《题陆放翁诗卷后（节选）》青山一发愁蒙蒙，干戈况满天南东。来孙却见“九州同”，家祭如何“告乃翁”！

马老师解释，这是宋代诗人林景熙在陆游诗集后面题写的一首七言古诗，诗写于南宋灭亡之后，“九州同”是实现了，但却是在元朝统治下的“同”。学生听得津津有味，读得也津津有味！

马老师又出示了一组书法作品：《关山月》、《书愤》、《十一月四日风雨大作》、《秋夜将晓出篱门迎凉有感》、《示儿》。然后讲解道：这组诗是按照时间顺序排列的，都表达了陆游的爱国主义情感……《示儿》是陆游的绝笔诗，就是我们今天所学的课文。最后布置作业：课后搜集陆游的诗。

【评点】

这节课不是只停留在对《示儿》这首诗的理解、朗读、背诵上，而是“以一带一”，通过一首诗来学习一组诗。《示儿》这首诗对于六年级的学生来说，完全可以通过书上的注释自学读懂这首诗，所以老师用了较少的时间学完了这首诗，这样可以留出更多的时间来学习表达陆游爱国主义情怀的这一组诗，这样拓宽了学生的知识面，加深了学生对诗人陆游的认识，也加深了对古诗《示儿》的理解。老师还巧妙地让这组诗成为学生认识历史的窗口。更吸引人的是老师出示的这一组诗，都是一幅幅书法作品。

B.“激进”现象：偏重“教学展开”，轻视“教学简约”

病态扫描：教学细致入微，无助学生思维

【第1种教学】“商的近似值”[①]

师：我们已经学习了求积的近似值，谁能回忆一下，你是怎么算的？

生：用四舍五入法。（并回忆了求积的近似值的过程）

师：对！那么什么是四舍五入法？

生在教师的提示下顺利地完成。师安排三组求近似值的练习。

	保留一位小数	保留二位小数	保留三位小数
1.2835			
5.9042			
2.8765			

要求学生逐一回答，尤其对5.9042中保留二位小数的结果进行了强调。然后进入新课教学，投影出示例题：“一个玩具厂试制了35架飞机，共花了1560元，平均每架飞机多少元？”

师请学生回答数量关系，列出算式，并要求在本子上笔算，师巡视。由于学生出现了问题，于是教师不断提醒：请大家看问题中求多少元，注意“元”字。可能这个善意的提醒效果不是很大，许多学生或停笔沉思或与别人交流。当然，也有个别学生心领神会。一个完成的同学板演，可能板演的正确结果掩盖了大多数同学束手无策的局面，教师只是肯定了保留两位小数。

最后，请学生计算：4.28÷2.3（保留一位小数）。从学生的反馈来看，多数人对除到第几位不清楚，答案也是五花八门。

① 浙江省宁波市鄞州区邱隘实验小学　陈兵

【评点】

教师表面上复习得很到位，想利用求一个小数的近似值知识迁移到求商的近似值，但实际上却受到求积的近似值的影响，积的近似值要求把积完整算完，再取近似值。而除法却不需要，只要除到相应的数位就够了。学生在解题过程中把求积的方法迁移到除法中，教师发现复习不能有效地帮助新授，只能不断地提示，使原来计划落空。

教师为学生准备的素材可谓"无微不至"，准确地回答每个小数保留几位后的结果，并且着重强调末尾是0不能舍去的问题。但这些材料是静态的，而定商的小数数位却是动态的，所以这个复习铺垫内容的编选与组织只能体现学生对知识掌握的扎实，却很少联系今天的学习过程中学生最困惑的问题，那就是商的位数与保留数位的联系。所以根据新授知识而编选与组织精要的复习铺垫内容至关重要。

理性操作：教学开门见山，激励学生思维

【第2种教学】"商的近似值"①

出示例题："一个玩具厂试制了35架飞机，共花了1560元，平均每架飞机多少元？"请学生独立在本子上完成，并请一个学生同步板演。

只见学生埋头计算，教师仔细地巡视，三分钟过去了，答案没有出来，在黑板上演算的学生已经算到小数第六位了，他不断地回头请求支援，但好像没人理他，都正聚精会神地算着。而老师也正仔细地看学生们的计算过程，并不时地与其中几个学生小声讨论着。

又过了一会儿，部分学生终于忍受不了这么长的计算，议论纷纷："答案太长了，我已经算到小数点后面第八位。""我已经算第十位了。""这算也算不完，谁算出来了？"

却见教师手拿本子，放在投影仪上，不经意指了指说："刚才有个同学已经算完，你们看，他是怎么算的？"所有学生的眼光全集中在投影上，只

---

① 浙江省宁波市鄞州区邱隘实验小学　陈兵

见算式只算到小数点后面第三位，然后保留两位小数。

“啊，我们上当了，求多少钱最多算到分，只要保留两位小数，也就是只要算到千分位就行了，不要把得数全算完。”这种犹如在黑暗中突现一种光线的喜悦感觉在学生脸上一展无遗。教师趁热打铁小结出保留两位小数只除到小数点后第三位的规律。同时继续抛出问题，要是保留一位小数呢？

【评点】

教师省略复习引入过程，把学生引入“陷阱”，艰难摸索，激起学生现实与原有知识的矛盾，体验着除不尽所带来的“麻烦”，从而产生怀疑与反思，直到发现真相时那种酣畅淋漓的感受，使学生不仅积极探究商的近似数到底除到哪一位是由要求保留的位数决定的，而且不由自主地与求积的近似值比较，使新旧知识在比较中融会贯通。

病态扫描：重彩浓墨，拓荒成风

【教学案例 1】《桃花心木》

拓展题 1：种树人没有规律地浇水，桃花心木苗要么茁壮成长，要么即将枯萎，要么已经枯萎，如果你是其中的一棵，在听了种树人的话后，你会对他说什么？

拓展题 2：在你的学习或生活中肯定遇到过困难，你是怎么对待的？写下来与大家分享。

【教学案例 2】《白杨》

拓展题 1：你觉得“爸爸”他们在新疆献了青春献子孙，值得吗？

拓展题 2：请你结合课文内容，接着往下编《四十年后的沉思》。

【评点】

苏霍姆林斯基曾结合自己的切身体验，深有感触地说：“三十年的经验使我深信学生的智力发展取决于良好的阅读能力。”阅读能力从何而

来？应脚踏实地地立足于文本，重在品词析句，领会文字的神韵，体会揣摩作者的情愫、情怀、情感等。不是说拓展不行，而是应适可而止，不应让“拓荒风”成灾。拓展的目的是为了深化对文本的理解、学习，而不是炫耀学生拓展思维“一级棒”的“道具”。

理性操作：简洁凝练，针针见血

【教学案例3】《螳螂捕蝉》

教师大胆重组教学内容，一节课就三个教学环节，十分简洁，却又“针针见血”：

1. 默写四组词语：①蝉悠闲自由自在；②螳螂拱着身子举起前爪；③黄雀伸长脖子正要啄食；④侍奉吴王的少年拿着弹弓瞄准。然后听老师讲“螳螂捕蝉”的故事并进行复述，最好能用上默写的几组词语。

2. 完整地读课文。引导学生联系上下文理解“恍然大悟”的意思。学生质疑后讨论一个问题：那个少年为什么不在大庭广众之下对吴王讲这个故事？由此感悟到少年是智劝。

3. 课文表演，先练读对话，再每个人就当时情境写台词，两位学生上台做“吴王”和“少年”，其他人做导演。

【评点】

这则教例，以简驭繁，事半功倍，充分体现了简朴的实质——深刻的简单、诗意的朴实。教学环节少之又少，课堂实施方便简单，以发展语言理解和运用能力为主线，科学合理地安排了听、说、读、写、思等语文实践活动，特别是匠心独具地把朗读、感悟、想象、复述等整合成几个生动活泼的综合的板块，使学生在层次分明的实践中得到了全面的训练和整体的发展。整堂课洋溢着浓浓的语文味，学生学得津津有味。这语文味，这津津有味，就是“诗意”的体现，就是语文的本色。这样的简单，是深刻到极致的简单；这样的朴实，是洋溢着浓厚语文味的诗意的朴实！

辩证认识

"教学简约"与"教学展开"是辩证的统一体。教学的简约是为了教学的展开,教学的展开应该归结到教学的简约。

一、有效教学需要处理好"简单"与"复杂"之间的辩证关系

教师应该对"复杂教学"与"简单教学"的价值取向有一个辩证认识。教师教学的复杂化,不等于让学生学习复杂化,教师教学的简单化,不等于学生学习的简单化。关键在于教师教学艺术的适度把握,力求通过"简单"教学使教学不"简单",达到"以少胜多"的教学效果。

布鲁纳的认知理论认为:任何学科的内容都可以用更为经济、富有活力的简约方法表达出来,从而使学习者易于掌握。课堂的求"简"原则,以"简"的思想调适矛盾,使课堂中看似矛盾的因素统一和谐。辩证地看,"简"化了的课堂,意味着学生有足够的时间潜心会文,学生有足够的空间表现自我,教师有足够的机会促进生成。化繁为简,以简驭繁。

有专家说:"课改追求的应是复杂中的简单,简单才是内功,简单才叫真实,简单才会有用,简单才算艺术,才是教育的真谛,才是教改的目标。"教师应把课上得简单一点、实在一点、深刻一点。课的"简单",主要是指教学内容的简约、教学结构的简化。教学内容的简约,一是要把教学目标定得集中一点——突出基础;二是将教学课题尽量控制一点——抓住关键。教学结构的简化,一是还教学过程以本来面貌;二是尽量减少课堂教学的环节;课的"实在",主要是指课堂教学应做到"三实":真实、朴实、扎实;课的"深刻",主要是指教学不要肤浅空洞,流于形式。

现在的一些教学经历过太多的"风情":与思想结过太深的缘,与政治贴过最紧的心,与精神攀过极近的亲。在它逐步走向正轨的时候,我们不

要为了追求过分的花哨与热闹而再次让它脱轨出道。教学应该努力做到“删繁就简三秋树，领异标新二月花”。

二、有效教学需要处理好“完美”与“缺憾”之间的辩证关系

一些专家说，课堂教学要“放弃完美”。诚然，“完美”是任何事物的极致，是我们做事的理想境界。课堂教学“追求完美”应该没有错。然而，这个“完美”的标准是什么？我们曾经对“教学目标明确”、“教程安排合理”、“提问精简恰当”、“适时运用媒体”、“渗透学法指导”、“注重能力培养”、“板书精当美观”、“教态亲切自然”、“时间恰到好处”等等孜孜以求。如果根据这些标准，用一一对应的方法去评一些课，可以说是无可非议，甚至是滴水不漏。我们应该透过这些外在的形式，换一个角度来审视“学生在这堂课中学到了什么，学得怎样”这个课堂教学实质性的问题。或许不难发现，这种“中评不中用”的“完美”的课，是以牺牲学生积极、主动的学习为代价的，是对教学以学生为主体的迷失或犹豫不定。

其实，课堂教学并不是一个完美无缺的圆，也不是一个划上完美句号的手稿。成尚荣说：“教室，是出错的地方。”从美学角度看，既然课堂教学称之为艺术，艺术本身就不可能完美，而这种不完美往往会给课堂本身增添许多耐人寻味的地方，使之变得更美丽，更精彩。

让课堂教学回归生活的本真状态吧，无需刻意做作，无需打扮装饰，就像断臂的维纳斯，就像倾斜的比萨塔，虽然不完美，但它同样具有一种独特而真实的审美意义。课堂教学就是应该让学生在所谓“不完美”的思维碰撞和情感互动中尽情享受真正的人文情怀，获得真正的心灵关照，实现真正的生命满足。从这个意义上来讲，“放弃完美”并不是不要“完美”，而是追求更真的“完美”。

三、有效教学需要处理好“有声”与“无声”之间的辩证关系

时下的语文课堂“感悟”、“体验”渐成一种时尚。语文课上，学生往往还没读几遍书，教师便迫不及待地让学生“说说你的体会”、“谈谈你的感受”，有时还一阵穷追猛问：“你还有什么与别人不一样的体会或感受？”

中国语言的“模糊性”，中华文化的“深沉性”与西方有很大的不同，学语文重在培养“语感”，其中的“直觉”很重要，而这种“直觉”有时是只能意

会而不可言传的,这种感觉叫“妙不可言”。

国画中讲究“空白”艺术,追求“似与不似”之间的“神似”,个中情趣又如何能说得出、道得明?“桃李不言,下自成蹊”,有时过多的表白是虚情的,这时的语言是苍白的,这时的体会是无力的,也是多余的,“一切尽在不言中”、“此时无声胜有声”。

柳斌先生说:“古人‘好读书,不求甚解’,我们呢,却求甚解不好读书!这样不行。”“不求甚解”道出了一个事实,在语文教学中,无论语言文字,还是文章表达的意思、情感,都是很难讲准确的,有时也是没有必要讲清楚的。语言文字有一定的局限性,甚至会弄巧成拙,把本来很清楚的事物,越说越糊涂,甚至离题千里。语文教学要留有空白。学语文是一生的事,不要担心学生有些地方暂时感悟不出来,尽管放心把时间留给学生读书。

因此,语文课上“谈体会”固然重要,但更多的应该是强调熏陶感染,此时一个眼神,一个微笑,一声叹息,便可传达出“风情万种”。我们的语文课堂上应多关注学生的表现,学生能入境了吗?是动情了吗?要多问学生:“你感觉到了吗?”也许课堂上我们需要的正是这种感觉。

拓展延伸

专场1:小学数学

一、教学要注意降低成本

教学成本是指为达成某一教学目标所付出的财力、人力、物力等,它与教学效果应该是成正比的。如果付出了教学成本而没有收到相应的教学效果;或者用更低的教学成本也能达到同样的教学效果,那这样的教学成本就偏高了。

(一)学习情境创设忌联系不当

在数学教学中，经常看到教师用相当长的时间创设了与学习内容无关或低相关的故事情境，并贯穿于一节课的始终。不仅占用了课始最佳的十分钟，而且还割裂了数学知识之间的内在联系。

例如：教学“倒数”时，教师手上拿了一个布娃娃，然后转动180度，问学生现在这个布娃娃怎么了？学生答：“布娃娃倒过来了。”这时教师接着说：“在我们的数学里也有这样的现象，如$\frac{1}{8}$颠倒过来是$\frac{8}{1}$，请问分数$\frac{8}{9}$颠倒过来是多少？”学生甲说：“$\frac{8}{9}$颠倒过来是$\frac{9}{8}$”；学生乙不同意，说是$\frac{8}{6}$。学生展开了争论。教师把情境创设的重点放在“倒”字上，表面上是联系了学生的生活实际，方便学生的理解，实际上却让学生混淆了倒数的概念。

(二)学习材料准备忌花钱费时

《数学课程标准》提出：数学教学中要为学生提供有用的学习材料。只要是能完成教学目标的材料都应是“有用”的学习材料，而不是看这些材料如何的精致、逼真、美观。

例如：在教学“分类”时，教师创设了“逛超市”的情境，准备的材料有4个1.5米高的货架、各种各样精美的商品等。但准备这些学习材料要花多少精力、财力？难道只有提供这样的学习材料才能达到如此的教学效果？

(三)学习方式选择忌有形无实

转变学生的学习方式是新课程的核心动作。在数学课堂教学中，“动手实践、自主探索、合作交流”成了学生学习数学的重要方式。如果教师不能很好理解学习方式与学习目标之间的因果关系，盲目选择学习方式，将会降低教学效果，浪费学习时间。

(四)学习手段运用忌太过精美

在新教材课堂教学活动中，教师喜欢使用多媒体教学手段。喜的是如此生动形象的教学手段激发了小学生学习兴趣，而且弥补了文本教材的不足；忧的是制作这样的课件，教师至少要用上两三天的时间。另外太过精美的画面一定程度上会干扰学生的注意力。

二、教学要注意回归简约

“大道至简”，数学课只有追求更高层次的简约求实的境界才会彻底解放学生，充分展示教师的教学个性，为学生的数学学习提供持续的动力。

（一）教学目标要简洁明了

教学目标要实实在在，可以达成。时下许多课的教学目标制订不切实际，面面俱到，从双基到情感，从能力培养到思想教育，从创新精神到实践能力，可谓林林总总，一网打尽。其实，一节课的基本目标就是双基与情感目标，而这三维目标是和谐统一，不可割裂的。因此真正形成书面文字的时候，只要描述双基目标就可以了，情感目标其实是附皮之毛，渗透于其中的，无需言传只要意会即可。

（二）教学内容要简约充实

课堂教学的时间是个常数，学生的学习精力是有限的。因此，选择恰当的学习内容，特别是抓住课的本质内容，就会显得既充实又简约。

俗话说：“提领而顿，百毛皆顺。”其实，就小学数学学习内容而言，它的最高表现形式可以表现为哲学问题，化解为三个问题：学什么——怎么学——有何用（为何学），三个问题也构成数学课的认知冲突主线。教师若能居高临下地抓住三大问题，也就找到了教学的突破口，课堂内容就相当清爽、简洁。

（三）教学环节要简化朴实

数学学习本来应该是一件简单而快乐的事情，由于教师的设计使许多原本简单的课堂变得纷繁复杂。

例如：“倒数的认识”，教师在导入环节摒弃时下流行的用“回文诗”或“对联”导入新课的形式，而是开门见山，以“倒数”一词的不同读音引入课题，再由倒数与“数”有关引出三大类数——整数、分数、小数，又与“倒”有关引出学生对“倒数”形式的各种猜想，最后顺势而下，在学生“愤悱”之际引导他们看书自学。可谓简洁明了，轻重得当，用“四两之力拨千斤之重”，完全不需要费尽心机联系生活只为理解“互为”“倒”两个词义的做法。

(四)教学媒体要简单实用

1. 该出手时再出手——精用

如果其他媒体能够很好地实现教学目标,教师可以不用多媒体。例如:一位老师执教“圆锥的体积”时,用电脑模拟倒水实验代替了实物操作,虽然实验的视觉效果很好,可信度却大大降低,错过了一次培养学生科学探究能力的机会。

当课堂中的教学难点采用常规媒体很难突破,这时使用多媒体课件能取得比较好的效果。例如:教学“相遇问题”时,“速度和×相遇时间=总路程”这个数量关系学生很费解,一位教师做了一段动画,把每个单位时间内的路程都形象地展示出来,学生很快领悟这个关系式。

2. 学会驾驭多媒体——巧用

同样的多媒体课件,让不同的老师来执教,有时效果却迥然不同。

【案例】“圆锥的认识”

A老师:先出示一个直角三角形,然后演示动画,直角三角形围绕一条直角边旋转一周,得到一个立体图形,这时教师揭示:这就是我们今天要认识的新朋友——圆锥。

B老师:同样先出示一个直角三角形,引导学生猜想:如果直角三角形围绕它的一条直角边旋转一周会得到什么图形呢?然后让学生把头脑中的新图形画到纸上,最后再演示动画。

【评点】

A老师的教学只是停留在视觉的感性层面,学生对圆锥还没有质的认识,还没来得及建立科学的概念,就浮光掠影般一滑而过了。B老师却显胜一筹,首先引导学生猜想,并画出猜想,这就给学生的想象力留下广阔的发展空间,虽然学生画的图形不尽完美,可他们却真正思考过,这正是数学教育的本质所在。

3. 从学生实际出发——活用

某些教师在制作课件时由于对学生的现实起点估计不足,课件预设与学生的数学现实不相符合,往往会形成一些尴尬局面,甚至会导致一种变相灌输,阻碍了学生的发展。

例如:教学“9加几”时,老师让学生算“9+5”。在课件程序中老师很有把握地设置了两种答案:(1)想:9加1凑成10,把5分成1和4,10加4

等于14。(2)想:5加5等于10,9分成5和4,10加4等于14。并且在每一种答案后设置了“你真了不起!”然而当学生说出第一种解法后,却一直没说到第二种解法,不少学生都想:10加5等于15,9比10少1,所以9加5等于14。可这时电脑却只显示了第二种解法,学生只好失望地坐下,很不情愿地接受。

(五)教学语言要简洁流畅

1. 问题语言要简明清楚

例如:教学“简单的统计”,当学生搜集完喜欢的各项体育项目的人数后,教师提问:“从中你能一眼看出各个项目受欢迎的情况吗?”原来教师设计的提问是:“从中你能一眼看出哪个项目最受欢迎吗?”经过课前调查发现,这个班大多数学生喜欢跳皮筋,所以在课堂上很可能出现搜集好的数据不要整理也可以看出跳皮筋最受欢迎的情况,那么接下来的整理数据就会失去意义。

2. 过渡语言要简单自然

例如:教学“倒数的认识”时,教师三处过渡语言是这样设计的:①当学生想了解课本上倒数的知识时,教师说:就让我们带着猜想、疑问、期待的心情,一起看书自学,仔细研读,必有收获……②当学生在交流了看书收获后,还有疑惑不解时,教师说:刚才看书,大家收获很多,疑惑也不少,怎么办?就让我们齐心协力,继续向数学的深处进发!③当学生迫切想知道学了倒数有什么用时,教师以幽默的语言说:欲知有何作用,请听下一单元分解。余音绕梁,激起那些性急的学生立马翻书去看“分数除法”这一单元内容。

3. 评价语言要简练真诚

数学课的评价语言力戒廉价表扬,要真实坦诚。它是教师教学个性充分展示的一个重要方面,在追求简约化课堂过程中更为重要,它对于学生幼小心灵的激励、唤醒、调节、启迪作用是巨大的。

三、教学要注意留有余地

(一)“无为”而有所为

中国传统文化中,儒家主张“入世而社会有为”,道家主张“出世而自然无为”。我们习惯于利用自己的权威,直接干预和指导孩子改变其行为。作为教学实践者，要重视“有为”，也要看到“无为”，有所为有所不为。

例如：教学“异分母分数加法”，计算“$\frac{1}{2}+\frac{1}{3}$”，有的孩子会得“$\frac{2}{5}$”（$\frac{1+1}{2+3}$），老师会立即纠正，这也许能起到立竿见影的效果，但难说能一直维持下去。我们应设法使自己在教育中的作用更隐蔽但不消极，更艺术但不做作，努力突出孩子自身的作用，减少孩子受控制、受驱使的感觉，实现“无为而治”。针对前例，发给孩子一些标明和没标明分数的圆片，让他自己去琢磨算得对不对，为什么不对，应该怎样算，仔细看看书，再和老师交流心得。坚持这种“无为”的干预原则，有助于孩子行为改进的持久性和高度的可迁移性。

（二）“留白”但不空白

中国画有“留白”说，中国戏剧有“虚拟”说，吟诗作文有“悬念”说，目的都是给观众和读者留点遐想和创造的空间。

1. 开放导入时的“留白”

以开放式的问题、情境、活动，要求学生联系自己的经验、体验、问题、想法或预习时收集的信息，进行多种形式的交流。当课堂开放式导入后，教师作适当的“留白”，可使学生生成更多的“原始资源”，进而推动课堂教学的动态生成。

2. 多维互动时的“留白”

当一个人的已有知识和经验与目前面临的情境发生冲突时，往往会产生许多空白，从而引起人们的惊奇，引起他们的注意、关心和探索，因而在心理上产生了填补这些空白的强烈欲望。在教学中，教师要善于抓住和把握学生的这种心理因素，适当留点空白，会收到“此时无声胜有声”的效果。

3. 利用错误时的“留白”

叶澜教授曾经提出善于从学生的错误中看到错误的价值，辨清学生思维上的差异，把它作为教学上有价值的资源加以综合利用。教师要针对这一错误资源，留下空白，暴露问题，纠正和理顺学生思路。

4. 课堂结尾时的“留白”

课堂结尾是一堂课的“终曲”，是一堂课走向成功的最后一步，若留好空白，弹好“终曲”，则会激发学生进一步探究的兴趣，并取得“言犹尽而意无穷”的效果。

专场2:小学语文

一、教学要注意时间效益

(一)善于"挤时间"

1. 在"讲"中挤

(1)不讲

①"已知"的不讲。②"越位"的不讲。

(2)精讲

语言现象是讲不明的,语文能力是讲不高的。即使有些内容非讲不可,也应该做到"精讲"。通过要言不烦、以少驭多的点拨引导,训练思维,培养能力。

2. 在"问"中挤

(1)少问

提问要力求少而精,切忌面面俱到、处处涉及。少问要避免过于简单的"直问"和艰涩难解的"曲问"。

(2)善问

首先要问得适时,在学生心求通而未得、口欲言而不能的时候巧妙发问,自然用时少、效果好。其次,要问在关键处、问在点子上:①抓住兴趣点提问,激发动机;②抓住疑难点提问,破惑解疑;③抓住发散点提问,训练思维;④抓住空白点提问,发挥想象。

(二)舍得"花时间"

(1)舍得花时间让学生读书

(2)舍得花时间让学生思考

(3)舍得花时间让学生讨论

(4)舍得花时间让学生质疑

(5)舍得花时间让学生自悟

陶渊明先生曾云:"好读书,不求甚解。"小学生学习语文,有很多东西当时并不能完全理解、消化。这里面有一个量变到质变的过程。学生遇到一些难点,不一定非得马上就解决。有时候跳过去,接着学别的文章,读多了，这个难点自然而然地自己就解开了。教语文课别斤斤计较，抓住一点纠缠不休。这不是说语文教学不能求“解”，而是不能求“甚解”，应当适可而止。

二、教学要注意面积效益

（一）善于“抓点”

1. 扣重点词语，响鼓重锤敲出“共振点”

例如：《大作家的小老师》中的一句话“萧伯纳听了，不觉为之一震”在文中不太起眼，但是很值得玩味。在教学中，有位教师让学生读了这句话后进行提问，学生就“为之一震”提出了两个问题：①小姑娘说了些什么，他会“为之一震”？②受到了怎样的震撼？教师并没有马上让学生去回答这些问题，而是让学生有感情朗读“别忘了回去告诉你妈妈，就说今天同你玩的是世界有名的大作家萧伯纳”与“请你回去告诉你妈妈，就说今天同你玩的是苏联小姑娘娜塔露”这两句话的不同的语气。教师趁热打铁问：“大作家听到小姑娘竟然这样回答他，他会想些什么呢？”这一问引发了学生对萧伯纳此时此刻心理的体验，学生各抒己见。由此，大家都深切地体会到，“为之一震”这个词蕴含了一个世界著名作家的精神和高尚的人格。

2. 品人物语言，旁敲侧击拨出“弦外音”

例如：《菩萨兵》中翻译对朱德同志说：“唉，一定是乌云遮住了他们的眼睛，那些藏胞一见到我们就跑，真糊涂哇！”学生读后提出：“为什么藏胞一见到红军会跑呢？”“乌云在这里指的是什么？”这是一句很难理解的话。有位教师让学生联系课文的第一自然段去研读、讨论，学生终于品出了“乌云”是指代“反动军队”，而且还悟出了“乌云”带给藏民的深重灾难。

3. 抓中心段落，环环相扣套出“同心圆”

例如：教学《金子》，有位教师一上来就抓住课文的最后一段“五年以后，彼得终于实现了他的梦想。他不无骄傲地对人说：‘我是唯一找到真金的人！我的金子就在这块土地里’”，并引导学生提出了有价值的问题：①“终于实现”，可见他实现梦想不是一帆风顺的，他遇到过怎样的坎坷呢？②他是唯一找到真金的人，“唯一”和“真金”分别指什么？③金子怎么会在土地里？是他淘到的吗？围绕这三个问题展开对课文的学习，每一个问题都把课文的主体部分给连接起来。三个问题就像是一棵大树的主干，在朗读理解中，扣词扣句的感悟中，入情入境的想象中，使这棵大树逐渐丰茂起来，生动起来，鲜明起来。整节课就像一个圆，从“中心段”出发，深入到文中走了一圈再回到“中心段”，给人感觉是重点突出，一气呵成。

4. 抓教材空白，无中生有想出“创造力”

(1)利用标点补空白

例如：《掌声》一文中写演讲以后，小英变得开朗、自信了，“她不再忧郁，开始和同学们一起交谈、游戏，甚至还走进了学校的舞蹈房……”教师引导学生发散想象，小英还可能会有哪些变化？学生调动已有的生活经验，合理地补充了课文的空白。在填补空白的过程中，学生的求异思维得到训练，思想感情得到陶冶。

(2)紧扣疑点悟空白

例如：学习《花瓣飘香》时，有同学举手质疑：“小女孩摘了一片花瓣后为什么要‘飞快地穿过田野，跑远了’？”学生通过想象，纷纷发表意见：“她可能会想，我要快点回家，把这片花瓣送给妈妈，让她高兴。”“妈妈一个人生病在家，起床后看不到我会着急的，我得跑快点”……通过想象，学生把小女孩的心理揣摩透了，与文中人物产生了强烈的感情共鸣，训练了思维的灵活性。

(3)利用表演填空白

例如：《卧薪尝胆》有学生不理解：越王为什么请求做吴王的奴仆呢？吴王为什么不听谋臣的劝告，灭了越国？教师简介了当时的时代背景，请同学们自定角色，演一演“求和”、“允和”片段。没有脚本，对白和动作由学生自己设计。表演过程中，学生对教材有一个再想象、再创造的过程。

(4)抓住结尾想空白

例如：《我应该感到自豪才对》文章结尾写小骆驼明白了自己的驼峰、脚掌、眼毛在沙漠中的用处，从内心深处产生自豪感。教师引导学生展开想象：从沙漠旅行回来后，小骆驼又到河边照镜子，恰巧又遇到了小红马，你能接下去把故事说完吗？学生有的想象小骆驼向小红马介绍自己身上各部分的作用；有的想象小骆驼带小红马到沙漠中走了一趟，帮助小红马闯过了一道道难关，小红马感到非常惭愧……

(二)适度“拓面”

1. 立足文本进行改造

教学实践也表明，再精彩的内容，再前卫的教学方法，若一旦“熟悉化”，学生也会产生厌烦情绪。只有当输入的信息与人现有的认知结构之间具有中等程度的不符合时，人的兴趣才会最大。因此，要使学生对文本产生兴趣，摆脱解读文本时的思维定势，将文本“陌生化”无疑是一个行之有效的方法。

(1)改换文本内容

即改换文本内容以生成新的文本，而后把新的文本与原文作比较。例如教学《卖火柴的女孩》，可让学生改写情节。把小女孩五次擦火柴的情节简单写一下(没有幻想等)，再和原文比较。这样，可让学生在比较中明确作者独具匠心的言语技巧及所反映的小女孩的渴望和现实生活的残酷。

(2)填补文本空白

选入教材的文本，大部分都是文质兼美的佳文，作者为读者留下了许多耐人寻味的空白。教学中我们可以通过填补这些空白形成一种“熟悉的陌生”。例如《忆铁人》中的铁人内心的许多空白，当知道错怪阿姨时的内心空白，晚上辗转反侧时的内心空白等。这些空白的填补，既可丰富人物内心的精神世界，又可培养学生的想象能力。

(3)创设文本残缺

对有些文本，教师可以人为地破损它的完整性，以形成一种“残缺的陌生”。例如《飞夺泸定桥》中，可让学生思考：如果把文中描写泸定桥环境的那段去掉，文本的表达效果会有什么不同？只要用心一揣摩，学生就会感到，删掉这一段，就不能突出“天险”，对红军大无畏英勇精神的表现就会大大弱化。

(4)重构文本形式

在有些文本教学中，我们可以通过改变文本内容的呈现形式，使文本表现形式“陌生化”。即改变结构、体裁、人称、情境等重构文本，以激活学生思维，加深学生对文本言语情感和言语技巧的理解和感悟。例如教学《小音乐家扬科》，就可抓住文本声音的描写切入。大自然的音乐令人陶醉，旅店里的歌舞令人痴迷，院子里的喧闹令人怜悯，白桦树的悲号令人心醉。声音的变化各异，渲染着悲剧的发生、发展。场景的描写，人物的刻画，情节的介绍均被淡化了，只有声音被“特写”，这种独到新颖的写法，真可谓“四声曲折皆悲唱，此时有声胜无声”。这样的重构文本的呈现形式，一定能让学生耳目一新。

2. 有的放矢进行拓展

(1)为突破难点而拓展

例如：《秋天的怀念》文中有这样一段话：“‘不，我不去！’我狠命地捶打这两条可恨的腿，喊着：‘我活着有什么劲！’母亲扑过来抓住我的手，忍住哭声说:‘咱娘儿俩在一块儿,好好儿活,好好儿活……’”如此深刻、厚重的母爱,学生因缺少亲身体验而难以产生情感上的共鸣。窦老师出示了史铁生的《我与地坛》中有关片断:“……她有一个长到二十岁上忽然截瘫了的儿子,这是她唯一的儿子;她情愿截瘫的是自己而不是儿子,可这事无法代替,她想,只要儿子能活下去哪怕自己去死呢也行……”这段生动、鲜活、感人的文字材料给学生提供了理解课文的支撑点,增强了学生对课文的感悟。

(2)为充实留白而拓展

例如:《圆明园的毁灭》中圆明园被毁前后的那段真实历史是文本的空白。王老师在课尾和学生一起看纪录片,并出示了吕厚龙《告别圆明园》、樊美平《透过圆明园的硝烟》等文,再现当时的有关片断——“当圆明园被烧,咸丰皇帝无奈,只好带着慈禧等仓皇逃跑了”、“焚毁圆明园的前几天,英法联军列队入城,清军士兵夹道跪迎,北京居民观者如市”。此时,学生再读“圆明园”这三个字时不仅仅是自豪,更多的是愤怒。

(3)为品味语言而拓展

例如:一位老师执教《半截蜡烛》时,设置了这样的一个拓展训练点:二战结束后,为了表彰伯纳德夫人一家,法国政府决定为他们一家三口每个人颁发一枚自由荣誉勋章。在颁发勋章时,要宣读一份奖状,你想象这张奖状上会写些什么呢?一时间,学生兴趣再次高涨,又一次静下心来品味语言,并尝试将自己感悟到的人物特点用评价的语气写下来。

(4)为发展能力而拓展

例如:李吉林老师的著名教例《海底世界》中,选了两篇课外材料《人类的秘密仓库》和《海底的冷灯》在课堂上同步学习。教学中以课内材料为主,课外材料为辅,相互渗透、互相借鉴。不同角度的信息在教学中形成了合力,教学效果非常好。这样的拓展方式,锻炼了学生搜集处理信息的能力。

(5)为人文熏陶而拓展

例如:教学《雪儿》结束时,教师试着让孩子也来讲讲自己和小动物的情感故事。说的孩子动情,听的孩子动心。还有学生主动推荐屠格涅夫的《麻雀》,也许理解其中的深刻道理还很难,不过,这样已经把孩子从课内带到课外,在更广阔的世界里经受人文的熏陶。

(三)合理“辐射”

1. 同一作者辐射阅读

例如:《生命桥》选自著名儿童文学作家沈石溪的《斑羚飞渡》,其动物小说将故事性、趣味性和知识性融为一体，充满哲理内涵，风格独特。在阅读欣赏课上，可专门指导学生阅读沈石溪的一系列动物小说，如《象群出没的山谷》、《狼王梦》、《红奶羊》、《鸟奴》。

2. 同一主题辐射阅读

例如：《生命桥》，学生感动于老羚羊的献身精神、小羚羊的顾全大局，为这样一种壮举所震撼，但仅有此是不够的，只有感动而无理性的思考是对作品浮于表面的解读。通过辐射阅读与《生命桥》主题贴近的俄国作家屠格涅夫的《麻雀》，学生更深一层地认识到爱的主题和人与动物（自然）相处甚至生态平衡的主题。

3. 同一题材辐射阅读

例如：李白的《赠汪伦》是一首著名的送别诗，诵读品味后，教师出示《渭城曲》、《别董大》，学生读完后交流，体会“莫愁前路无知己，天下谁人不识君”、“劝君更尽一杯酒，西出阳关无故人”。两种不同的境界，在比较阅读中关于送别、离愁的情感体验变得更为丰富和细腻，思考也变得更为理性。

4. 同一对象辐射阅读

在浩瀚的历史长河中，一些人和物往往成为文人墨客从不同的角度反复书写、不断吟诵的对象，使之成为某种精神、品质的象征体，例如“老师”、“雪松”、“花中四君子”。教学《老师，您好》时，教师可以让学生搜集古今中外赞美老师的诗歌、散文、小说，在阅读中不断丰富学生的情感体验。

5. 同一写法辐射阅读

例如：《黄山奇松》一文，讲述黄山三大名松及黄山松千姿百态的特点都是以中心句构段，再具体阐述，是典型的总分写法。教师总结课文写法时，引导学生回忆以前有没有学过类似的课文，学生脱口而出《庐山的云雾》，然后让学生寻找本册教材还有没有课文也是这种写法，有学生说《动物的互惠互助》，于是组织初步阅读，确认课文 2、3、4 自然段通过总分写法来告诉我们三组动物是如何互惠互助的，最后进行迁移训练，效果水到渠成。

画龙点睛

• 诗人舒婷说：“我简单而丰富，所以我深刻，我简单而丰富，所以我不简单，保持简单的心，走不简单的路。”教育教学也这样说。

“生活原味”与“知识品味”

一杯茶。

“生活原味”喝了一口说:“我尝到了茶水的滋味,先苦涩,后香甜。”

“知识品味”品了一口说:“我尝到了生活的滋味,先苦涩,后香甜。”

相同的情景,不同的境界。

旁征博引

[生存智慧]

父亲是个编织能手。把新砍的柳条运回来，都一般粗细，把皮剥去，白白的杆子便齐刷刷堆在父亲面前了。父亲并不急，先是把杆子放在阴凉里，等到晾至半干的时候，柳条才在父亲灵巧的手指间上下翻飞起来。用不了多长时间，一件柳编艺术品便成功了。

家境不好的那几年，父亲编织了许多这样的柳编品，除了拿到集市上换些零头小钱外，主要还是家用。家里的饭食并不好，但一经父亲的柳编品盛上来，效果就会不同。每当上饭的时候，父亲会说，这是月牙上(柳编品的模型)的窝头，好吃呀！这是乾隆船上的三合饭，可香啦……总之，那些年饭食虽然并不好，但经父亲造型各异的编织器皿端上来，一家人的胃口就会大开。

在父亲的头脑里，总是活跃着许许多多类似的做法，让我们一家人在困窘的年景里，并不缺少快乐。

[教育启示]

在故事中，柳条是生活原型，原汁原味，柳编则是艺术模型，赏心悦目。如果从根本上讲，柳编源于柳条，如果从艺术上看，柳编无疑又高于柳条。人们在欣赏的时候，不外乎两种方式：一种是先考察它的质地，然后在艺术美的享受中，万分感叹创造的力量；另一种是先享受艺术美，然后再考究它的质地，在创造的伟大中感叹万分。不管如何欣赏，人们总会对它的过去与现在感兴趣、作比较。

在教育教学中，知识的学习也具有相同的道理和途径：知识源于生活，具有生活原味，但知识又高于生活，具有知识品味。这两种滋味是不同的，前者是直接的、具体的、感性的，后者是间接的、抽象的、理性的。但这两种滋味又是融合的，前者是后者的基础，后者是前者的提炼。我们不仅应让知识生活化，让学生感受知识的活力，而且应让生活知识化，让学生感受知识的魅力。这样的学习才会风情万种、营养丰富。

绝对现场

[讨论缘起]

在传统教学中，注重书本知识，不注重知识的实际价值，抽象地研究知识，学生学习的目的不是为了应用，而是单纯地为了掌握知识，教学严重脱离学生的生活实际，这种纸上谈兵的做法使学生学得枯燥无味。

在新课程教学中，为了解决传统教学的上述弊端，强调从学生的已有经验出发进行教学，把知识教学放置生活的大背景下，让学生切身感受知识的发生、发展的过程。但是，现在又出现了另一种极端倾向，有的教师在实际教学时把联系生活作为唯一的方法，过分淡化了知识内部的研究，学生对事物之间的关系和规律理解不深、把握不准，不能把生活现象上升到应有的知识高度。

A.“保守”现象:偏重“知识品味”,轻视“生活原味”

病态扫描:浓重的知识痕迹抹去了生活的真实色彩

【教学片段1】“间隔问题”

一星是个聪明的孩子,刚上二年级。我出示题目:“小明在一条长30米的路的一旁种树,每隔6米种一棵树,共要种几棵?”

一星很迅速地拿起笔画起图来:

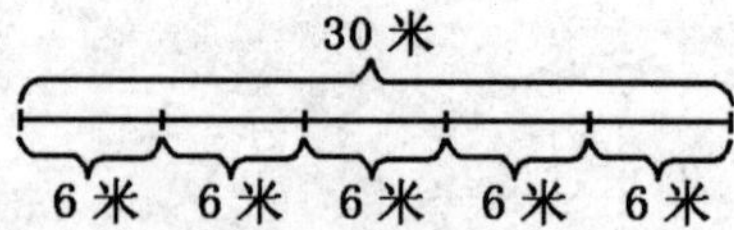

得出:共要种6棵。我问:“6棵是怎么得出来的?”孩子说:“从图中数出来的。”

我又出了一道题:“小明在一条路的一旁每隔6米种一棵树,共种了5棵,这条路长多少米?”一星还是通过画图得出了解。

我再问:“如果这条路很长,要种很多的树,你还去画图吗?你刚学过乘除法,会列式吗?”孩子摇摇头,一脸困惑。于是,我给他讲间隔个数、间隔距离,重点分清“加1”和“减1”,一星在我的再三启发下,终于“学会”了如何列算式。

几天后,我安排了足够量的间隔应用题让一星做,结果大吃一惊:全错,加1和减1全搞错!我又出示上面的两道例题,他竟然坐着发呆。孩子说:“你上次说的间隔个数、间隔距离,我一点也听不懂的。”我说:“至少也应该画画图吧?”孩子回答:“什么时候应该画加1、什么时候应该画减1,我画不了,太难了,搞也搞死了。”上次明明学会的,怎么今天一下子全乱套了?不教时自己倒还能用线段图分析一下,而教过后反而全然不知所措了,这次轮到我困惑不已了……

【评点】

二年级学生的逻辑思维刚刚萌芽，需要通过一些直观的手段对稍抽象的内容进行咀嚼，逐步消化。一星已经会用线段图来分析，这是他已有的认知水平。就像间隔距离、间隔个数等，成人都会搞错，何况是小学二年级的学生。他们心中已趋于稳定的自主学习的方法被教师变相否定，去违心地接受深奥的、一知半解的技能。如果任他用线段图去解决，把这种手段演化熟练，等上一年半载，一星就能十分轻松地掌握，而且数学能力也会大大提高。

另外，间隔问题的原型在生活中随处可见。如果在一星有了画线段图的经验后，我们能带他到公园里去研究一下间隔的有关知识，结合现场让他数一数间隔，测一测距离，学一学方法；然后再叫他留意一下每天回家上四楼的台阶与层数的关系，突破"加1减1"这个难点不是没有可能。

理性操作：真实的生活情景显现了知识的实际价值

【教学片段2】"填数问题"

出示题目：把0、1、2、3、4、5、6、7、8、9十个数填在□里，每个数只能用一次：□＋□＝□＋□＝□＋□＝□＋□＝□＋□（学生思考一段时间后，没有解答出来）

师：其实，数学中有些问题的道理就在我们生活中。你们玩过跷跷板吗？能说说你的感觉吗？（学生自由谈论）

师：如果老师和哪一位小朋友分别坐在跷跷板的两边，它会平衡吗？怎样才能让它平衡呢？

生1：可以在轻的那边再坐上一些小朋友，就可能平衡了。

生2：还可以调整两个人的位置。（学生演示，教师画图）

师：（找四个体重明显有差距的学生）如果让这四个小朋友来玩，坐在离中间点距离相等的地方（受学生启发临时添加），他们怎样坐才可能平衡？

生：最重的和最轻的在一边，另外两个在一边，这样跷跷板就有可能平衡了。

师：再来看看这道题，十个大小不同的数就像十个体重不同的小朋友，请大家帮它们搭配一下吧。（大部分学生很快找到答案）

【评点】

教师运用生活原型，为学生的思维搭建了坚实的“脚手架”，巧妙地使学生在不知不觉中转换了角色，由被动答题者变成了主动探究者，实现了把生活经验提炼为解题方法的升华。

病态扫描：缺乏生活的支持，造就知识的空谈

【第1次教学】《小鹰学飞》的“总算”一词[①]

当出现“总算”这一词语时，教师首先向学生解释：总算，表示经过相当长的时间以后某种愿望终于实现。这时，该教师怕学生听不懂，赶紧又补充：小朋友学了一年多语文，认识了七百多个汉字，我们就可以说“小朋友总算认识了七百多个汉字”。学生听后，还是似懂非懂。造句的时候，学生造的尽是诸如“我总算来上学了”、“我的作业总算做完了”等等单调乏味的句子。

理性操作：依托生活的渲染，涂抹知识的光彩

【第2次教学】《小鹰学飞》的“总算”一词

师：你们知道小鹰对老鹰说“现在……我总算……会飞了吧”时，这是

① 新沂市时集中心小学　周奎英

它第几次说“会飞了”？怎么说的？

生：第三次，急促地喘着气说的。

师：小朋友把自己想象成这只小鹰，用“急促地喘着气”的样子读读这句话。

师：小鹰说这句话时，心里有什么感觉？

生：它觉得这么长时间才学会飞。

生：它觉得好不容易才学会飞。

生：它好不容易学会了飞，心里有点儿高兴（用“欣慰”一词更好）。

师：你们认为小鹰的话中哪个词包含了“时间长”、“好不容易”、“心里有点儿高兴”的意思？

生：总算！

师：一个人、一个班级、一个家庭都会遇到不容易的事情，但经过一段时间的努力，往往还会实现愿望的。你能把这样的事情用上“总算”一词来说一说吗？

生：我原来不会做操，学了一年多，现在总算会做了。

生：我们班的卫生一直不好，经过大家的努力，现在总算得到了卫生红旗。

生：我们家原来住房紧张，后来爸爸打工挣钱又盖了两间平房，现在总算够住了。（学生学习的积极性高涨，思维活跃，多角度、多渠道地发散开去）

【评点】

根据新课标的要求，低年级阅读要“学习结合上下文和生活实际了解词语的意思”。这位教师正是从以上两方面出发，充分利用好教材，帮助学生感知、了解“总算”，然后进一步与学生日常生活中的一些经历相联系，进行表达训练，收到了较好的教学效果。

B. “激进”现象：偏重“生活原味”，轻视“知识品味”

病态扫描：难解学科知识与生活知识之间的歧义

【第1次教学】“三角形的认识”①

师：同学们想体验一下三角形的稳定性吗？在每张课桌的抽屉里各藏了一个三角形和四边形木架，请拿出来，同座之间相互拉一拉。

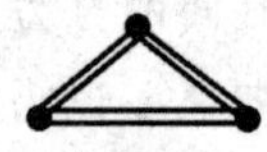

突然一位学生叫起来：“老师，我发现有的三角形没有稳定性！”只见学生手中拿着由三根小棒钉成的木架（如图）。

师：三角形的稳定性在生活中有着广泛的应用，如自行车中部的车架就是三角形的（出示图片）。

一个学生嘀咕：“那好像不是三角形的。”

“对，不是三角形，是四边形！”一些学生响应。

“这个车架虽然是四边形。但它是铁的，也有稳定性。”又一个学生补充道。

【评点】

案例中，造成“理解上的歧义”的一个重要原因是：由于数学中的不少词语（如“稳定性”）都是由日常语言中直接借用过来的，就很容易造成意义的混淆，包括日常意义对于数学学习的干扰。这就涉及数学抽象的一个基本性质：模式化过程。即使我们是由生活中的相关对象或现象直接去引出相应的数学概念，仍然有一个重新定义（建构）的过程。我们在此所研究的既非学生手中的那个三角形木架，也不是教师在黑板上所画的那个具体的三角形，而是更为一般的三角形的概念；其次，这里所说的“三

① 江苏海安　仲海峰

角形的稳定性”也有其特定的含义(“边长确定,大小、形状也就确定”),从而就不应与通常所谓的“牢固性”、“确定性”相混淆。

理性操作:缝合学科知识与生活知识之间的裂痕

【第2次教学】“三角形的认识”

师:刚才同学们用三根牙签围成了一个三角形。想一想,用这三根牙签还能围成其他形状的三角形吗?

老师请来几位认为“能”的学生到投影仪上演示,若干次尝试后,学生们发现不管怎样移动牙签,三角形除姿势变化外,其形状、大小都不会改变。

于是老师顺势引导学生归纳:“只要三角形三条边的长度固定,这个三角形的形状和大小也就完全确定。三角形的这种性质叫做三角形的稳定性。”

师:下面我们来做个实验——在每一张课桌的抽屉里各藏有一个三角形和多边形木架,请拿出来。同座之间互相拉一拉……通过实验你发现了什么?

生:我发现三角形木架怎么拉也不变形,而多边形木架轻而易举就变形了!

师:知道这是为什么吗?

生:因为三角形只要三条边长固定了,它的形状和大小就完全确定了。

生:因为多边形的边长虽然固定,但它的形状和大小并不能确定……

【评点】

学生生活的“具体、形象”与数学自身的“抽象、形式”之间的关系到底该如何处理?能在两者间找到一个恰当的平衡点吗?案例中,先用牙签围三角形,再借助经典的拉三角形、多边形木架验证之。这样的教学不仅形象、易懂,而且科学、明确地指向三角形稳定性的本质“边长确定,大小、形状也就确定”,有效地避免了理解上的歧义。

辩证认识

知识,需要回归生活,但我们不能走入"生活化"的误区。生活,不是知识时髦的"外衣",更不应成为知识的"误导"。只有真正把握了知识与生活的关系,达成和谐的统一,才能让学生更深刻地理解知识,感受知识的力量与价值。

一、有效教学需要处理好"生活原型"与"知识模型"的辩证关系

1. 在数学教学中,"数学味"需要"生活味"的调和

数学正是由于有了生活才有了不竭的研究源泉,生活正是有了数学才会变得更加绚丽多彩。教师在教学时有必要让学生经历知识的发生、发展的过程。教学中,为了帮助学生理解和掌握数学知识,特别是一些学生理解有困难的知识,就需要创设一个与知识联系紧密的生活情境来辅助教学,帮助学生借助已有的生活经验建立思考问题的模型。我们可以把数学与生活的关系作如下设定:生活问题—数学问题—数学模型—数学问题—生活问题。这里特别需要指出的是第二个"数学问题",在学生初步建立了数学模型之后,不应过早地让学生去面对复杂的生活情境,过早地去解决具体的生活问题。应该先让学生解决一些相应的数学问题,使学生在理解的基础上逐步形成相应技能,然后再运用相关知识技能解决简单的实际问题。

2. 在数学教学中,"数学味"要浓于"生活味"

数学是工具,生活是对象,数学是用来解释生活的,而不应该是用生活图解数学。实际上,数学跟生活的联系很多时候不是那么显性和直接,更多的是一种隐性的内在的连接,而这种急功近利的"拉郎配"只能导致数学教学的庸俗化。真正的有效的连接是冷静而又严肃的,教师应当具

有相当高的数学素养和洞察生活的能力，能够在生活问题和数学问题之间游刃有余地进行本质归纳和形式转换。数学毕竟不是生活经验的“照片”，而是对生活经验进行重组、加工以后的思维模型。创设生活情境是作为提高数学课堂教学效率的一种手段，是为了让学生更好地理解和掌握数学知识，而不是数学课堂教学所追求的最终目的，这就注定了数学教学中的“数学味”要浓于“生活味”。

3. 在数学教学中，应逐步用“数学味”淡化“生活味”

一般情况下，越是低级的数学知识，与生活联系得越紧密，因此教师在教学中要通过创设一些学生熟悉的生活情境，从实际生活中发现问题、提出问题，把数学知识与学生的生活经验相联系，充分调动学生已有的生活经验来思考问题、解决问题，帮助学生理解和掌握数学知识，所以低年级的数学教学“生活味”比较浓一点。相反，越是高级的数学知识越远离实际生活，更要从数学内部引入，用数学的思想、方法去理解和掌握这些知识。随着学生年龄的增长、知识储备的增加、思维能力的提高，应该引导学生逐步学会用数学的思维方式来发现问题、思考问题、解决问题，数学教学逐渐用“数学味”淡化“生活味”。

4. 在语文教学中，应以“语文的方式”创造出“语文味”

“语文味”主要来源于四个方面：第一，是文本的“言”，通过语言本身的内在魅力震撼学生；第二，是文本承载的“意”，通过文本的意象、意蕴、意趣等精神性的东西打动学生；第三，“言”与“意”通过读写听说的言语行为交融在一起，在语文实践中获得语感和美感；第四，言语的主体是“人”，同读一篇文章，每个人产生的味儿是不同的，因为它沾染着、粘附着具体个人的色泽和审美取向，它的产生离不开“人”这个审美主体。要教出“语文味”，必须按照“语文的方式”来进行教学。这就是：引导学生实实在在地接触文本，接触言语，通过生动、扎实的言语实践活动，走进文本世界，让“言”与“意”和谐地融合在一起。语文教学的实质就是实现人与文本的内在交流，这种交流，哲学上叫“对话”，语言学上叫“言语主体与言语作品之间的信息交换”，心理学上叫“同化”和“顺化”。一堂语文课能否有味儿，味儿浓不浓，主要就看学生与文本是否发生了这种交流，以及这种交流是否深刻、流畅和完整，“言”与“意”是否完美地契合起来。

二、有效教学需要处理好“生活场景”与“问题情境”的辩证关系

场景,《现代汉语词典》中解释为“某种场合的情景”。而情境的解释是“场景,境地”。从含义本身看,情境包含着场景。它依赖于特定的场景,并在场景中展开、生成。但数学教学中的“情境”并不简单等于我们通常所说的“场景”。众所周知,情境依赖于特定的场景,如同“现实情境”需要具体的现实生活画面或场景作支撑,“童话情境”依赖于特定的童话故事情节。但问题是,仅有“包含数学信息”的现实生活场景或童话故事情节等,显然尚无法构成数学中的“情境”之本义。

一个真正意义上的情境应该能激发学生乐于参与、关注和活动的“情”,并引导学生浸润于探索、思维和发现之“境”。它固然需要以具体的场景做背景、载体,然而,场景本身是否具有“待完成性”,即场景的呈现能否有效唤起学生的认识不平衡感、问题意识及认知冲突,场景本身是否具有一种“召唤力结构”,即能否吸引学生主动参与到问题的探究、思考中来,而且,这种吸引不仅仅依赖场景外在的东西,比如画面、音乐、动态感等,还依赖于情境中蕴含的数学的魅力,这些更应该成为我们理解、营造情境的核心要素。一个即使没有现实背景,但能有效吸引特定年龄阶段、特定认知水平的学生参与数学思考的场景,也应该构成有效的情境。例如“请从 4、5、9、1 中选三个数组成一道减法算式,使它的差最大”的平实题目;一个即便充盈着丰富现实意义,但却不能有效引发学生的数学思考与认知介入的场景,无法构成真正意义上的情境,例如一幅呈现了数样商品及它们的价格的具体画面。

在语文教学中,首要的问题是深挖课文的内涵,设计出富有创造性的问题情境:如故事型的文章可让学生编写剧本、演课本剧;说明文可让学生写广告词、开产品推介会;写景文章可让学生充当导游解说风景;一些与生活和大自然结合紧密的文章则可让学生带着问题走出课堂,在认识自然、深入实践中学习等等。

拓展延伸

专场1:小学数学

一、合理回归生活,促进数学学习

陶行知说:“我们真正的指南针只是实际生活。实际生活向我们供给无穷的问题,要求不断解决。我们朝着实际生活走,大致不至于迷路。”

(一)让数学知识源于生活,变抽象为形象,凸现趣味性

1. 回原生活,理解数学原理

例如:教学“相遇问题”时,教师让学生拿出玩具小汽车,把课桌当作“马路”,让同桌同学合作,模拟表演两辆小汽车在一条马路上的运动情况。玩耍中,学生弄清了什么是“同时同地出发”、“同时两地出发”,什么是“同向而行”、“相向而行”、“相背而行”,什么是“相遇”、“相距”……再请两名同学上台模拟表演:“小明和小芳同时从家里走向学校,小明每分走70米,小芳每分走60米。经过4分钟,两人在校门口相遇。”

2. 凭借生活,解决数学问题

例如:“分数、百分数应用题综合训练”一课,一位教师展示信息:

第一家商店:买1200毫升饮料送200毫升	第二家商店:饮料一律九折	第三家商店:买饮料满30元一律八折

然后创设情境“班级要举行一次班会,共有35人参加,班长要小明给每位同学准备200毫升饮料,每大瓶(1200毫升)10元,每小瓶(200毫升)2元。如果你是小明,你准备怎么买?”

3. 摄取生活，观察数学事实

例如：教学“百分数的综合应用”时，一位老师设计如下教学环节：(1)展示如下两条信息：“人体中血液的重量约占体重的7%”；“12岁左右的少年，头长约占身高的14.28%”。(2)计算出自己的体内血液、身高各是多少。(3)设疑，老师的头高是21.7厘米，身高是多少？通过计算学生发现，计算结果与老师的实际身高不符。(4)展示各年龄段头高与身高的比率，求出老师的身高。使学生认识到，人在各生长时期，头高与身高的比例关系是不同的。

4. 实践生活，体悟数学活动

例如：教学“公顷”时，如果仅让学生从字面上认识1公顷是10000平方米，应用时就会经常出错。如果把学生领到了操场，让学生指出边长是100米的正方形，并且让4个同学分别站在这个正方形的顶点上，其他的学生每隔几米站1人，分别站在了这个正方形的边上，这样全班同学就站在了一个边长是100米的大正方形上。“1公顷”的土地面积就出现在学生的眼前，并在他们的头脑中烙下了深深的印痕。

5. 融入生活，感受数学魅力

例如：教学“1米2厘米－6厘米”这道题，我们习惯上把它当作一道名数、复名数的互化与计算，可一位教师创设了一个生活情境：“同学们，小明的爸爸原来的腰围是1米2厘米，经过一段时间的体育锻炼，腰围减少了6厘米。你知道爸爸现在的腰围是多少吗?”这时学生的活动已不再是单纯地为计算而计算了，而是融入生活，更多的是一种积极的情感体验，与“爸爸”共享着体育锻炼所带来的快乐。

(二)让数学知识用于生活，变演练为应用，凸现价值性

1. 用数学知识解决现实生活中的问题

(1)提供应用数学的模拟情景

例如：学生学习了圆的周长、面积后，在一节练习课上，教师为学生创设这样一个生活情境：王奶奶家门前有一个较大的院子，家里还有一条长4米的竹篱笆。王奶奶想用家中的竹篱笆在院子里围个鸭栏养鸭子。如果平均每只鸭子至少需要0.25平方米的活动场地，请你帮王奶奶规划一下，把鸭栏围在哪里好？建议她养多少只鸭子？

(2)提供实践数学的生活场景

例如：学习“统计”后，让学生参与家庭的财政管理，从统计家中一天

的收支情况，到统计一周、一月甚至一年的收支情况，一方面让学生体验在生活中运用数学的乐趣，另一方面培养学生的生活能力。

2. 用数学眼光观察现实生活中的问题

例如：认识“圆”以后，让学生到生活中去观察：哪些物体的面是圆的？为什么要做成圆的？有的同学观察后还写了观察小论文《我们的世界是圆的》，用数学的眼光分析了车轮做成圆形的奇处，钮扣做成圆形的妙处，杯口做成圆形的好处……再如：学习“圆柱的侧面积和体积”之后，让学生观察生活中的油桶、水杯、油瓶、热水瓶等“为什么都做成了圆柱体”，对这一常见又不为人所注意的生活现象进行思考。学生研究得出：同样面积的材料做成的容器中，圆柱体的容积最大。

二、合理选取素材，促进数学学习

（一）走出“乱用”的误区——把握素材选用的目的性

【案例】“简单的统计”

教师放弃教材中的学习素材“四(1)班每个同学最喜爱的球类活动”，选用了“抛硬币”活动，让学生统计出现正、反面的次数。在教师的明确要求下，经过小组合作，同学们探索出多种整理数据的方法：有的小组画竖线；有的直接数数；有的画“正”字；有的用“√”和“×”分别表示正反面；还有的小组画“○”。然后填好统计表进行分析。

【评点】

数学素材是数学知识的载体，它被称之为“认识背景”，教师在选用数学素材时，不仅要看它是否是现实的、有趣的，还要看它能否更好地促进教学目标的达成。在“简单的统计”中，教材让学生体验画“正”字法的优越性，学会用画“正”字的方法整理数据是本课时的重要教学目标之一。然而，教师选用“抛硬币”这一素材，需要记录的信息量少，并且便于识别(只有正面和反面两种)，用打对错号、画竖线或直接数数等方法非常方便、快捷，学生在统计中无法体验到画“正”字法的优越性。

(二)走出“滥用”的误区——突出素材选用的实效性

【案例】“分数、百分数应用题”

在教学分数、百分数应用题时,许多教师都喜欢把“本班学生人数”作为学生的学习素材。学习一步应用题时选用,关系句训练时选用,学习两步应用题时还选用;昨天用它,今天用它,明天还用它。

【评点】

当教师把学生熟视无睹的生活问题“本班学生的人数”作为认识背景,确实会引起学生兴趣。然而,“熟悉的地方没风景”,随着选用同样素材次数的增加,学生经常受到同样或相似的信息刺激,他们的学习兴趣和欲望便会随之自然减弱,其接受信息的效度也会越来越低。做好这一点,除了抓住基本的生活素材(如学生在校内和校外的亲身经历)之外,还应让“时事”走进数学课堂。

(三)走出“误用”的误区——遵循选用素材的客观性

【案例】“方程的意义”

教师以“小朋友玩翘翘板”作为学生的认识背景,通过多媒体创设情境,主要分四个层次进行:(1)从两个小朋友玩翘翘板时的不平衡到三个小朋友(又来一个小朋友)玩时的平衡,让学生用等式表示;(2)根据第二天的三个小朋友玩翘翘板时的平衡,又得到一个等式;(3)出示一些式子,让学生找找其中的等式;(4)启发学生把找出的等式再次分类,从而得出方程的意义。

【评点】

众所周知,玩翘翘板不是以平衡为目的的,况且就是在停止的情况下,翘翘板也很难达到平衡状态。可以说,教师所创设的平衡情境并非现实之真实存在,是一种人为的虚假信息。

三、合理创设情景，促进数学学习

(一)真正把握情景含义的关键点

1. 打破结构，引发认知失衡，使“场景”化为“情境”

能否自发诱导思考是场景区别于情境的最主要标志。日常的课堂，我们更容易看到这样的画面：教师出示某特定场景，随后直接给出问题，引导学生思考；或者引导学生自己提问，全班思考交流。应该说，这不失为一种行之有效的方法，它能使场景很快涌动问题感，从而诱导学生思考。然而，越来越多的教学实践表明，诞生于类似背景的情境，很难诱导学生强烈的问题意识与关注。即便是学生自己提问，他们也往往是“无病呻吟”，所提的问题程式化的居多，真正有价值的罕见。

问题意识能否生成，关键不在于是否已经给场景配上了一个“问句”，而是这样的场景本身对学生是否具有一种召唤力。比如结构的不完整性，比如主客体之间认识失衡感等，它们都能自觉诱导学生的介入与主动思考。

例如，教材中经常会出现这样的题组：

3×4＝　　　　5×6＝　　　　9×7＝

3×40＝　　　　5×60＝　　　　9×70＝

与其说这是一个问题情境，莫如说它更像一个场景。因为学生需要的只是调用原有的计算活动经验，正确写出每题的得数即可。倘若我们作如下变化：

3×4＝　　　　5×6＝　　　　9×7＝

3×40＝　　　　5×60＝

与原有的场景相比，空格的呈现无疑是突兀的。但正是这一突兀的“空缺”，逼迫学生介入思考，并主动观察前面的两组算式，努力从中发现规律、建立模型，进而将模型应用到新的情境中来，实现知识迁移，并最终帮助他们找到“9×70＝”的答案。这当中，计算的要求依然存在，然而思考的含量已大大加强，并且成为这一场景更有价值、更为核心的内涵。

2. 科学引导，合理挖掘，彰显“场景”的“情境”价值

精妙、合理的引导，往往也能化腐朽为神奇，使原本看似朴素的教学场景，化作学生思维激荡、智慧迸发的数学情境。

例如上面的案例,如果说,将"9×70="替换为一个"空格"体现的是一种预设智慧的话,那么随后的一个细节则让我们看到了教师的引导智慧。

(1)学生交流,得出"9×70"后,教师引导学生说理,外化其思考过程。

(2)教师出示方格背后的算式"90×7",在学生颇感意外后,再度引导学生思考。

又是一个细小的变化,但现场的生成让我们惊喜:

生:我们一开始受了前面的误导。因为前面每组算式中都是第二个因数扩大10倍,所以我们也想当然地将7扩大10倍。

生:看来,不管是第一个因数扩大10倍,还是第二个因数扩大10倍,积都扩大10倍。(前提是其中一个因数不变)

生:我觉得,我们还可以继续往后写出许多这样的算式,或者往下再写出很多这样的算式。例如:①4×8=32、4×80=320、40×8=320。(后两个算式的一并出现,说明了他的思考因为教师的第二次细微改动而变得更辩证、更全面了);②5×7=35、5×70=350、5×700=3500、5×7000=35000……(尽管后面的数他还没学过,并且多有误读,但我们依然看到了"空格"带给学生的惊人变化)

又如:"用卡片摆数,并比大小"这一场景。应该说,学生对这样的场景很感兴趣。然而,如何引导学生在兴趣的背后展开深入思考,才是这一场景能否转化为情境的关键。一位教师精心设计的教学引导,让这一熟悉的场景迸发了别样的思考魅力。游戏规则:两人闭眼各摸四张数字卡片,按顺序摆一个四位数。谁摆的四位数大,谁就赢得比赛。第一层次:摸出卡片后,从后(个位)往前一张一张摆,每摆完一张,引导学生思考:现在,你能看出谁赢了吗?现在赢了是否就意味着最后一定会赢?为什么?第二层次:摸出卡片后,从前(千位)往后一张一张摆,每摆完一张,同样引导学生思考:现在,你能看出谁赢了吗?还没摆完,你是如何确定输赢的?为什么?第三层次:摸出卡片后,由学生自己决定将这张卡片放哪一位上,同样引导学生思考:你为什么将这张卡片放在这一位上?

(二)注意把握情境应用的注意点

1. 让情境服从于教学内容,忌"牵强附会"

(1)情境创设要注意合理性

情境创设需要教师钻研教材,充分把握教材的智力因素和学生的思维基础，充分利用学生的生活经验。

(2)情境创设要注意阶段性

对于低年级儿童来说，颜色、声音、动作有极大的吸引力，要多创设生动有趣的情境；到了高年级，则要侧重于创设有助于学生自主学习、合作交流的情境，用数学本身的魅力去吸引学生，尽量让他们由内心的成功体验产生情感的满足，进而成为推动下一步学习的动力。

(3)情境创设要注意时代性

创设的情境应该赋予一种时代气息，如果还是停留在过去那个时代，再用“开火车”“摘苹果”等情境，就很难真正地吸引学生了。

2. 让情境服务于教学目标，忌“买椟还珠”

例如：教学“十几减 5、4、3、2”是在学生已有知识“十几减 9、8、7、6”的知识基础上来展开的，但教师紧接着将书上的“想一想”的几道题都改成了“小白兔采蘑菇”，让学生连线，提问为什么这样采？学生只能答出：“因为 13－5＝8，所以第一只小白兔应采 8。”在巩固练习阶段，还设计了“比一比”、“赛一赛”、“摘苹果”、“帮小动物找家”、“抢答”等形式，自始至终都没有问一个“为什么”，表面看来热热闹闹效果不错，但细一品味，不禁生疑，这节课的主要任务是什么？

3. 在情境中突出教学重点，忌“浅尝辄止”

例如：教学“11～20 各数的认识”一课，“想想做做”中有培养数感的估计练习，如果直接出示 17 个草莓，让学生估计有多少个，学生可能并不去估计，而是一个一个地数。所以，我们可设置一些障碍，让 17 个草莓在屏幕上无规则地运动着，有意干扰学生数数，学生只能估计。

4. 把情境转化为数学素材，忌“流连往返”

如果情景时间无为延长，没有变化，就会衰减与淡化。因此需要教师把握时机，张弛有度，启发学生积极思维，由情境带来的短暂冲动逐步过渡为对所学知识深层次的体验与认知。

例如：在“有余数的除法”中，教师设计了“猪八戒分西瓜”的童话情境：西天取经的路上，孙悟空让猪八戒分西瓜，“18 块西瓜，平均分给 4 个人，每人分得的要尽可能多，分剩下的就奖给你吃。”八戒每人分了 2 块(画外音：剩下的 10 块都是我的了)；孙悟空抡起金箍棒，就要打八戒。教师问：“孙悟空为什么要打猪八戒呀？”学生轻松地找到了猪八戒挨打的原因：剩下的还可以分(余数比除数大)，然后继续通过直观、富有趣味的童话演示，形象地展示了“第二次再挨打(余数比除数大)、第三次不打(余数比除数小)”的原因。之后,为了防止学生过分“纠缠”于生动愉悦的具体情节,教师迅速抽取几次分西瓜的算式,及时把这个对数学教学有用的信息以对比的形式呈现给学生,把童话情境转化成了数学素材,学生通过独立分析、集体讨论等悟出了“余数要比除数小”的道理。

5. 让情境贯穿教学过程,忌“朝三暮四”

理想的教学情境,应该是既要保持动态生成性,又要保持静态稳定性。教学情境的创设,并非多多益善,而应保持一定的度,要充分挖掘一个主题情境所负载的内涵。杨九俊说,课堂教学要十分关注学生有效思维的时间长度。教学情境变化太快,容易把教学过程搞得支离破碎;教学情境设置过多,容易使情境展开不足。每节课中刻意性明显且对学生感官刺激较强的情境,创设不宜过多。

例如:教学“找规律”,教师围绕“装扮我们的教室,过快乐的六一”主题情境展开教学。先在教室里挂一些彩旗,将学生置身于一个现实情境中,初步感受规律。然后引导学生依照自己心中的规律,用自己独特的方式制作“有规律”的灯笼。接着,在交流中感悟规律、提升思考。最后,再围绕“如何使我们的教室更漂亮”这一主题引导学生交流,并利用本课所学的规律开展实践活动,布置我们的教室。

(三)合理把握情境性质的关系点

1. 从问题情境的思考范围分析,要处理好宽泛性与定向性的关系

例如:课件演示“9 加几”运动会场上的主题图,教师问:“小朋友,看了这幅图你发现了什么?”上述问题情境具有宽泛性,它把学生的思维放到了广阔的背景之中。一年级学生提的问题往往是从简单的入手,有些学生会提出一些与数学无关的问题。究其原因在于此问题情境缺乏定向性。其实,当出示课件演示主题图,教师提出“你发现了什么?”这一问题后,待学生思考了一会儿,就可补充一个具有定向性特点的问题“你能提出哪些数学问题”(也可以演示主题图后就直接提出),这样的问题情境既具有宽泛性,又能培养学生对所收到的信息进行加工处理提升的能力。

2. 从问题情境的用时角度分析,要处理好探索性与高效性的关系

【案例】“统计的初步知识”

师:同学们,你们爱听故事吗?(生:爱听!)那咱们先听个小故事。

教师播放故事,老虎、猴子、兔子、狐狸举办联欢会……兔妈妈要

为每个动物准备午餐……(出示思考题:每种动物各来了多少只?)

师:大家能帮助兔妈妈解决这个难题吗?(这时已经用了7分钟)

经过学生的探索和四位学生的发言,大家认为需要再听一遍录音,并且把它记录下来。当学生觉得第二遍播放太快记不下来时,教师组织学生合作交流。通过五六个学生的汇报补充,从而得出采用分工合作。每人记一种动物,用"正"字作为记录的符号。接着播放第三遍录音……(这时已经用了17分钟)

【评点】

问题情境的创设应以学生需要的动机为中心,充分让他们探索,寻求解决问题的策略,使他们能主动、有效地参与学习。但片面强调主体发展的自发性,就会降低学习的效率。像这样导课的问题情境创设就要花17分钟,能不削弱学生在数据整理、统计制表、分析数据、得出结论等重要环节的体验吗?

3. 从问题情境的思维程度分析,要处理好直观性与抽象性的关系

【案例】"长方体和正方体的认识"

师:请同学们和老师一起拿出课前准备的长方体的模型,闭上眼睛摸一摸,睁开眼睛看一看、数一数,长方体有几个面?几条棱?有几个顶点?(学生按要求操作并回答)

【评点】

对五六年级的学生来说,滥用案例中这样直观性的问题情境,将会抑制学生思维能力的提升。在小学高年级空间与图形教学中,要逐步培养学生手中无物体,脑中想物体的良好习惯。如上例,当教师提出长方体有几个面的简单问题时,学生脑中应有一个长方体,通过对前后、左右、上下的思考得出长方体有6个面的结论。只有当有些学生想象受阻时,才设法引导他们看长方体的实物,通过看一看、数一数来完成。

4. 从问题情境的学科特色分析,要处理好生活性与数学性的关系

【案例】"认识人民币"

(课件演示"小兔当家"的动画故事:妈妈不在家,小兔当家,先到超市买食品,付钱;又去菜场买菜,付钱;投币乘公共汽车回家;最后把剩下的零钱放在储蓄罐)

师:看完刚才的动画片,你想到了什么?(学生回答)

类似的与生活紧密相连的问题情境还有整理钱包、模拟购物和献爱心等。

【评点】

学生已经学过100以内数的读写、大小比较,认识各种面额的人民币并不会感到困难,只要看清数后面紧跟着的单位就可以了。况且买东西付钱是生活中司空见惯的现象。围绕上述问题情境进行活动时,学生始终停留在已有的知识和经验上进行简单的操作活动和游戏活动,许多问题不动脑筋就可以回答,并没有在数学思维上得到进一步的发展。本节课的问题情境创设,应从学生的学习起点出发,注重一些数学思想方法的挖掘和渗透,如:(出示一种商品)要学生猜猜需多少钱,给三次机会,比一比,谁猜得准或最接近?(出示标有不同价钱的某种学习用品)你要买吗?如果想买的话,你要哪一种?说说理由等问题情境。这样不仅突出了生活性,而且还培养了学生的估算意识,学会合理用钱,进而逐步学会用数学眼光去观察生活。

专场2:小学语文

小学生作文,概括地说是"真",即体验真、感情真,我手写我口,我手写我心。教师只要教会学生用"两条视线"读懂生活,感悟生活,不断获得"自然得之于己"的愉悦,便能达到"欲罢不能"的乐写境界。两条"视线"是指:第一条视线,即生理"视线"——眼睛看,耳朵听,鼻子嗅,双手摸;第二条"视线",即心理"视线"——用心灵去感悟体验。

一、用感官触摸生活

(一)热爱生活,丰富作文情感

叶圣陶先生说:“生活如泉源,文章如溪水,泉源丰富而不枯竭,溪水自然活泼地流个不歇。”生活本身是丰富多彩的,是作文的源泉。文章是客观生活的反映,这种反映是以人的心理为中介的。因此教师首先要教学生热爱生活,孩子们的情感才会更丰富。

(二)走进生活,积累写作素材

1. 以社会为背景,指导学生观察生活

作文教学中的即兴观察或有意观察,都是认识生活、获取作文材料的常用方法。

2. 以活动为载体,组织学生参与生活

例如,进行写人作文训练前,可组织学生开展“夸××”或“我佩服他(她)”、“他真行”等演讲形式的主题活动,学生就会有较多时间去搜集材料。在记事方面,可配合重大节日组织学生举办联欢会、游艺会,利用中队活动,开展“畅想未来”、“我做小导游”等中队主题活动。

3. 以实践为契机,引导学生体验生活

例如,种植花草树木,让他们了解植物的生长过程;饲养虫鱼鸟兽,了解动物的生活习性;参与家务劳动及公益劳动,体验劳动的滋味。在实践过程中,教师要注重引导学生体会实践的感受,引导学生善于把自己的所见所感装进自己的“素材库”。

(三)寓教于乐,创设写作氛围

1. 吃吃说说写写

例如,一边有滋有味地亲口尝尝山核桃、葡萄、橘子,一边将感觉到的相互交流,先说后写。

2. 听听说说写写

例如,听老师或同伴或录音讲故事,然后自己说,再伙伴互说,全班交流说,最后写。可复现式地写,更鼓励创造性地写。

3. 画画说说写写

例如,让学生创造性地画画,然后根据画面说编故事,再写话;也可以根据教师的要求画实物，说说写写。

4. 做做说说写写

例如，先尝试小制作，小手工，如布贴画，叶贴画等等，再互相介绍，然后写话。

5. 想想说说写写

例如，提供没有文字说明、互不联系的图画或词语，让学生合作进行创造性的说话写话训练。

6. 读读演演写写

例如，合作表演“给爷爷递茶”、“贪玩上课迟到”等情节，全班评价说话，自由写话。

(四)创造生活，展示习作个性

《语文课程标准》第一次明确提出要写想象作文，“鼓励学生写想象中的事物，激发他们展开想象和幻想”。儿童的梦幻生活，是美好童年生活的一部分，是真实生活的倒影，是现实世界的反映。

1. 依托图像

例如，凭借单幅的，多幅的；有序的，混乱的；或需要学生创作添画的，根据线条和图形创造性地组合画面的，推前测后，大胆想象作文。

2. 依托文本

一是扩写，如《天火之谜》课文中，对“一般人不相信他的推论，就连许多自称有学问的人也取笑他”这句话，让学生根据上下文，进行合情合理地想象，扩写成一个片断；二是改写，如将《黄鹤楼送孟浩然之广陵》、《村晚》等创造的情景，根据想象改写成一篇白话文；三是续写，可以是延伸文尾式的，如写《桑娜抱养孤儿以后》等。

3. 依托词语

例如，“铅笔——橡皮——钢笔”，让学生大胆想象，创编故事。

4. 依托实物

例如，凭借新颖漂亮的文具、玩具，遭到损伤的清洁工具、课桌椅，新发明的可视手机，让学生仔细观察，抓住特点想象编写童话或科幻故事。

(五)开辟舞台，注重生活应用

传统作文教学失败的重要原因之一，是言语学习与实践应用分离。黑板上写请假条，作文本上写家信，考试卷上发通知的现象比比皆是。交际工具异化为应试的手段，挫伤了学生写话和习作的积极性、主动性，严重影响学生掌握语言这个工具的速度和牢度。我们应该将作文从作文本上请下来，在实实在在的运用中练习、提高。

1. 提倡家庭应用

例如，妈妈生日时，给妈妈点歌、做贺卡；写完信后实实在在地寄出；给家长的通知有的可不再由学校统一印发，而是让学生各自书写、传达等等。

2. 重视学校应用

例如，发中队通知，写通讯，设计活动的主持人串词；向校长提运动场设备添置的建议；为学校艺术节设计节庆广告、海报；为中队委员竞选准备发言稿等等。

3. 注重社会应用

例如，调查家乡大街小巷的错别字，向有错别字的单位写整改建议；向市长、局长提出污水治理、小区噪音处理的批评建议；在大厦的留言簿上给热情周到的商店营业员写表扬留言。另外，记实和想象作文也应该努力开掘交际应用的舞台。例如，可以将风景名胜游览的记实作文制成漂亮的景点介绍卡；把写得最优秀的童话、寓言到幼儿园和低年级班级去宣读。

二、用心灵感悟真情

(一)"反生态作文"之生存状态：长、美、高、巧

长：许多老师认为，长文能达到叙述具体的效果，特别是在同题习作时，更显得参与者的态度端正。老师们对长文的欣赏和推崇，使得孩子们的习作也形成了"从长计议"的文风。

美：习作追求语句优美本无可厚非，但如果一味崇尚"美文"，则必然导致孩子"唯美是从"。道理其实很简单，过分美容就等于毁容，但是很多老师评价孩子习作时有"宁可浓妆粉饰也不素面朝天"的思想。

高：文以载道，这固然对，问题是一些教师将孩子的习作等同于成人的文章，将成年人之"道"强加于未成年人之身，这才"逼"出了一篇篇高不可攀的"道德文章"：参加一次活动总是能让人突然"长大了许多"；最好的朋友一定要在作文里先"反目成仇"后"重修旧好"……

巧:从古至今,多少文人墨客苦心钻研为文之道,因此有许多关于行文技巧的文章流传于世。于是老师们强求孩子们的习作也要讲究"引、析、联、结",注重"起、承、转、合"。

总而言之,"反生态作文"的特征就是一个"假"字:假的材料,假的语句,假的立意,假的布局。

(二)"原生态作文"之绿色空间:适、实、真、趣

适:尊重孩子习作的"原生态",就应该淡化以长短评判优劣的观念,崇尚"有话则长,无话则短"的自由表达状态,不以长短"论英雄"。

实:关于"美文"和"实文"的争论由来已久。诚然,那些词藻优美、诗意盎然的文字更受读者的喜爱,流传千古的也是那些用词准确、文采飞扬的经典之作,但我们必须注意到作文教学服务的对象——6 到 12 岁孩子的一些"原生态":心智发育还不成熟;处于阅读积累阶段;写作不是谋生所需要的职业,仅为表达所见所闻所感的一种方式;除语文外还需应付诸多学科……所以不必用一个文学家的标准去衡量孩子的习作,而应学会欣赏他们随心而发、自然而然的朴实文字,平实的语言更能体现童心。

真:圣人撰文,立意务求高远,孩子的习作,立意崇尚真纯。说到"真"字,自然想到"伪"。韩军先生就批评过习作的"伪圣化"现象:很多作文虚假地表达一些崇高、神圣的意义,甚至违心地说些貌似崇高的话,其实作者内心一点也没有这种思想。这种立意是虚伪的。

趣:过于注重形式、章法,写作哪还有乐趣?就像"戴着脚镣跳舞"。名家名篇的共同之处就是行云流水,纸上无痕。孩子们纯真、稚趣的"缪斯天性",就注定了他们的习作也是天马行空、随心所欲的。可是一些模式化的写作训练极大地扼杀了他们作文的个性、语言的灵性、表达的创新性,成了"螺蛳壳里做道场",脱颖而出的佳作则成了"异端"。

总之,让学生学会真情表达,要做到以下几点:①让学生学会感恩,体验人间自有真情在;②让学生学会耐挫,领悟彩虹总在风雨后;③让学生学会欣赏,懂得欣赏别人是美德;④让学生学会审美,体会美就在你我身边;⑤让学生学会思考,提升阅历和思想境界。

三、用生命表达思想

习作是学生生活的反映,更是心灵对话的自然产物,生命的自由表达。学生习作出现“内容平淡”、“缺乏真情实感”、“词不达意”等表达问题的重要原因是他们的“生命”游离于习作之外。

(一)回忆生活——表达生命活动的生动形态

写作是生命个体对生命历程的反映,所以习作反映的内容应当内化于学生生命才有意义。首先要引导学生积极回忆与之相关的、感兴趣的、亲身经历过的事,创设情境达到表达的“生命在场”。

【案例】“围绕自己喜欢(讨厌)的事物(人、事、景、物)等写一篇作文”

上课伊始,我不直接出示作文训练题目及要求,而在黑板上板书“情人眼里出西施”,引起了学生强烈的好奇。学生在一片惊诧与疑惑中开始窃窃私语,课堂上顿时有了浓厚的探究气氛。接着我问学生是否明白这个句子的意思。他们有的说本义,有的说引申义,我于是又反诘:“因为喜欢,所以他的眼里就会出‘西施’,如果不喜欢呢?”学生齐声回答:“那会出‘东施’”。“你们平时的生活中,有没有出现‘西施’或‘东施’这类的事物?请说出来听听。”学生记忆的闸门一下子打开了,有最喜欢的小吃,有烦人的同桌,有可恶的卖菜人,有敬爱的老师,还有恼人的生活环境,可爱的小狗等等,课堂气氛热烈而活跃。一系列的铺垫工作过后,我不缓不急地出示作文题。

(二)唤起真情——表达生命活动的鲜活灵魂

习作指导就是要更好地引导学生表达出内化于生命的真情体验,使学生的习作具备灵魂,这是生命化作文教学的核心。所以在帮助学生回忆生活的同时,还要唤醒蕴藏在学生心中的情感。

【案例】“围绕自己喜欢(讨厌)的事物(人、事、景、物)等写一篇作文”

出示作文题目后,我“抛砖引玉”,以儿时最喜欢的小吃“油炸豆腐干”为例,介绍母亲精巧的制作过程,描写了豆腐干的色、香、味,抒发了对“油炸豆腐干”的喜爱和对童年及母亲的深切怀念之情。学生的情绪受到感染,我马上让学生思考自己喜欢(讨厌)某一事物的原因,倾诉情感。这样就完成了从生活诉说到生活感受的飞跃,使课堂与生活融为一体,习作表达的思想与学生精神生命在不断生成中升华。

(三)因势利导——表达生命活动的完美精彩

学生完成了习作内容的选择和情感的酝酿之后,迫切要实现的便是文字的表达。原生态的习作不但强调内容的生活性,更强调表达的自由性,我们要引导学生创造性地用自己的语言书写生活,抒发自己的情感。但是自由表达绝不是放任自流,而应当在学生对具体书面表达感到困惑时,依据儿童语言的特点相机点拨,顺势而导,巧妙地渗透表达技巧的指导。

【案例】"围绕自己喜欢(讨厌)的事物(人、事、景、物)等写一篇作文"

我让学生围绕"自己喜欢(讨厌)的事物"先想想写些什么,再列出简单的提纲。我根据单元训练重点把表达训练指导设定为学习有顺序地表达。一个同学写《我喜欢的老师》,列的提纲是:1. 介绍李老师的外貌;2. 李老师很幽默;3. 李老师知识很丰富;4. 总结。我觉得有点意思,但表达得不够明确,便当作例子让全班合作改进。经点拨启发后修改为:1. 刚认识李老师时觉得他其貌不扬;2. 渐渐地发现李老师为人非常风趣幽默;3. 李老师上课旁征博引知识渊博;4. 总结:李老师虽然貌不惊人,但是十分风趣,而且才高八斗,我喜欢他。我引导大家对比认识修改后的提纲:先抑后扬,先分后总,层层递进。同时启发同学思考怎样的表达顺序更好,然后修改自己的提纲。

画龙点睛

•学习的"滋味",可以从生活的源头找到,这种"滋味"是新鲜的、实在的、感性的;学习的"滋味",还应该从知识的深处得到,这种"滋味"是新奇的、内在的、理性的。在这两种"滋味"的调和下,学习素质才会健康地发展。

课堂焦点 4

“表现活动”与“思想活动”

“表现活动”和“思想活动”来到医院。

“表现活动”说：“我患了多动症。”

“思想活动”说：“我患了空想症。”

医生给“表现活动”开的药方是：“让‘思想活动’做你的导师。”

医生给“思想活动”开的药方是：“让‘表现活动’做你的教练。”

旁征博引

[摘 麦 穗]

两千四百多年前的一个黄昏，大哲学家苏格拉底领着他的三个弟子来到一片麦田前。

“现在，你们到麦田里去摘取一颗自己认为最饱满的麦穗。每个人只有一次机会，采摘了就不能再换。”三个弟子欣然前行。

第一个弟子没走多远，就看到一颗大麦穗，如获至宝地摘下。可是，越往前走，他越发现前面的麦穗远比手中的饱满。他懊恼而归。

第二个弟子吸取前者的教训，每看到一个大麦穗时，他总是收回了自己伸出去的手：更大的麦穗一定在前头。麦田快走完时，两手空空的弟子情知不妙，想采一颗，却又觉得最饱满的已经错过。他失望而归。

第三个弟子很聪明。他用前三分之一的路程去识别怎样的麦穗才是饱满的麦穗，第二个三分之一的路程去比较判断，在最后的三分之一的路程里他采摘了一颗最饱满的麦穗。他满意而归。

[教育启示]

如果把苏格拉底的三个弟子归类，那么显然第一个是属于“先做了再说”之列。“先做了再说”，省略了思考过程，必然会导致行为的盲目性与无序性，其结果当然“懊恼而归”。第二个当属于“等等再说”之列。“等等再说”，总是在思索、观望这个台阶上停滞不前，“只想未做”必定两手空空，“失望而归”。第三个弟子则是“边想边做”。对事物有充分的认识以及足够的判断，才能不慌不忙地出手，他当然能够“满意而归”。

对应苏格拉底三个弟子的做法，我们现在的教育倡导让学生“跳一跳，摘取果子”，孩子在树下也有三种不同的表现：其一，一来到树下即匆忙起跳，或许他能摘到一枚果子，或许不能，他摘的果子或许饱满成熟，或许干瘪青涩，这取决于他的运气。但这种偶然性的押宝、投机性的做法，显然是教育应该远离的。其二，孩子在树下久久端坐，长久思考，却迟迟未跳，果子始终高悬于头顶。不能服务于现实的假想，就如同画饼充饥，这是教育最该摒弃的。其三，孩子坐在树下，沉思、研究、探索，甚至还可以是放松以积蓄更大的能量，然后，他跳起来去摘取他选定的果子。这种深思熟虑后的准确出击，这种有序的实践过程，这种有目的、有计划的实践行为，才是确保教育有效性的根本途径。

绝对现场

[讨论缘起]

传统教学中，教师喜欢只动嘴，单调地讲，学生便可只动耳，机械地听，学生没有动手实践、动身表演、动情抒发的表现机会和空间，更多的是一种抽象的思维训练和思想提炼。

新课程教学中，注重了学生的操作活动、游戏活动，让学生直观感受、亲身体验中表现自我。然而，有些教师由于过分注重追求学生外在活动形式的多样、气氛的热烈，而出现了降低内在思维活动的含量和思想活动的层次等不良现象。

一方面，许多教师大谈特谈“在活动中学习”的优点，另一方面，一些教师提出“学习是否都要用活动来支撑”的质疑。究竟什么是真正的、有效的活动？活动到底以什么限度为最佳效果？

A."保守"现象:偏重"思想活动",轻视"表现活动"

病态扫描:纸上谈兵,凭空想象

【教学片段1】"圆的面积"练习题

老师给学生出了一道练习题:一块长7厘米,宽5厘米的长方形铁片,最多可以剪出几个直径是2厘米的圆形铁片?学生经过列式计算,得到(7×5)÷(3.14×1×1)≈11(个)。教师判定为正确。

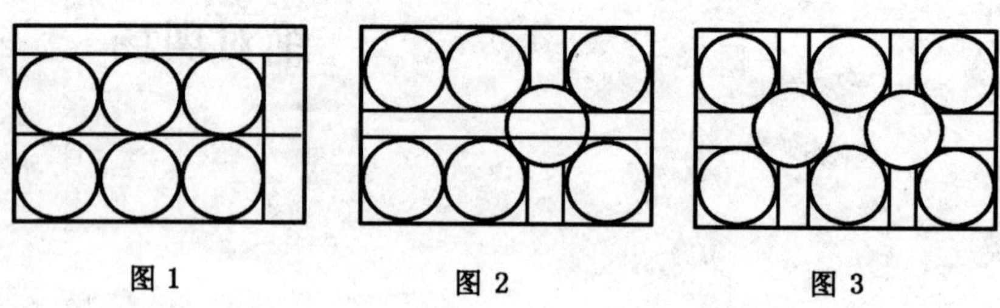

图1　　图2　　图3

【评点】

上述解题属于纸上谈兵,如果教师让学生实际操作一下,就会发现原来的答案是错误的,是不符合实际的。例如:如果像图1那样操作,得出的答案是6个;如果像图2那样操作,得出的答案是7个;如果像图3那样操作,得出的答案是8个。

"实践出真知",有些知识不能只是停留于"思想",根据知识学习的经验"想当然",产生纸上谈兵造成的幻觉或错觉,而应具体动手实践一番,才能发现"新大陆",得到正确的答案。

理性操作:实地演习,有序想象

【教学片段2】“认识东南西北”

请四位学生把“东”、“南”、“西”、“北”四块牌子摆到教室的东南西北面。

师:请小朋友们面向东坐好,伸直右手,看一看右手指向哪儿?(南)如果面向南面呢?如果面向西面和北面呢?(学生自主活动后,汇报交流)

师:全体起立,现在面向哪儿?(东)听口令,向右——转。现在面向哪儿?(南)向右——转。现在呢?(西)向右——转。(北)向右——转。(东)

师:请坐,如果老师请你们继续向右转,下一次该面向哪儿?再向右转呢?通过刚才的向右转,你们发现了什么?(学生小组讨论后汇报)

师:现在请×××小朋友,把方向牌还给老师。不看牌子,你能根据刚才的经验,很快地找到老师所说的方向吗?伸出小手,指一指东、西、南、北。

师:看来,小朋友们对教室内的东南西北已经非常清楚了。如果老师把你带到一个陌生的地方,你还能很快地辨别方向吗?下面我们来做一个辨别方向的游戏,好不好?

指名一位学生到讲台前,蒙上眼睛,转了几圈后。老师告诉他面对的方向,请他说一说他的后面是哪儿,左面是哪儿,右面是哪儿。

同桌的小朋友合作,互相蒙上眼睛转一转。根据同桌提供的一个方向说出其他三个方向。

【评点】

教师力求把课堂还给学生,转一转、指一指、看一看、议一议等活动,充分调动了学生的学习积极性,使他们在活动中学到了知识,体验了学习的乐趣。此外,像“向右转,找方向”的活动,“蒙着眼睛”辨别方向的游戏,又有效地促进了学生空间观念的培养。

病态扫描：以书本为准，不容置疑

【第 1 次教学】《骆驼与仙人掌》①

引出课题后，教师提出“骆驼有哪些本领适于在沙漠中生活”的问题让学生讨论，也许是学生在课前已查阅了相关资料，教室里一下子像炸开的油锅，有的说：“骆驼的眼睛很特别，它的眼皮有三层，睫毛密而长，闭眼时像帘子可挡风沙。”有的说：“它有驼峰，里面储存的脂肪可转化成水，所以可以很长时间不喝水。”有的说：“它的脚掌大，可防止身体深陷进沙子里。”……按惯例，教师又问：“你们还有什么问题吗？”一个男生问道：“骆驼的脚掌大，真的就能让骆驼不容易陷进沙里？”周围的同学先是一愣，但随即有的同学开始笑起来，教师见状说：“这还要问？百科书就是这么说的！”那学生的脸有些红了。

理性操作：以实验为准，验证想法

【第 2 次教学】《骆驼与仙人掌》

教师课后反思这将是本课一个有价值的探究点，不能轻易放弃！在第 2 个班级上课时，没有人提这个问题，于是教师主动提出这个问题：“有什么可以证明骆驼的脚掌大确实有利于骆驼不易深陷在沙子里呢？”随后，教师与学生一起展开了讨论，“把骆驼的脚掌变小些，看它是不是会在沙地里陷得深些。”“不可能做到，怎么把它的脚变小啊，削掉一点啊？”“我们可以到操场的沙坑里去试一试，一次把脚踮起来，用脚尖走路，另一次，整个脚掌着地走，看哪个脚印深！”“我们可以拿一块砖，一次这样横放，一次这样竖放，看哪一次砖陷得深。”“还有，我们可以拿一张板凳，在板凳面上放上一些重物，一次让板凳的四条腿着地，一次让板凳面着地，看看哪个陷得深。”

当学生看到实验现象时，一个个欢呼雀跃：“真的是这样的。”“老师，

---

① 南京市力学小学　浦小红

我知道了，与地面接触面积大，重量就可以分散掉一些，如果接触面积小，你看，重量全集中在这一块上，当然陷得要深些了。”回到教室，学生又讨论了起来，生活中还有哪些地方也有类似的道理。“坦克！”一位男生兴奋地说道，“坦克的轮胎很宽的，还要加上履带呢，这样，即使它在烂泥地上行驶也稳稳当当的。”“还有，滑雪用的滑雪板和滑雪杖，滑雪板要宽一些，防止陷在雪地里，但滑雪杖要细一些，这样可以陷在雪地里，易支撑住。”“老师，我想起来了，有一次我在电视中看到外国人抢救陷在海边沙地里的人，救援的人就在沙地上铺上一大块一大块的木板去接近那个处在危险中的人。”就这样，原本几分钟的内容整整上了一节课还要多。

【评点】

对于离学生生活比较远的教学内容，如果学生有疑问，而教师只是让学生相信书本上空洞的解说，学生难以有切身的体验，知识的信度不高。如果教师让学生进行具体实验，用事实说话，学生就会心服口服。

B.“激进”现象：偏重“表现活动”，轻视“思想活动”

病态扫描：动手操作不等于动脑思考

【教学片段1】“退位减”[①]

教师出示主题图，学生列出算式50－26。教师请学生取出学具进行操作。

生1：我在十位上拨上5颗算珠，表示50。然后拨去2颗，再拨去1颗算珠换成个位上的10颗算珠，最后在个位上拨去6颗算珠。结果是24。（教师给予了肯定，没作其他的评价就请生2回答）

生2：我先摆了5捆小棒（1捆10根），然后拿掉2捆，又把1捆小棒

---

① 太仓市城厢镇第四小学　王文英

换成10根,从10根里面拿掉6根,最后就剩24根小棒。(教师同样表扬了生2的操作,也没作任何评价就进入笔算教学的环节)

教师在黑板上写好竖式:“应该从哪一位算起?”学生回答:“个位。”教师讲解:“个位上0减6不够减,需要向十位退1作10……”

【评点】

这节课上,操作的目的主要是为了帮助学生理解退位减中“退1作10”的算理。然而,教师在教学笔算的时候并没有把学生在操作过程中获得的“从十位上拨去1颗算珠换成个位上的10颗算珠”与“把1捆小棒换成10根小棒”的经验与“退1作10”的算理联系起来,动手操作与算理领悟在很大程度上脱节了,操作仅仅起到了寻找50—26的结果的作用。

皮亚杰认为,儿童的思维是从动作开始的,切断动作与思维的联系,思维就不能得到发展。案例中,当学生出现用不同的学具操作后,教师可以提问:“两个同学用的学具不一样,但是他们在操作时有一步却是相同的,你发现了吗?”学生应该不难发现两次操作都有一个“换”的动作,教师可以追问:“为什么都要换?”以此促使学生对“退1”的原因进行理性思考。而后,教师引导观察竖式:“你认为在笔算50—26的时候,需要像我们在操作时那样‘换’吗?怎样‘换’?”这样做,让学生把操作中积累的经验迁移到笔算中,促使他们把直观的操作活动向内在的思维活动转化,真正理解“退1作10”。

【教学片段2】“周长”①

教师展示右图,哪一部分的周长长呢?(学生手中有这样的正方形纸片)

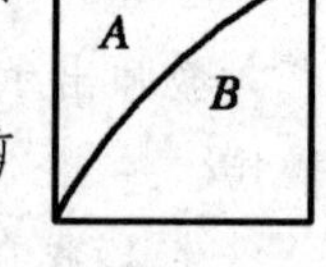

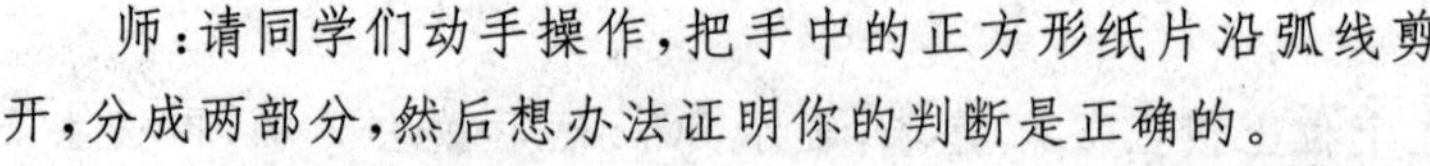

生1:B的周长长。生2:A的周长长。生3:A、B的周长一样长。

师:请同学们动手操作,把手中的正方形纸片沿弧线剪开,分成两部分,然后想办法证明你的判断是正确的。

生4:我用直尺分别量了A、B的周长,发现这两部分的周长是相等的。量弧线用纸条帮忙……

生5:我也发现A、B的周长相等,我是比出来的,A、B两图形的三条

① 湖北教育报刊社 姜大洪

边分别重合，因此A、B的周长相等。

生6：我同意他们的意见，但我是想出来的，没有量也没有比。因为正方形的四条边相等，A、B两图形就有两条边分别相等了。另一条边——中间的弧线是共用的，当然相等。所以A、B的周长一样长。

师：同学们自己想出了多种方法解决问题，很了不起。A、B的大小不一样，周长却一样，可见图形越大而周长不一定越长。

【评点】

案例中，“量出来”、“比出来”的方法，是“动手操作—形象思维—逻辑思维的合情推理—数学答案”的方法，此法于本题，繁琐，不严格，不必要；“想出来”的方法是单纯的“逻辑思维的演绎推理——数学答案”的方法，此法于本题，简洁，严格，重要，尽管运用的是单纯的逻辑思维的演绎推理，却不难。执教者不该把一个本不属于动手操作的数学问题让学生去动手操作，不该把一个典型的培养学生演绎推理能力的教学资源白白丢弃。而当生6独立思考，用演绎推理的思维方法使问题得解时，教师却不能及时反思，随机应变，调整教学行为，比较本题动手操作与演绎推理两种解题方法的优劣，不失时机地培养学生演绎推理的逻辑思维能力。教师好像在此体现了“动手实践”和“问题解决策略多样化”，只可惜这里的“动手实践”是多余的，“多样化”因三种方法有两种是多余的而无多大意义，而且未实行必须有的优化。三年级的孩子，认识水平还比较低，采用这样的多余方法有一定的合理性，因而也可以包容这种方法。但作为教师，向学生发出“动手操作，把正方形纸片剪开成两部分，然后设法证明”的指令，诱导学生采用多余的量、比法，实在是令人遗憾的。

理性操作：寻寻觅觅的学问

【教学片段3】“确定位置”

教师以找座位导入新课，学生按照老师给出的座位卡（第×组第×个）找自己的新座位，学生在实际运用中初步感受了坐标思想，凭借“第×组第×个”这样的方式就可以确定位置，而从中又巧妙地设计了问题情境:有3个学生无法找到座位,他们的座位卡有的没有写清第几组,有的没有写清第几个,还有的第几组第几个都没有写清,从而使学生加深了对“第×组第×个”可以确定位置的感性认识。还有更高明之处,在全班学生大都已经坐好的情况下,比如学生1的座位卡是“第4组第×个”,而第四组只有第3个座位是空着的,是否确定学生1就是第4组第3个,这一教学环节又给予学生运用数学知识灵活解决实际问题的机会,可谓又有趣又动脑又有效。

病态扫描:动身表演不等于动脑想象

【教学片段1】《再见了,亲人》①

在大娘、小金花、大嫂与志愿军战士道别的三个段落中,教师没有充分抓住感人肺腑的语言,让学生充分感受志愿军战士和朝鲜人民之间“不是亲人,胜似亲人”的血肉情感,而是在结尾处的那段话上做文章。也许该教师觉得这段话很适宜于激情演读,便把全班学生分成“朝鲜人民”和“志愿军战士”两组,分别对读。于是,这组学生高喊“再见了,亲人”,那组学生回应“再见了,亲人”,然后两组学生齐喊:“我们的心永远跟你们在一起!”由于学生缺乏感动的底气,所以怎么“喊”也不像。甚至竟有一位学生还喊出了“再见了,亲爱的”,引来全堂哄笑。

【评点】

“情”为何物?其实,课堂情感的酿成是一个完整的心理发展过程。案例中,教师没有抓住“情脉”(课文的情感脉络,即大娘、小金花、大嫂的感人事迹),提炼“情眼”(“亲人”的“不是亲人,胜似亲人”之深邃意蕴),形成“情境”(以富有情感色彩的教学所造成的特有心理氛围),未能充分激发“情感”这样一个完整的心理生成,而只想人为地在需要之时,在末尾处“激情”一把,当然就难以奏效,也无法明白“情为何物”了。

---

① 浙江绍兴县教师进修学校　周一贯

【教学片段2】《骆驼和羊》

教学已近尾声，教师拿出三个头饰让孩子们表演——

生1：（头戴骆驼头饰）羊老弟，真对不起，我只看到自己个子高好，其实个子高也有不方便的时候啊。今天我输了。

生2：（头戴羊头饰）骆驼大哥，是我不对，我不应该只看到自己的长处，看不到自己的短处。我输了。

师：（头戴老牛头饰）不，你们谁也没输，而是并列第一，因为你们俩知错就改，不仅看到了别人的长处，还能勇于承认自己的短处。同学们一定要记住，每个人都有长处和短处，我们要多取他人之长，补自己之短，才能有更大的进步！

【评点】

片段中，虽是表演，但实质是一种改变了方式的说教，没有真正创设能促使学生体悟文章意蕴的情境，只是肤浅地走过场。

我们可以采用"三演、三评"来提高其有效性。(1)三演：一演，完全按照课文内容分组扮演，加深对文本的体验；二演，假设自己就是羊或者骆驼，拓展文本，自由表达，尝试感悟其中的道理；三演，完全脱离文本，演发生在自己身上的类似的生活小事，将文本蕴含的道理内化为自己的认识。(2)三评（对第三演进行评议）：一评，扮演者自我评论，谈自己的看法和认识；二评，让大家来谈谈看法；三评，师生共同深化道理。

【教学片段3】《啄木鸟和大树》①

在课临近结尾时，教师设计了一个"想象剧场"：假如大树变成枯树时，啄木鸟又飞来了，会发生什么故事呢？教师请学生来表演。A组表演：啄木鸟飞来了，大树非常后悔地说：唉，都怪我当初不听你的话，现在后悔也来不及啦！B组表演：啄木鸟飞来了，大树拼命喊：救救我啊救救我！啄木鸟便飞过去帮它捉虫，大树又恢复了健康。C组上来，演啄木鸟的同学说："老师，我要请许多啄木鸟朋友一起来帮助大树啄虫。"于是，又请来了许多"啄木鸟朋友"上台表演……课堂上热热闹闹，学生兴致很高。

---

① 浙江省诸暨市实验小学荷花校区　宣敏

【评点】

首先，从“想象剧场”环节设计的目标看，重点应该是为了训练学生的想象力。从课堂效果看，“想象剧场”激发了学生的兴趣，但这兴趣却大多集中在“剧场”上，而非“想象”上。热闹表演的场面反而打扰了学生思维的发散。想象的内容受到剧场的限制，有些学生即使有丰富的想象，却因无法表演而不能展现出来，学生群体思维中相互启发点不多，思维不能激活。

其次，从整篇课文的教学目标看，理解“小病不治变成大病就危险了”应该是重点。而在“想象剧场”中，两组“啄木鸟捉虫治病”的简单化表演，使不少学生觉得“小病不治变成大病”也无关紧要，无形中淡化了课文思想教学的目标。

理性操作：醉翁之意不在酒

【教学片段4】《“我是您的儿子”》

一位教师是这样组织学生交流词语的自学情况的：

生1：我学会了“噙”。“老大娘噙着泪”，也就是“热泪盈眶”的意思。

师：（反问点击）“噙着泪”和“热泪盈眶”的意思完全一样吗？

生2：它们的意思应该是一样的，都是眼里含着泪。

生3：我觉得虽然都是眼里含着泪，但这眼泪不一定就是“热泪”。

师：有意思！那课文中老大娘的眼泪是“热”的还是“冷”的呢？请大家细读上下文，再来发表自己的感受。

生4：我觉得老大娘的泪是冷的。因为课文中写到“老大娘眼里噙着眼泪说：‘解放前，大雪堵门，地主来逼债，把我赶出家门，住人家的牛棚……’”那情景是多么的凄惨，怎么能是热泪呢？

生5：我有不同看法。我觉得此时的老大娘是十分激动的。课文中这样描写：“老大娘感动得不知说什么才好，用颤抖的双手上上下下摸着焦裕禄。”此时此刻，大娘眼里的泪水是感激的、幸福的，当然是热的。

师：大家说得不一样，但都有道理。当焦裕禄动情地说“我是您的儿子，是毛主席叫我来看望您老人家的”时，老大娘是感动极了，眼里噙满了热泪。当老大娘因此想起了解放前的苦难生活，心里悲凉极了，眼泪就变冷了。谁能把大娘的这份感动和幸福读出来？（学生朗读很投入，显然受到了感动）同学们，此时此刻，老大娘眼里噙着泪水，要说的话说完了吗？你能替大娘说下去吗？

【评点】

教师顺学而导，组织学生讨论大娘的眼泪到底是“冷”的还是“热”的，显然是“醉翁之意不在酒”，而在于引导学生探究老大娘十分复杂的情感波澜，让学生读课文，让学生说老大娘还没说完的话，使情感在反复的熏陶中升华。显然，只有在师生与文本如此深入的对话中，才能最有效地发挥语文教学的情感因素。那种置课文于边缘化，而试图一味借助外加的煽情设计来调动情感因素的做法，无疑是不足取的。

辩证认识

表现活动与思想活动是辩证的统一体。表现活动是思想活动的基础，思想活动是表现活动的提升；思想活动是表现活动的内化，表现活动是思想活动的外化。

某位研究者曾经说过，让学生“动”起来是改革的一个目的，但光“动”起来是远远不够的。换句话说，它是一个好课堂的必要条件，但不是充分条件。那么，充分条件是什么呢？就是要带给学生充实的精神生活。如果没有这个“充分条件”，那么，这个“动”就会是“乱”，就会停留在表面上的热闹，而实质上并没有带给学生理智的挑战、认知上的冲突、内心的震撼和无言的感动。“活而不乱”才是新课程背景下课堂教学追求的理想目标。

一、有效教学需要处理好“动手活动”与“思维活动”的辩证关系

在数学教学中，动手实践重要，数学思维更重要，其中逻辑思维最重要。不要动辄就动手操作，不要牵强附会地制造动手操作；不要过于频繁地开展数学实践活动甚至力图使数学教学成为数学实践活动的教学，不要枉费心机地寻找任何数学知识直接来源于生活的背景以设计相应的数学实践活动。动手操作活动与数学实践活动要与数学思维紧密联系，具有足够的思维含量，在活动中，要依据相应的教学要求及时做好形象思维向逻辑思维的转化，感性认识向理性认识的转化。不要用“操作味”干扰甚至代替“数学味”。我们要理直气壮地强调培养学生的逻辑思维能力。培养逻辑思维能力就是培养理性精神，而理性精神是未来公民必须具备的最基本、最重要的素质之一。不要过分强调动手实践而忽视、淡化逻辑思维，不要轻率地、不恰当地降低对学生逻辑思维能力的培养目标，不要低估和漠视学生已有的逻辑思维水平而勉强学生实施低思维层次的学习行为。培养学生的逻辑思维能力是数学教学的重点，也是难点。有数学就有抽象，就有逻辑思维，逻辑思维在数学中无处不在。教师要做有心人，注重充分利用和开发那些典型的、简单的、学生易于理解的逻辑思维教学资源。

二、有效教学需要处理好“动身活动”与“情感活动”的辩证关系

情感的魅力在于它的真实性。语文课堂教学的情感，产生于学生、教师与文本的对话。文本的情感内蕴，无疑是衍生语文教学情感之“种”。课文的字里行间无不浸透了情感，并有着内在的情感脉络。教学时必先有教师与文本的“两情相动”，才能为学生的情感产生创造条件。学生在教师情感的引领和文本情感的感染下，才能自然地产生出“三情共鸣”的热烈气氛。

如果教师不是引导学生在深入解读文本上下功夫，不是用课文充满情感的语言去打动学生，而是热衷于搞什么卖弄虚情的噱头，仿效煽情的设计，追求矫情的技巧，这样，往往会使真情反被假情误。教师应当舍得下功夫去钻研文本的情脉，舍得花力气去品味语言的情思，毫不保留地敞

开爱生的情怀，不遗余力地沟通互动的情意……袁振国教授说得好："文科是主观感受的表达，是内心情感的流露，是个人见解和智慧的展现。文科教育的真正价值在于获得这种感受，体验这种情感，理解这种见解，转化这种智慧，最终形成自己的丰富的精神世界。所以文科是知识技能的教授，更是情感的交流，心灵的沟通，生命的对话。"语文课堂教学的情感，就在你的理解，你的体验，你的智慧，你的精神世界中间。

拓展延伸

专场1：小学数学

一、切实做好操作活动的实施

（一）准备必要材料是操作活动的前提

1. 操作材料忌脱离学生活动的目的

例如：教学"找规律"，主要让学生探索间隔排列的两种物体个数之间的关系以及类似现象中简单的数学规律。在课始"感知规律"这个环节，因为还有几天就是国庆节了，教师设计了活动情境：让学生把一些小红旗用夹子夹在一根绳子上布置教室，庆祝国庆。预设学生可能会用2个夹子在红旗的两端把小红旗夹在绳子上，每面红旗都要用2个夹子。这时，教师提问：能不能用4个夹子夹3面小红旗？这样让学生产生矛盾冲突，直观地感知"两端的夹子比中间的红旗多1"的规律。但实际教学中，当教师让学生想办法用4个夹子夹3面小红旗时，学生却直接用一个夹子夹住小红旗的中间。这时教师才发现，由于小红旗不大而且纸张太硬，用一个夹子也能把它稳稳夹住。此时，教师只好无奈地说，假如在小红旗的两端都要夹夹子应该怎么办？原先预设的能够自然引发学生思考的情境就变得十分牵强。

2. 操作材料忌脱离学生内在的需求

例如:教学"找规律",教师让学生体验"间隔排列的两种物体围起来排时,两种物体的个数就一样多"规律,设计了一个操作活动:让学生用几个圆片和几根小棒间隔排列,但要围起来摆成一个圆圈,看看你们发现了什么。学生操作之后直观地发现,圆片的个数和小棒的根数是一样多的。但在后来的练习中,学生对这一规律的体验总是差强人意,原因可能是操作活动的设计太过简单,只考虑到学生能通过这个活动来体验规律,但没有考虑学生有没有对这一活动产生内在需求,导致学生对规律的感知不到位。

3. 操作材料忌脱离学生学习的实际

例如:教学"轴对称图形",教师设计的教学活动是从剪纸入手,让学生先欣赏美丽的剪纸,在感受美的过程中产生学习的需要;然后让他们动手剪一个自己喜欢的图形,引导学生根据对折后两边能否重合把这些作品分成两类,引出轴对称图形的概念。可教师发现学生在动手剪纸时,都在反复地折,认真地比划,小心翼翼地想剪出一幅最漂亮的作品。大多数学生因为受欣赏的剪纸作品的影响,尽量把纸对折了多次,剪的图案比较复杂,不但花费了很多时间,最主要的是剪成的图案并不能帮助学生很好地体会轴对称图形的特点,使数学课似乎成了美术课。第二次教学时,教师省去了欣赏剪纸这个环节,一开始就让学生剪一幅自己喜欢的作品,可以对折了剪,也可以直接剪,并鼓励剪得快的学生先把作品展示在黑板上。很快,黑板上出现了对折以后剪成的轴对称图形和随意剪成的不对称图形……

4. 操作材料忌脱离学生认识的深化

【案例】"轴对称图形"

教师出示等腰梯形、平行四边形、一般三角形、正五边形、圆。让学生选一个最有把握的,说说是不是轴对称图形。学生通过观察、操作、猜测、验证,对轴对称图形有了进一步的认识。

师:对这5个图形,老师还觉得有话要说,你们呢?(学生似乎一时没有反应过来,显得有些茫然)

师:(举起一个等腰梯形)那就让我先说,好吗?这是轴对称图形,但是……(教师停顿了大约10秒种,台下的小手纷纷举了起来,

这时学生有些急不可耐，争先恐后想回答）

生：我觉得有些梯形不是轴对称图形。比如……（此时学生不好表达，教师适时送上一个一般的梯形，可谓“雪中送炭”）像这个梯形，对折以后不能完全重合。

师：瞧，学习已经深入一步了。

生：我觉得有的三角形是轴对称图形。

学生的交流越来越精彩，有的竟然想到了四条边相等的平行四边形是轴对称图形，尽管学生还没有学到菱形……

【评点】

教师利用动情的导语、巧妙的停顿让学生“有话想说”，面对一个图形联想其相关图形是不是轴对称图形，学生通过调用头脑中已有的这些图形的表象加以判断、操作、验证，并在教师的引导和同伴的互动下逐步走向深入。一方面加深了对轴对称图形的认识，又对“辩证思想”有了一定的体验，更可贵的是得到了学法的指导、学习品质的提升。

（二）把握适当时机是操作活动的关键

1. 在认知的生长处，实施动手操作

根据心理学家的研究，儿童的认知结构类似于一个倒置的圆锥形的螺旋图，它表明认识的螺旋是开放性的，其开口越来越大，意味着儿童的认知发展过程是一个连续不断的认识建构过程，也就是由一个平衡状态，逐步地向另一个更高的平衡状态发展。这个认识螺旋中布满很多的结点，这些结点就是认知的生长点，它起着承上启下的、构筑儿童知识大厦的基础作用。如果当这些结点正在生长时，让学生实施动手操作，手脑并用，能收到事半功倍的效果。

2. 在智慧的发展处，加强动手操作

罗杰斯认为，要使学习具有意义，就要让整个人（包括情感、认知等）投入学习活动，而不能让学习活动成为只是“颈部以上发生的学习”。在教学中，除了精心设计好问题情境、准备好足够的学习资源、提供一种促进学习的氛围外，要指导学生进行动手操作，使学生在学习中“成一个完整的人”，促进学生智慧发展。

3. 在思维的发散处，开展动手操作

培养学生的发散思维能力，能促进学生良好思维品质的形成。教学中，教师应抓住有利时机，利用各种有效手段，在思维的发散处，开展动手操作。

例如：在学生学习了梯形面积以后，教师出了这样一道题“请你用橡皮筋在自制的钉子板上，围出一个面积为12平方厘米的图形”。同学们经过认真思考，反复操作，围出了各种各样的长方形、平行四边形、三角形、梯形。教师又提出问题：“为什么没有包含正方形？如果要围成正方形，其条件应怎样改？”又使学生的思维再次发散，进一步得到升华。

二、正确理解数学活动的含义

（一）从目标上看，数学活动存在狭隘化倾向

1. 数学活动不能从学生现实背景出发

例如：某教师教学一笔画问题，出现一个居民住宅小区图，让学生设计一条既不重复也不遗漏的路线，供邮递员叔叔行走，并由此导入一笔画问题。

数学教学不能只考虑教学的逻辑起点，而要更多地关注学生的现实起点。小学生思维处于以形象思维为主的阶段，他们更容易对具体、形象的事物产生兴趣，设计一个邮递员路线也许是我们成人所关心的，但对于孩子来说，这个问题就未必一定能激起兴趣。相反，另一位教师则出示一个可爱的一笔画“小马”。然后问学生：你喜欢它吗？你能把它一笔画下来吗？从而引出新课。这样，更符合学生思维。

2. 数学活动不能与数学学习有机结合

例如：学习“9加几”，教者用动画创设情境：小明和小华比赛拍球。小明先拍了9下，小华接着拍了4下，然后猴裁判向同学们提问：他们两人一共拍了多少下？学生列式计算。

数学活动应有利于学生的数学学习。9加几的关键在于体验凑十法的好处，但上例中创设的数学活动并不能有效解决这一问题。我们不妨仍旧用“9个桃子(放在一个可以摆10个桃子的盒子里)加4个桃子，一共有多少个桃子”；或者用“两个容量为10毫升的杯子，各有9毫升和4毫升的水，算出两杯水一共有多少毫升”，在拿一拿、倒一倒中，学生可以从数学活动中直接获得他们数学学习所需要的“凑十”的经验。

(二)从内容上看,数学活动存在非数学化倾向

1. 强调生活化,忽略从生活回归数学

例如:某教师教学“千米的认识”,为了让学生获得“1 千米”的直观感受,把学生带到操场上,组织学生跑了 5 圈,每圈 200 米。学生跑得气喘吁吁,休息了半天又回到教室,课堂时间已经过去大半了。这时,教师才开始引导:你们一共跑了多少米?(生:200×5=1000)这就是 1 千米。

认识 1 千米,就一定要让学生在数学课上跑 5 圈吗?数学课变成了体育课,问题就出在,我们应引导学生把生活经验上升到数学知识,可以先让学生在课前有意识地记录一下“在操场上走 5 圈大约用多长时间,用这样的速度,从学校到家用多长时间”,然后在课堂上组织学生交流对“1 千米有多长”的不同感受,并推算“从家到学校大约有几千米”,课后再进一步实践,查阅东方明珠电视塔有多高,家乡到北京有多远等。

2. 重视开放性,忽略数学的价值取向

例如:一道看图列式题,第一幅图画了荷叶上有 38 只青蛙,第二幅图画的是荷叶上只剩下 5 只青蛙,要解答的问题是“跳下去多少只青蛙”。某教师让学生观察并描述一下图意。一名学生说:“荷叶上有 38 只青蛙,忽然一个石子落入水中,‘啪’的一声,小青蛙们害怕了,纷纷跳入水中,最后只剩下 5 只青蛙妈妈。”教者表扬了他,接下来的说法各不相同:有的说青蛙是在进行游泳比赛,有的说是在学本领,有的说是在寻找蝌蚪孩子……一节课很快过去了。

教师这里的教学行为,只是被动地和消极地适应学生的需要,导致活动偏离了数学学习的目标。问题就出在,一是课堂教学活动并不是从图画中揭示其中的数学事实,而是过多地纠缠数学事实之外的各种联想;二是教师又未能及时地引导和纠正。我们追求的应是一种“在活动中生成数学,寓数学学习于活动之中”的教学境界。

(三)从方式上看,数学活动存在形式化倾向

1. 数学活动过程的假性展现

例如:学生通过预习,已经掌握了圆面积的推导和计算方法。但为了体现教师在课堂上的启发、引导作用,教者仍然煞费苦心地安排了圆面积的推导过程,让学生“猜想——验证——概括”。而圆转化成长方形的剪拼,教师甚至帮学生画好了剪的虚线,学生只起了一个操作工的作用。

2. 数学活动等同于具体操作

例如：口算教学，学生面前都放了一些小棒。教学“24+13”，有的学生直接举手，可教师生怕没有开展数学活动，硬是让所有学生摆一摆小棒怎么拿，然后再说一说计算过程。

操作活动是数学活动中的一部分，但数学活动不仅仅局限于此。即使是操作活动，如果与数学思维无关，也不能称之为数学活动，数学活动更多的应体现为一种思维活动。

专场2：小学语文

一、丰富教学活动的形式

（一）通过多种表演活动，促进学生思维发展

1. 看一看，看中发现

【案例】《d和t》

师：怎么区别d、t的发音方法呢？我们来做一个小试验，好不好？

师：看我的左手，这是一张薄薄的纸片。我轻轻地发这两个字母的音，看这竖着的纸片有没有什么变化。从变化中你猜我是发的哪个字母的音。猜对了，就请你到前面来当小老师，示范读给大家听，还要告诉大家你是怎么猜着的。……

生：老师发的是t的音。因为他送气了，把纸片吹倒了。请大家跟我读：t，t。

师：他猜对了，读得很正确，说得也很清楚……

教师接着又让大家猜了两次。之后，让学生各自拿出一张小纸片，同座两人互相表演、猜读。

2. 做一做，做中体验

【案例】《n和l》

师：怎么区别n和l的发音呢？老师又想了一个法，就是请我们的小手来帮忙。大家跟老师来一起做,看你的小手有什么感觉。

教师让大家举出自己的右手,用大拇指和食指轻轻地捏住自己鼻子中下部分的两翼,注意不要捏得太紧。然后,按照n的发音要领发音:即舌尖顶住上齿龈,让气流从鼻腔出来。

师:现在大家说说,你的手指有什么感觉?

生:我感到鼻子里嗡嗡的。

生:我感到鼻子有点震动的样子。

生:我感到好像有一股气从鼻孔里往外流。

生:好像声音是从鼻孔里走出来的。

师:真好!你们的手都有感觉,都说得很好。再练几次,好好感受一下。

教师同样让大家举出自己的右手,用大拇指和食指捏住鼻子的两翼,跟刚才不同的是:要稍稍用力,把鼻翼捏紧,不让鼻孔出气。这时按l的发音要领发音:即舌尖顶上牙龈,让气流从口腔里舌头两边出来。

师:大家说说,刚才发音时,你的手指有什么感觉?

生:鼻子不通气,没有感觉。

生:我感觉声音是从嘴巴里发出来的。

生:不,声音是从口腔里舌头两边发出来的。

教师接着让学生说说n和l发音的区别,又让他们在小组里自由练习交流。

3. 演一演,演中理解

(1)角色体验,在突破重难点之时

例如:学习《我的战友邱少云》时,“邱少云像千斤巨石一般”比较难懂,且又是课文的重点。许多学生提出:为什么不把邱少云比作“巨人”,而要比作“巨石”呢?于是,教师让学生体验:“假如你就是课文中的‘我’——邱少云的战友,你会为此震撼吗?”学生内心感受:“石头是无声的,而忍受着烈火炙烧的邱少云也‘没发出一声呻吟’。”“石头是不动的,而邱少云‘趴在火堆里’也是‘一动不动’。”“石头不怕火烧,坚强的战士邱少云为了战斗的胜利对烈火无所畏惧。”“石头是坚硬的,英勇战士邱少云的意志比石头更坚强。”“部队潜伏的地点是山沟,山沟里当然有巨石,邱少云趴在烈火之中一动也不动,就像巨石一般。”

(2)角色体验,在学生最感兴趣时

例如:学习《骆驼和羊》,学生最感兴趣的是它们之间的对话。教师建议:"今天就聘请我们全班同学做评委,来评一评谁说的话对,好不好?大家一起来比比看,谁是出色的评委?"通过变换角色,激趣学文。然后,进行课本剧表演。学生以学习小组为单位,共同编、共同演、共同设计"解说稿"。演课本剧,不但能加深学生对课文内容的理解,而且训练了学生口头语言和书面语言的表达能力,更能展示学生的创作才华。

(3)角色体验,在学生最需想象处

例如:学完《坐井观天》,教师问"假如你就是井底之蛙,你听了小鸟的话,会跳出井口吗?会怎么想?又会怎么说呢?""如果你就是那井沿上的小鸟,这时小青蛙跳出了井口,你会对它说些什么?要是小青蛙不肯跳出井口来,你又会怎么做呢?"学生进入角色,变成了小鸟和小青蛙,想象的积极性一下被激发出来,展开活跃的创造思维。

(4)角色体验,在课外生活实践中

例如:学习了《蚕姑娘》这篇课文,学生们初步了解了蚕的生长过程。教师让学生学做"小蚕农",养几条蚕,亲自感受养蚕的乐趣,观察从蚕卵—蚕姑娘(还有从又黑又小—又黑又瘦—又白又嫩—又白又胖的变化)—茧子—蛾姑娘的不同变化,把看到的、想到的记下来,使学生学以致用,获得亲身经历、体验感受和领悟。

4. 比一比,比中区分

例如:"跟、根、很",这三个字,右边相同,稍不留心,就会混用。因此三个字放在一起表演,效果较佳。表演"跟",一个学生前面走,一个学生后面紧跟着走,集体念"跟的时候用足跟,所以左边要用'足字旁'";表演"很",班上最高的一位同学和最矮的同学站在一起,全班同学念"两个人相比,一个很高,一个很矮,所以'很'左边是'双人旁'";表演"根",拿出实物树根,学生对根为什么用"木字旁"就一目了然了。

5. 辩一辩,辩中深入

例如:教学《小抄写员》时,教师设计辩论话题:"叙利奥该不该不顾身体和学习,去悄悄帮助父亲工作?"辩论双方争论不休。辩论中有的结合自身的学习、生活来阐明道理,有的列举名人事例来反驳。

6. 想一想,想中表达

例如:教学《凡卡》时,教师设计题目:"凡卡怀着甜蜜的梦入睡,醒来后,又会发生什么事情?"课文没有继续记叙,教师要求学生先想一想,再分小组交流，最后即兴续讲故事。

7. 玩一玩，玩中记忆

【案例】“踢”古诗

班会课上，我说了我的想法，“我们班现在正好评古诗大王，不知能不能将踢毽子和背古诗结合起来，一边踢毽子，一边背古诗?”“好啊!”同学们异口同声地说。

于是，课下操场上只见毽子翻飞、诗声朗朗。上课了，他们汗津津地跑进教室：“董老师，我已经踢完《江雪》了。”“他不行，我已经踢完《赠汪伦》了。”

我说：“同学们，我们现在不是背古诗了，成了‘踢’古诗了。”听我这么幽默地一说，同学们都笑了。课下，他们“踢”古诗的热情更高了。

(二)通过多种语言活动，促进学生思维发展

只有坚持语言发展与思维训练的有机结合，以语言为思维训练提供依附，以思维为语言训练增强力度，实施语言发展与思维发展的同步，这样的阅读感悟才是有效的。

1. 联系思维，展示语言形象

例如：《早春》中“草色遥看近却无”一句，仅靠诗意的抽象演绎，学生对其意境的感悟怎么也不会真切。而生活中，类似的画面、相近的意境却司空见惯。为此，在学生难以准确领悟诗句意境之时，教师可以这样引导学生想集市的人流、工地的红旗、水中的秧苗、街上的车辆、湖中的荷叶等等，有这一个个生活画面奠基，诗句的理解就不再仅仅是抽象的意义，而是丰富的形象。

2. 多向思维，探究语言意义

例如：《挑山工》中“这幅画一直挂在我的书桌前，因为我需要它”的内涵，教师这样引导：作者在什么时候需要它，需要它的什么？其结果分别如何？这样，学生的思路就现出了多向性：有的说，在他遇到困难的时候，需要挑山工勇往直前、不畏艰难的精神，以鼓励自己战胜困难；有的说，在他遇到挫折的时候，需要挑山工那坚持不懈、百折不挠的精神，以激励自己坚持到底；有的说，在他工作马虎、不求上进的时候，需要挑山工脚踏实地、步步求实的精神，以勉励自己毫不松弛……这样，寓语言理解与语言表达于一体，寓语言训练与思维训练于一体，能凭借语言促进思维的发展，能借助思维加深语言的感悟。

3. 深入思维，探究语言艺术

阅读教学中，教师的重要任务之一，就是带学生走进“画”里，去理解“画”面形象，探究“画”外形象，研究“画”内蕴含。

【案例】《广玉兰》

出示句子“先前热热闹闹开过的广玉兰呢，花瓣虽然凋谢了，花蕊依然挺立枝头，它已经长成近两寸长的圆茎。圆茎上面缀满了像细珠似的紫红色的小颗粒。这就是孕育着新生命的种子，但是花瓣凋谢了”。

师：细细读读这段话，说说自己的感受。

生：我开始认为，开了的花儿美，凋谢的花儿肯定不美，可作者这样一写，开了和不开的完全可以相媲美。

生：开了的花美，没开的花美，凋谢的花也美，这就是广玉兰花的特殊之处。

师：大家再读读这段话。

生：读了以后，我感到很可惜，这么美的花儿，还是凋谢了。

生：读了以后，我觉得有些伤感，为什么这么好的花儿还凋谢呢？

师：为什么写的是同一类花，表达的却是不同的感情呢？大家细读体会。

生：哦，我知道了，原因是“虽然花儿凋谢了”变成了“但是花瓣凋谢了”，用“虽然花儿凋谢了”，就让人并不注意它的凋谢，而重点去欣赏它的美丽，而用“但是花瓣凋谢了”，就把人的目光主要引到了它的凋谢上，让人感到心中不快。

出示：“虽然你成绩进步了，但是还比较差。虽然你成绩还比较差，但是你进步了。”

师：读读这组句子，读后分别有什么感受？（学生读后交流，对句意和表达的情感理解深刻）

出示：诗人望着渐渐下山的太阳，（　）地说：“夕阳无限好，只是近黄昏。”诗人望着渐渐下山的太阳，（　）地说：“虽是近黄昏，夕阳无限好。”

师：请你根据句子的意思，在括号里填上合适的词。（学生填空

时表现出了思维的活跃、词语的丰富、情感的真切)

二、把握实践活动的时机

(一)活动巧在突破时,激情入境

例如:教学《荷花》,教师创设了一个"听一听、摸一摸、想一想"的情境活动。教师的感情朗读辅以轻柔的音乐,一下子让学生"飞"到课文所描写的意境中:一朵朵婀娜多姿的荷花跃然眼前,它们千姿百态,清香宜人。进而教者又让学生摸一摸带来的荷叶荷花,真实地感受叶子的光滑、花瓣的细腻。活动中,学生把自己也想象成一朵洁白的荷花了。音乐声止,学生还沉浸在那"一池荷花竞艳"的氛围之中。

(二)活动巧在疑难时,激思释疑

例如:学习《半截蜡烛》时,一学生提出:这篇文章主要表现伯诺德夫人一家勇敢机智地与敌人作斗争的精神,但文中写小女孩娇声向德国人请求,而德国人同意了,这不是有损小女孩的形象而又美化了德国鬼子吗?对此,教者不失时机地在学生中开展了"我说小女孩"的辩论活动,激发了学生的思维。有的认为小女孩娇声说,符合她的年龄特点,她希望德国人同意她的请求,这说明小女孩聪明灵活;有的说,秘密马上就要暴露了,小女孩急中生智的请求不但不会影响她的形象,反而使人们更加敬佩她;有的说,小女孩的请求合情合理,德国军官不知情答应了她的请求也合情合理。整个过程,没有教者费力的讲解,而是通过学生的自主活动使大家对课文理解更加深刻了,小女孩在大家心中的形象也更高大了。

(三)活动巧在赏析时,激悟积累

例如:《燕子》中春天的美景写得非常精彩:(1)"阳春三月,下过几阵蒙蒙细雨,微风吹拂着千万条才舒展开黄绿眉眼的柔柳。"教者删去画线词,出示第(2)句:"三月,下过雨,风吹拂着柳。"然后请班上的两名"小画家"分别根据(1)、(2)两句各画一幅画。10分钟后,两名小画家展出两幅迥然不同的作品:一幅色彩鲜艳,柔柳黄绿欲展;一幅则色调苍白。于是学生在比较中领悟、在领悟中积累了这些优美的句子。

(四)活动巧在表达时，激扬个性

例如：一年级学生在学习汉语拼音时，教者可采用“词、句接力赛”的活动。教者出示一个音节，学生用四声进行组词或说句子，以小组为单位组织比赛，看谁接得快又准。长期坚持，学生的遣词造句能力会明显提高。到了三年级，在训练学生表达方面，可让学生从说一个词开始，让学生分组针对这个词说几句话或一段话，要说得与众不同才能计分。如“朋友”，有的学生说：“有了朋友，我们可以走遍天下……”也有的说：“没有朋友……”这样学生在紧张的气氛中展开想象，乐于表达，整个过程个性飞扬，灵光四溢，学生的语言、思维、能力都得到充分的锻炼。

画龙点睛

• 在教育教学中，我们既需要像电视广告语中所说的“心动不如行动”，还需要“行动不如心动”，或许这可以成为教育教学的广告语。

课堂焦点 5

“关注个性”与“关注共性”

“关注共性”对“关注个性”说：“世界有了规范和统一，才那么美丽。”

“关注个性”反驳“关注共性”说：“世界有了独特和创新，才那么美丽。”

世界说：“别争了，你们都是我的情人。有了你们，我才美丽，缺了任何一个，我就会逊色。”

旁征博引

[情通路开]

迪斯尼乐园即将开放时，施工部的工作人员正为如何连接各景点间的路径设计而一筹莫展。就在这时，他们接到主设计师格罗培斯的命令：撒上草种，提前开放。

工作人员一时糊涂了，可还是不得不照做。

迪斯尼乐园已经开放半年了，草地上被踩出许多宽宽窄窄、优雅自然的小道。施工部又接到格罗培斯大师的第二道命令：按草皮上踩出的痕迹铺设人行道。

于是，迪斯尼乐园没有设计图的路径就在人们脚下踩出来了。在1971年伦敦国际园林建筑艺术研讨会上，迪斯尼乐园的路径设计被评为世界最佳设计。

[教育启示]

德波诺曾经有过这样一个说法：当我们驱车从A地到B地的时候，常常是因为车速过快，而始终忽视了路旁还有一个C点，C点那里还有一条很好的路，由A到B的路越顺畅，忽视C点的可能性就越大。

在教学中，课堂教学设计和进行教学的一般程序，首先是设定教学目标，其中最具体的是学科知识的认识性目标，浅者要求达到讲清知识，深者要求达到发展能力；其次是设计教学过程，其中除了设计课堂教学的程序之外，重点是按教材逻辑、分解设计一系列问题及练习。课堂上，教师常常为完成教案，无论是问题还是练习，都在培养学生的条列式思维，而不是培养辐射式思维，总在尽可能努力引导学生达到预定文案。沿用德波诺所说，我们总竭力想使学生在这一条“公”路上从A到B走得顺畅，而不注意到路旁的C点——一条通向个性之路。

绝对现场

[讨论缘起]

在传统教学中，教师主宰课堂，学生只能与教师异口同声，难以发表自己的独特体验和不同见解。

新课程教学中，关注了学生的个性。在教学目标的制定上，变“统一目标”为“分层目标”，变“强化基础”为“张扬个性”，使课堂教学呈现出勃勃生机。

但是，时下个性化的多元理解有被误解的现象：一是把多元理解误解成想怎么理解就怎么理解；二是把多元理解误解成可以没有核心理解，或者可以没有主要观点，甚至可以抓住局部来曲解全篇；三是在多元理解中教师可以没有主观意见，不能否定质疑学生的理解；四是在多元理解后教师不让学生进行评价，而是直抒己见，把自己的体验强加给学生，“多样化”蜕变为一种形式。

另外，许多教师为了体现个性化教学，对教材进行重新设计和开发，这样的创新行为，值得提倡。但是，有些教师往往只注意素材的生活性和趣味性，而忽视了素材本身的指向性和科学性，改编素材的随意性较强，甚至发展到了“为改而改，不改就体现不出创新”的程度。

A.“保守”现象：偏重“关注共性”，轻视“关注个性”

病态扫描：强扭之瓜：从算法多样到算法优化

【教学片段1】“两位数乘一位数的口算乘法”[①]

教师出示26×2，让学生试算。学生的想法很多：26+26=52；25×2=50，1×2=2，50+2=52；30×2=60，4×2=8，60−8=52；20×2=40，6×2=12，40+12=52……

尽管其中不乏“笨”方法，教师还是对每位学生的回答给予了肯定。只是当一位学生提到书上的方法时，教师马上加上一句“你说得真棒！”并及时将其方法板书在黑板上，问：“你们觉得哪种方法最好？”这时，学生一致同意教材上的方法是最好的。教师面露喜色并及时小结：这就是我们教材上对这类题的解法。

【评点】

当学生回答出教材上的解法时，教师紧跟的那句“你说得真棒！”与相应的板书，看似在鼓励那位学生，实际上恰恰是教师意识中“教材至上”思想的流露，教师在不自觉中暗示了这种方法是最好的。学生的头脑中已被教师“强加”了这种最优方法，所以后面教师问“你们觉得哪种方法最好”时，学生的意见当然高度一致了。在教师的暗示下说出的“最优方法”，岂不是绕着圈又走上了“注入式”的教学老路。

① 盐城市亭湖区永丰北小学　蒋守彬

理性操作:合情之果:从算法优化到算法多样

【教学片段 2】“分数、小数加减混合运算的练习课”[①]

我请学生小毛(学习成绩一般)板演:$8-(3\frac{2}{25}+0.05)$。开始,他这样计算:$8-(3\frac{2}{25}+0.05)=8-(3.08+0.05)=8-3.13$,他停住了,眼睛看着我。“整数减小数的退位减法”在他头脑中出现了暂时的空白。

我刚想辅导时,下面的同学不耐烦:“这么简单的题都不会做。我来,我来!”

我示意大家安静:“大家别这样,小毛他肯定能行,我们再给他一点时间,请等他计算好以后我们再提建议,好吗?”小毛思索了一下,改成这样计算:$8-(3\frac{2}{25}+0.05)=8-(3\frac{2}{25}+\frac{1}{20})=8-(3\frac{8}{100}+\frac{5}{100})=8-3\frac{13}{100}=4\frac{87}{100}$。

师:同学们,现在可以发表你的见解了。

生 1:不合理!太麻烦了!

生 2:错!错!我不是这样计算的。

师问:你们是怎样计算的?

生:化成小数计算,$8-(3\frac{2}{25}+0.05)=8-(3.08+0.05)=8-3.13=4.87$。(小毛有些惭愧,低下了头)

师:哪些同学看到小毛整个计算过程了?

生 3:他刚才也是用小数做的,后来不知怎么又用分数计算了。

生 4:是的,他是计算到 8－3.13 这一步再全部擦掉的。可能他不知道 8－3.13 等于多少。(同学们笑了)

师:对这样的一种过程,你有什么想法?

---

① 浙江省绍兴县马鞍镇中心小学 童雅芳

生5:我也和小毛选择同样的方法,因为我觉得把0.05化成分数计算也不繁。

生6:我刚才在计算8—3.13时也一下子懵了,后来是我的同桌悄悄告诉我的。

生7:我觉得小毛一开始选择用小数做,说明他知道这一题化成小数计算比较简单。那么,为什么后来他又选择用分数计算,是因为在小数计算过程中他碰到了困难。因此,小毛还是比较灵活的,虽然他的这种算法不是最好。

其他学生都鼓起掌来……小毛似乎也没有刚才那么惭愧了。

【评点】

教学中,教师都会强调方法的多样化和强调方法的最优化。对于这道计算题,如果没有看到小毛的整个演算过程,没有经历小毛在碰到困难时,果断地采取另一种策略这种学习过程,我们都会毫无疑问地认为此题的最优化方法是用小数计算比较方便。然而,对小毛来说,重要的是他在碰到困难时,能主动调整思路,通过对自己学习经历的反思,找到了解决问题的一条途径,虽然可能不是通常人们认为的一条"捷径",但对他个人而言,却是能有效解决困难的一条"路径"。所以,"算法最优化"不是绝对的,是因人而异的,更是受各种客观原因的制约和影响的。

病态扫描:统一规格大于生命本色

【教学片段1】二年级学生习作《我掉了两颗牙》

今天,我掉了两颗牙。我对奶奶说:"我害怕。"

"别害怕!"奶奶说,"你掉的牙还会再长的。"

"爷爷只剩下了两颗牙,还会再长吗?"

"不会了。"

"为什么?"

"爷爷老了!"

啊!人老了真可怕!

教师评语：结尾太悲观！应去掉！改为："人老了，有什么可怕？爷爷虽然只剩下两颗牙，但那是钢打铁铸的呀！"

【评点】

有一个农民发现了一枚锈迹斑斑的古钱币，以为把斑驳的锈迹去掉会更值钱，于是将古钱币打磨得平整光亮。结果，这枚价值昂贵的古币变成了一钱不值的铜板。古钱币的价值正体现在它那锈迹斑斑的"生命本色"——"古"上。

我们的作文批改中就有这种"农民式"的教师：以为孩子的作文越没有"缺陷"就越有价值。于是，煞费苦心地"磨"去孩子作文中的"锈迹"。他们哪里知道，那些看来有"缺陷"而被"磨掉"的部分，其实恰恰就是最能体现孩子生命本色的最有价值的部分。案例中，虽然"磨"掉了结尾的"锈迹"，"悲观"变得"乐观"了，"平实"变"豪迈"了，但给人的感觉却是"孩子的话"变成"大人的话"了，"天真无邪"变成"少年老成"了。"率真"是孩子的生命本色。任何事物，只有保留自己的生命本色才最有价值。

理性操作：不同表情外显不同理解

【教学片段2】《最大的麦穗》

师：自由练读"苏格拉底对弟子们说：'这块麦地里肯定有一穗是最大的，但你们未必能碰见它；即使碰见了，也未必能作出准确的判断。因此最大的一穗就是你们刚刚摘下的。'"想象苏格拉底教导学生的情景，要把对课文的感受写在自己的脸上。

师指名一生读书后：你读得很好，请问你的脸上为什么带着微笑？

生：这样的结果是苏格拉底预料到的，因此他说这些话的时候并没有流露出不满，而是和蔼可亲地教导学生。

师指名另一生读书后：你读得也很好，请问你的表情为什么这么严肃？

生：苏格拉底的这段话揭示了人生的道理："人的一生仿佛也在麦地中行走，也在寻找那最大的一穗。"他教育学生的时候应该是庄重的，语重心长的。

师：你很会读书，能够联系下文来理解这段话，体会深刻。你能谈谈对这个人生道理的想法吗？

生：像商人做生意一样，遇到机会抓住了，就摘了一个颗粒饱满的麦穗。

生：花有重开日，人无再少年。人的一生，只能进，不能退，时间、机会过去了，就没有了。

师：你又联系了上文来理解，很好。

生：人生是美好的，但应是实实在在的。

生：找麦穗就是抓机遇，应先抓住身边的，再追求美好的。

生：追求美好的精神是可贵的，尽管达不到，但我无怨无悔。……

B.“激进”现象：偏重“关注个性”，轻视“关注共性”

病态扫描：只分不合：只求算法多样，不求算法优化

【教学片段1】“长方形的周长”

教师努力想把书中的周长公式引出来却始终未能如愿，学生最终只是研究出了两种周长计算方法：(1)长方形周长＝长＋长＋宽＋宽；(2)长方形周长＝长×2＋宽×2。

至此，教师并没有告诉学生还有第三种计算方法“$C=(a+b)\times2$”，而是肯定了学生的研究成果，让学生从以上两种方法中任选一种自己喜欢的方法计算长方形的周长。

【评点】

执教者认为长方形周长公式“$C=(a+b)\times2$”离学生的生活经验和知识基础比较远，让学生总结有困难，所以学生总结不出很正常。

布鲁姆说过：有效的教学始于知道希望达到的教学目标是什么。如

果执教者设计教案时只定位在:让学生通过动手操作实践、合作讨论交流之后得出求长方形周长的“原始”方法“长方形周长=长+长+宽+宽”;或者稍有点智力附加值的第二种方法“长方形周长=长×2+宽×2”,那这样的教学目标是否定得过低了呢?

当多种方法呈现时,教师应引导学生比较各种算法的特点,除了让他们从中选择自己喜欢的或适合自己的方法之外,还应该让学生研究出相对优化的方法,只是这需要教师的引导,并让学生口服与心服。诺贝尔奖金获得者丁肇中先生说过:“在科学的道路上,只有第一名,没有第二名,第二名就是最后一名。”其言深邃地指出了创新的重要性以及优化的必要性。优化是必由之路,它是知识方法的整合与提升,是思维的极致。

理性操作:先分后合:既求算法多样,也求算法优化

【教学片段2】“两位数乘一位数”①

在“两位数乘一位数”的巩固练习阶段,我请学生计算24×3,当一个学生答“20×3=60,4×3=12,24×3=72”时,原来举手的同学纷纷把手放下,只有一只小手还固执地举着:老师,我是这样算的,把24分成23和1,23乘3等于……唔……

师:23乘3你能一下子算出来吗?

生:不能……

师:如果再给你一次选择的机会,你会怎么算?

生:我把24分成20和4,20×3=60,4×3=12,所以,24×3=72。(学生很快,很激动地说)

师:这次算得这么快,高兴吗?(学生点头)

【评点】

那名学生此时还选择把24分成23和1,有两种可能:一是他还沉浸在探索不同算法的情境中;二是在方法的优化过程中他的体验不深刻。

---

① 江苏省昆山市实验小学 陆亚琴

这都是无可厚非的。当他支支吾吾说不出23乘3等于多少时，教师抓住时机问："23乘3，你能很快算出吗？"此时学生体会到这样计算不方便，从而思想转轨，心甘情愿地选用优化方法。

在课堂教学中，教师多一点耐心，给学生自己发现和转变的机会，让他体验失败以后的成功，对学生的感情而言，也许不仅仅是一点补偿作用！

病态扫描：为了人本，不管文本

【教学片段1】《落花生》[①]

教师在组织学生讨论做一个怎样的人时，学生畅所欲言，见解独特。教师既肯定做人要像落花生的观点，更褒扬了像苹果、石榴那样的人生观。苹果、石榴有什么不好呢？它们营养价值高，味美可口，外表美，敢于展示自己，推销自己，在当今市场经济条件下不更需要这样的人才吗？

【评点】

许多人会觉得上述做法是超越和开发文本的亮点，其实某些做法是一种误区：

首先，出现了语文教学中以物为喻所导致的形而上学的引申。"引申一般都是沿着客观对象间的相关性联系或相似性联系这两个方向进行的。前者的引申方式是借代，后者的引申方式是比喻。"《落花生》中以"落花生、苹果、石榴"等物比喻不同的人生态度和生活方式。要引用的物与所比喻的事与人之间是不完全对称的，从内涵上来说，是存在差异的。即像落花生那样的人只在"不求闻达、务实苦干"上与花生的朴实特质具有相似性，同样引用的苹果、石榴等也一样。作者只是以花生、苹果、石榴的部分特征为喻，没有陷入形而下的否定。而我们却往往容易离开作者的比喻所指，在比喻之外的部分，替苹果、石榴"翻案"，实际上这样会脱离作者的意图，出现否定文本的倾向，使文本的比喻出现理解上的困难。从逻

① 甘肃镇原县庙渠乡四合小学　姚康康

辑的角度看，学生实际上已经转换了论题。作者只是取苹果、石榴的炫耀特质作比，并没有全部否定的意思。因为比喻是跛足的，一般只取事物多种意向指向中的某一种。

其次，作者的生活环境、个性气质有助于更好地理解文本，尤其是对已经存在理解距离的《落花生》，教师不能退居幕后。有些文章，学生理解起来比较容易，因为文章的背景和学生的生活环境具有相似性，但有些文章的背景学生理解起来就具有陌生感。

《落花生》一文，看似简单，其实内涵很深，看似处处在写落花生，实际处处超越于落花生之外，至于苹果、石榴等，也不仅仅是现实生活中单纯的水果。语文教学应该认识到对文本的开发是必要的，但超越总是有一个极限，离不开有限的语境，否则只是在缺乏意义的引申之处“超越”。

理性操作：植根文本，弘扬人本

【教学片段2】《孙悟空三打白骨精》[①]

师：请同学们自由读全文，看看心中有没有愤怒、同情、敬佩等感受。

生1：我非常憎恨唐僧，因为他好坏不分，把孙悟空赶走了。

生2：我非常同情孙悟空，因为他一心为了师傅，反而被师傅责怪。

生3：我非常憎恨白骨精，因为它害得孙悟空被师傅骂。

生4：我非常敬佩孙悟空，因为它虽然被师傅骂，但仍一次次打白骨精救师傅。

生5：我非常敬佩白骨精，因为它一次次失败，没有被困难吓倒，继续努力，不泄气。（一个意想不到的思维方式）

师：哦！一次一次的努力，是干好事还是干坏事？

生5：（不好意思）当然是干坏事了。

师：（笑）干了坏事不泄气，那坏事岂不越干越多了？（该生在笑声中有所悟）

① 浙江桐乡市振兴西路小学 陈惠萍

【评点】

由于学生的认知能力比较低，对文本作出的多元反应并不都是正确、合理的，他们的体验可能是积极的，也可能是消极的。我们在尊重学生阅读过程中的独特体验的同时，不能忽视教学内容本身的价值取向。案例中，白骨精的狡猾，是“奸诈”的行为，如果视为“聪明”来赞赏，那怎能让学生识别现实生活中的假、冒、骗等行为呢？该教师的精彩就在于一句诙谐的语言，轻轻点拨，不露痕迹地引导学生讨论、甄别，在不经意之间带给学生正确的价值观取向。

辩证认识

关注个性与关注共性是矛盾的统一体。课程改革的基本理念不仅强调了“教育要从以获取知识为主要目标转变为关注人的发展”，而且也清楚地指出“学生的发展事实上也是一个社会化的过程，一个不断改变自我以适应社会需要的过程”；不仅指明了“教育应当尊重学生在学习过程中的个性差异”，而且还清楚地指出“不同学生的学习活动必然具有一定的普遍性和规律性”。保持“个性化与社会化”、“个体差异与学习活动的普遍规律性”等一些对立面之间的适当平衡才是教育积极发展的基础。

一、有效教学需要处理好“个人建构”与“社会建构”的辩证关系

每个学生都有不同的家庭背景与生活经历，从而形成了自己独特的认知和思维方式。这种差异不可避免地影响学生的学习活动。在新知建构和解决问题的过程中，表现为能从不同角度进行分析、思考，产生不同的方法。这些不同的方法，展现出学生不同的认知个性，也预示了学生不

同的发展可能性。我们应当尊重学生的个性差异，促进学生的个性化学习。

学生交流多种方法的过程，也正是他们积极参与学习活动、主动探索的过程。在这个过程中，教师要组织学生寻求解决问题的不同方法，勇于发表自己的见解，并且鼓励学生交流、争论。这一过程是教师组织教学的关键所在，它充分挖掘了学生潜在的创造力，激发了学生思维的灵活性。方法多样化可以增强学生的学习信心，培养学生的创新思维，也有利于学生的合作交流。

社会建构主义认为学生是在“理解”基础上建构知识。这里的“理解”并不是指学生弄清教师的本意，而是指学习者已有的知识和经验对教师所讲的内容重新加以解释、重新建构其意义。因此，学生个体在独立探究中，应该允许他们对知识有多元表征。但是，有部分教师误解了建构主义，他们盲目张扬学生的思维个性，致使学生的思维仍停留在原有认知水平上，学生本人没有得到发展。

学生的个性必须通过社会和文化的责任来协调。在算法与解题思路多样化之后，要进行意义协商，引导不同的学生在原有的基础上都有所发展。

学生的算法存在着思维水平的差异，因此应该提倡优化。算法的优化是算法多样化的后继步骤，算法只有优化，多样化才有意义。可以充分利用学生的各种算法，引导学生分析各种算法的特点，并进行反思，找出适合学生的、对后继学习有帮助的方法作为基本方法。优化的过程是学生结合自己的生活经验和已有认知水平，在多种算法中选择一种自己认为最合适的、最能解决问题的算法，是学生不断感悟、体验与反思的结果，而不是教师强制灌输的结果。这样，多种多样的算法就不仅仅是某些学生的突发奇想，而成为按照一定的数学方法理性思考的必然产物。

所谓的最优化算法只是相对而言的。有的计算方法虽然比较简便，得到大多数学生的认可，但有些学生却偏偏不能理解，难以掌握；有的计算方法虽然繁杂，思维水平不高，但却适合某些学生的思维水平。因此，从这个角度讲，没有“最好”的算法，只有“最适合”的算法。

二、有效教学需要处理好“鼓励创新”与“落实基础”的辩证关系

语文的许多教学内容是多元的，新教材强调尊重学生的独特体验，尊

重学生对教学内容的不同认识和理解，但这并不意味着学生怎么理解都可以。

这里，似乎可以用打靶来比喻，多元是有限度的，好像靶有大小不等的圆一样。打中靶心就是理解课文的核心，打在靶心的外围，就是七八环，三四环，这都应该肯定，再往外，脱了靶，那就不对了，就要纠偏或帮助其认识这一点。因此，在倡导学生“弘扬个性，鼓励创新”的时候，教师不能无原则地迁就，不能无标准盲目称赞，也不能无主见地附和。

拓展延伸

专场1：小学数学

一、正确对待教材的文本资源

（一）左右联系悟重点

【案例】“小数除法”练习题

在（　　）里填上适当的数：

3.7÷0.4=（　　）÷4　　　　0.042÷0.35=（　　）÷35

3.7÷0.04=（　　）÷4　　　4.2÷0.35=（　　）÷35

3.7÷0.004=（　　）÷4　　42÷0.35=（　　）÷35

师：请同学们想一想，编书的老师安排这两组题是出于怎样的考虑？

生1：可能是让我们明白一个数除以小数，只要将除数变成整数就可以了。

师：那除数是怎样变成整数的？

生 2:将小数点去掉。

生 3:题中除数已经是整数了,让我们填的是被除数,就是要让我们弄清被除数怎么变化的。被除数是随着除数的扩大而扩大,也就是说除数扩大了几倍,被除数也要扩大相应的倍数。

【评点】

教材在例题后往往安排一些针对性练习,除了让学生练一练,教师还可以通过对出题意图的理性追溯,使学生对新知的体验更深刻。从这个意义上说,读“透”教材的过程是学生对知识理解的“反刍”过程。

(二)上下延伸悟学法

【案例】“解简易方程”

教材在例题前安排两道复习题“解方程:$30-7.8x=6.6$、$6x-13.6=20$”。如果教师只是把这两题给学生算一下,然后再教学例题,那只是在教教材。教学中,我先让学生完成复习题,然后出示例题“$6x-6.8\times2=20$”,你能发现复习题与例题有什么联系吗?

生 1:我发现把复习题 $6x-13.6=20$ 中的 13.6 写成 6.8×2 的积就成例题了。

生 2:我明白了今天学习的方程其实就是在原来学的方程上变化来的,原来方程左边的已知数,现在变成两个数相乘的式子。

师:复习题与例题之间有着密切的联系,你认为这对解例题的方程有什么用呢?

生 3:我认为只要把方程的左边部分 6.8×2 先算出来,也就是将例题转化成复习题 $6x-13.6=20$ 就可以了……

师:从例题的求解过程中,大家能从中领悟到什么?

生 1:我认识到有时候新知识可以转化成旧知识来解决。

生 2:我还认识到新知识是在旧知识的基础上发展而来的……

【评点】

教材常在例题前安排一些复习题或文字提示,有的为解决新知提供知识储备，有的为新知探究指示方向。让学生阅读复习题或文字提示，有助于沟通新旧知识的联系，便于他们在自己的“知识库”中提取相应的信息探究问题、解决问题。因此，从这个角度讲，教师指导学生读“透”教材的过程是促成学生体悟学习方法的过程。

(三)前后沟通悟联系

【案例】平面图形面积的总复习

师：我们已经学过哪些图形的面积计算？你们能按照先后顺序说一说吗？

生：我们先学了长方形和正方形的面积计算，再学了平行四边形、三角形、梯形的面积计算，最后学的是圆的面积计算。

师：你们想过没有，编书的老师为什么按照这样的顺序编？是巧合吗？

生1：这样编不是巧合吧。因为平行四边形面积的计算是通过剪、移、拼转化成长方形的，而三角形、梯形都是转化成平行四边形后计算出面积的，圆是转化成长方形后计算出面积的。

生2：我们也发现长方形、正方形的面积计算是基础，所以先学，后面一些图形的面积计算都是转化成已经学过的图形来解决的……

【评点】

教材内容的编排遵循着知识之间的内在逻辑联系，让学生跳出眼前，回顾教材，有助于他们将“散落”于各册的、有联系的知识点串联起来，把所学知识构建成体系。可以说，读“透”教材的过程是学生反思学习内容和学习方法的过程。

二、正确对待学生的差异资源

(一)认识学生的知识基础

奥苏贝尔的意义学习理论告诉我们：影响学习的唯一最重要的因素就是学习者已经知道了什么。学生的知识基础是复杂多样的：有的储存了不少的知识，但只是滞销的货物；有的具备了结构性的知识，能产生同化和顺应;有的却具备了有生机活力的知识,随时准备应用于新的问题情境和精神生活的流通过程中;而有的却完全不具备学习新知应有的基础知识,出现完形缺口现象。

(二)认识学生的情感基础

每个学生对学习活动的兴趣、情绪和动机水平都有区别,不同学生对数学科的兴趣程度和兴趣类型多种多样,同一学生对不同内容的学习兴趣程度也不尽相同,对学习活动的体验水平存在差异。

(三)认识学生的方法基础

数学的重要往往不在于数学知识本身,而在于数学思想与数学精神的重要作用。问题是数学的心脏,方法是数学的行为,思想是数学的灵魂,因此认识学生的数学方法基础就显得尤为重要。为了让不同学生形成方法基础,在教学中应注重两点:一是知识教学强调过程,重视结构;二是思维活动渗透思想,重视方法。

三、正确对待学生的错误资源

人们对待错误的态度存在分歧:以斯金纳为代表的行为主义者不允许学习者在学习过程中出现错误,学习者一旦出错,应予立即更正,否则便会形成习惯,难以更改。因此,行为主义者主张不惜一切代价来避免错误,对他们来说,错误是没有学习的证据;认知心理学派对错误抱有希望,认为错误是学习的必然产物,因此错误是可以接受的。在我们看来,出错是成长中的学生的权利,是教学中的生成性资源。

当然,教师要注意不能把学生所有的错误都当作资源。教师要有当堂解读学生错误的性质以及判断其与教学相关性的能力。可以作为教学资源的错误应该具备以下特征要求:第一,对错误的分析具有典型的意义。所谓典型意义是指大部分学生可能出现的错误。对这种有代表性的错误进行分析和解决,对全班学生形成正确的认识具有教育意义。如果有个别学生出现的错误比较特别而且很另类,可以放到课后去解决;第二,对错误的分析具有反衬的意义。出现这类错误的也许不一定是大部分学生,但是对这些错误的分析过程恰好能够突出和说明当下的教学主题，这往往是教学中一种求之不得的教育资源；第三，对错误的分析具有促进生成的意义。对这类错误的分析，可以形成生生、师生之间的互动，并有可能推进教学的“过程生成”，促进学生产生新的思考、新的见解。

(一)学生错误资源的处理误区

1. 学生的错误资源忌无缘处理

【案例】确定位置

教师出示下图：

小熊		小狗	小鸡
鸭子	老虎		金鱼
	狮子	小白兔	
	梅花鹿	猴子	斑马
小猪	小羊		蝴蝶
			鸽子

进行“猜动物”的游戏：先找到自己最喜欢的小动物，然后告诉大家这个小动物的位置，据此猜小动物的名称。学生1说：“我最喜欢的小动物，从下往上数在第四个，从右往左数是第三个。”学生2立刻说：“狮子！”全班学生兴奋地喊：“耶！”此时学生1却是一脸茫然。教师没有注意到这一细节，游戏继续进行着。课后，学生1告诉我，他想说的小动物是“小白兔”。

【评点】

上例中，全班学生的兴奋淹没了一位学生的茫然，全班学生的正确掩盖了一位学生的错误，教师极容易忽视这样的错误。正是教师对正确答案的期待使他有选择性地知觉到了“正确”，而对错误“视而不见”。

2. 学生的错误资源忌无能处理

【案例】循环小数

教师让学生举循环小数的例子。有一位学生说：“3.9999……是循环小数。”立刻遭来了一位同学的反对：“我曾经在数学报上看到过，3.9999……是4，而4是整数，整数怎么可能是循环小数呢？所以3.9999……不是循环小数。”学生似乎言之有理，教师缺少相关方面的知识，只有尴尬不语。

【评点】

由于现代社会获取信息渠道的增多，教师课堂传授的知识占学生所拥有的知识总量的比例越来越小。对学生的出其不意的发言，教师常常因不能做出准确及时的判断而不知所措。常听教师们说：“课堂中，我常常有种十分心虚的感觉。”一个优秀的教师应该有开阔的教学视野，课堂上才能挥洒自如。

3. 学生的错误资源忌无时处理

【案例】“周长的认识”

教师出示一个长3分米、宽2分米的长方形，让学生想办法求出它的周长。学生分别用3×2+2×2、(3+2)×2的方法。一位学生说：“我的方法和他们的不一样，3×4=12(分米)，再减去长方形的宽12−2=10(分米)，也能算出长方形的周长。”教师简单的一句“这种方法我不明白”就把学生给打发了。课后询问老师，他坦言：后面还安排了不少“出彩”的教学内容，没有时间理会这些“旁枝末节”。

【评点】

从别人的错误中学习，是一条有效途径。这种行为鼓励学生合作和关心他人，因此创造出更加互助和安全的学习环境；让一个学生指导另一个学生会给他胜任感，并体现个人价值；另外，一个学生在指导另一个学生时，通常会把内容学得更透彻。

4. 学生的错误资源忌无需处理

【案例】“千克的认识”

学生正在交流课前搜集的关于千克的资料。一位学生说：“一个人一天大约要喝700千克水。”老师没有纠正也没有任何评价。另一位学生说:“一头大象有86千克”,教师不置可否。过了十分钟第一位学生看到同学拿出一瓶可乐后忽然想起了什么,站出来说:“我刚才说千克不对,一瓶可乐才350克,一个人一天应喝700克水。”而教师和全班学生到课结束时对“一头大象有86千克”都没有异议。

课后,我询问教师,他说:“我知道学生的说法是不妥的,但是直截了当地告知学生‘你错了’,还不如让学生自己去感悟,去体会,这不正是课程标准所提倡的充分尊重并利用学生个人的数学经验和数学事实吗?第一个学生不是自己改过来了吗?”

【评点】

注重体验感悟并不是拒绝判断与评价,教师对学生明显的错误不置可否,放任自流,是误人子弟。当然,纠错的主体不一定是教师,可以是出错的学生本人,可以是其他学生。

(二)学生错误资源的处理艺术

1. 容“错”——千树万树梨花开

出错,是因为学习是从问题开始,甚至是从错误开始的,有的错往往是学生对既定思维的反叛、修正。正因为出错,才会有点拨、引导和解惑,才会有研究、创新和超越。“学生的错误都是有价值的”。

2. 用“错”——为有源头活水来

英国心理学家贝恩布里奇说:“错误人皆有之,作为教师不利用是不可原谅的。”

(1)找准错误,寻找起点

例如:简便计算110－55－45,有不少学生往往错误地计算为110－(55－45)。究其原因,是学生对连减中的简便计算原理没有弄懂。这时,教师可以适时地创设一个购物情境“小明同学过生日,爸爸到儿童服装店给他买衣服,一件上衣55元,一条裤子45元,爸爸付出110元。应找回多少元?”在这种熟知的情境中,学生很快想到可以先算出上衣和裤子一共多少钱,算式是(55＋45),再算出找回多少元,算式是110－(55＋45)。

(2)将错就错,因势利导

例如:应用题“桃树有45棵,比梨树的3倍多6棵,梨树有多少棵?”学生列出的算式有:①3×(　)＋6＝45;②3×45－6;③(45＋6)÷3;④

(45－6)÷3;⑤45÷3－6;⑥45×3＋6……通过学生合作,结合线段图,学生很快“统一”了答案,①④是正确的。这时,教师“将错就错”,因势利导:如果用其他算式,你能改变原题中的条件,改编出新应用题吗?学生的思维打开了,针对其他算式改编出不同的应用题。

3. 诱“错”——柳暗花明又一村

例如:教学“能被3整除的数的特征”,教师故意设置“陷阱”:能被2.5整除的数,要看它的个位。同学们猜想一下,个位上是几的数能被3整除呢?学生异口同声地回答:个位上是0、3、6、9的数能被3整除。这时,再结合具体的数师生共同验证,学生很快发现这个“答案”是错的,教师及时诱导,引领学生变换角度去探求新知。

四、正确对待学生的创新资源

(一)积极创设促使方法多样的教学环境

1. 处理好师生的位置关系

传统教学中,教师按教材的逻辑关系,把学习内容分解设计成一系列浅显直露、思维价值小、探索空间窄的问题,在学生前面一个问题一个问题地引,而学生则在教师后面一步一步地跟,水到渠成——问题问完了,结论也就出来了。鼓励学生解决问题策略多样化,首先必须把“位置关系”转变为学生在“前”、教师在“后”。

2. 处理好学习的评价关系

(1)延迟性评价策略

当学生说出一种想法后,教师不要急于对这种想法进行评价,也不要急于利用这种想法把学生的思路引到教师或教案的思路上。而是要让学生的发言处于一种自然发展状态,给其他学生提供充足的表达自己想法的时间,这样就会使新的想法紧接着出现,形成多样化的解决问题的局面。

(2)多元化评价策略

鼓励学生解决问题策略多样化,必然要求对学生解题策略的评价要多元化。多元化评价策略强调多元价值取向,不仅允许学生对问题的解决可以有不同的方法和不同的答案,而且鼓励学生超越课本、超越教师、超越常规。

(二)积极创设促使方法优化的教学机制

1. 充分提供优化的时间

对多样化的解决问题策略的优化,要注意掌握好"火候",要在学生对多样化的方法有较充分的感受,而且学生对各种方法的特点有了较充分的理解后进行。

(1)拾级优化

算法多样化的同时,要提倡方法的优化,而且应在多样化中就让学生有意识地追求优化。例如,学生谈出几种方法后,不要再一味地问:"还有别的算法吗?"而应改为:"还有更好的方法吗?"促使学生主动优化,避免为凑方法而出现思考水平降低的现象。

(2)分类优化

学生所说的有一些方法是重复或不可取的,可是如果停止,又怕与一些独特方法失之交臂。这时可暂时停止,先对学生所说的方法分类,这样可以加深学生对方法的理解,促使其提出有价值的方法,保证方法多样化的质量。

(3)延迟优化

有些方法不是一节课或几节课内就可以达到优化的,有些方法不需要在一节课或几节课内就达到优化,教师就要耐心地等待学生,让学生充分体验必要的时间以后,心甘情愿地自觉选择优化方法。

2. 灵活处理优化的结果

(1)基于视角的"多样化"——要点化

同一现象,同一事物,由于不同学生的认知角度不同,结果自然不尽相同。如老师手里拿着一个长方体模型,让学生观察并回答"你能看到几个面?"有的说能看到一个,有的说两个,还有的说三个。三种答案都对。对于这种因认知角度不同所产生的不同结果,教学时,教师要认可,并适时转化到教学需要的内容上。

(2)基于群体的"多样化"——要深化

群体所表现出来的"多样化"指群体中的各个个体个性化表现的总和,明显地带有个体的原有知识结构特点。如面对"甲数是25,乙数是20,———?(补充问题)",受认知程度和认知结构的制约,就会出现"甲数比乙数多多少?""甲数是乙数的几倍(百分之几)?""甲数比乙数多几分之几(百分之几)”“甲数占甲乙两数总和的几分之几(百分之几)?”“甲数与乙数的比是多少?”等多种问题。有什么程度的认知水平就能提出什么程度问题。因此,教学时,要引导学生在现有知识水平的基础上向纵深发展,对原有知识结构进行拓宽和重建。

(3)基于个体的“多样化”——要优化

就某一个体而言,面对同一问题,可能会有多种解决途径。但这些途径和方法往往不是处在同一水平上,呈现出优劣和繁简之分。教学时,如果学生已经掌握了较高级的方法,完全没有必要要求学生写出那些已经掌握了较低级的方法,而是要在不断优化上下功夫。

专场2:小学语文

一、阅读教学中培养学生个性的阶段

(一)求同阶段:个性化阅读教学的基础

求同指的是学生理解、感悟作者价值观,追寻文本意义的过程。求同阶段的教学需要经过两个回合。第一回合:通过各种教学手段、教学形式,借助语言文字去理解、感悟作者(文本)所要表现的主题思想;第二回合:在理解了作者(文本)主题思想的基础上,体会作者(文本)的思想观点是怎样表现出来的。

(二)求异阶段:个性化阅读教学的关键

学生在充分体会到作者所要传达的思想观点及所采用的表现形式后,必定会产生自己的看法,产生对文本的二度开发和创造,发掘出文本所蕴含的价值,有时甚至会超越作者本身的认识局限,超越文本,实现自我建构。

(三)再次求同:个性化阅读教学的目标

再次求同的含义与第一次求同不同,第一次求同是探寻作者(文本)所表达的意义,而再次求同则是学生在经过求异阶段的交流讨论和体验感悟之后,对作者(文本)思想观点的重构,使之统一在自身的思想之中,

成为自己个性发展的丰富养分。这次的求同和上一步的求异在实际教学中往往是融合在一起的。

二、阅读教学中培养学生个性的途径

(一)利用阅读相似培养学生思维个性

“一千个读者就有一千个哈姆雷特”,但再多样的哈姆雷特也绝不会变成哈里·波特。相似理论认为,一切事物都是以相似性为中介的。人们通过学习积累并贮存在大脑中的知识单元,称之为相似块,人们头脑中贮存的相似块不是静止的,它与新输入的信息相互作用,并组成新的相似块。

1. 在相似间激起融入文本的欲望

学生展开个性化阅读,当文本以一种陌生的面孔呈现在学生面前,这样必然要引起学生“先在的相似块”与“陌生”之间的矛盾与碰撞,使学生的内心世界产生一种阅读期待,唤醒自我意识,把自己大胆地融入文本之中。

例如:《游园不值》教学中,教师故意说:“哎,真扫兴,兴致勃勃而来,现在可要失望而归了!”随后用无精打采的语气读出“一枝红杏出墙来”。学生不答应了:“不对,作者虽然没游到园,但还是高兴的!”一学生说:“诗人虽然没看到满园春色,但还是看到了一枝红杏。”又一学生说:“诗人没有看到满园春色,但他从这一枝红杏上可以想象园中的美景。”师微微一笑:“如果你是诗人,你仿佛看见了园中哪些美景呢?”于是学生你一言我一语抢着“描述”起满园春色的美景。

2. 在相似间享受独立阅读的快乐

相似理论下的独立阅读,就是让学生在个性化的阅读中找到与自己“相似块”之间的联系之处,并纳入原有的知识系统中去,从而找到解决问题的途径和方法。

例如:《天安门广场》的教学。师问:“同学们,现在你们是天安门广场一名出色的导游,我们初次来这儿旅游,你们能做我们的导游吗?联系你们在电视、书报中所了解的,做导游时应该注意哪几点?”学生总结出:(1)要深入地了解课文的重要内容;(2)在介绍时要适当地加上自己的想象、感受等;(3)要引导游客按一定的顺序参观,不然会杂乱无章;(4)要注意自己的角色变化，要注意礼貌用语，态度、语态能吸引住游客。师："相信你们都能成为一名出色的导游！那就准备吧。"

3. 在相似间体会自己的独特感受

从相似的观点出发，每个人在主体与客体的交互活动中所获得的相似块是不一样的，正因为这些相似块存在着明显的差异，所以，它也必然造成各种各样的不同于他人的特定的某种相似块。

【案例】《半截蜡烛》

师：请同学们各自轻声读读伯诺德夫人的话"瞧，先生们，这盏灯亮些"，想想应该强调什么字眼？

生：我觉得应该突出"亮"字，因为只有强调油灯比蜡烛亮，才有可能巧妙地把蜡烛换下来。

生：我觉得应该强调"灯"，因为只有突出了"灯"，才能吹熄蜡烛。

生：强调"瞧"字是为了吸引德国军官的注意。

生：我觉得也可以强调"先生"，这样做可以不使德国军官起疑心，似乎有礼貌的样子。

师：同学们的朗读处理都很有意思，都有各自的理由。不过，尽管咱们的处理方式不同，但有一点其实是相同的，想想是什么？

生：目的是相同的，都是为了保住那半截蜡烛。

生：都是为了避免敌人的怀疑，巧妙地熄灭蜡烛。

4. 在相似间尽情地进行自我体验

学生个性化阅读的体验是否能成功，必须要看与大脑内早已储存的相似块是否相匹配。学生一旦将阅读的信息与原有的信息迅速地组合成新的相似块，激活并进行重组，才能形成新的体验。

【案例】《"你必须把这条鱼放掉！"》

师：谁愿意来做爸爸，我做汤姆。（师生表演）

师：爸爸，好大的一条鲈鱼！

生：（迟疑片刻，马上反应过来）你必须把这条鱼放掉！

师：凭什么放掉！这可是我从未见过的大鲈鱼呀！

生：因为离钓鱼的时间还差 2 个小时。

师：不就是2个小时吗！又没人看到！

生：没人看到也不行！我们一定要遵守规定！

师："规定规定"，"规定"是死的，人是活的！

生：你怎么能这样！如果大家都像你一样，那我们的社会不就乱套了吗？照这样发展下去，你将会受到法律的惩罚！

师：爸爸，我是你的儿子，你在学习上对我严格要求我听，可现在是钓鱼，你不要这么严格嘛！

生：孩子，无论是在学习上，还是在生活中，我们都应该严格要求自己，良好的道德素养是从一件件小事中养成的。

5. 在相似间自我进行生疑与释疑

当学生在个性化的阅读中与已有的相似块产生冲突时，教师要做到把学生发现的问题聚焦，把具有高度相似性的学习个体汇聚到大体相似的焦点上，由同中发现变异，在变异中寻找新的相同之处，使学生的认知趋于完整、深刻，并对阅读中产生的错误相似块进行甄别。

例如：教师上《天游峰的扫路人》时，鼓励学生把不懂的句子画出来，打问号，并写在黑板上。学生写了满满一黑板，这么多问题怎么办？老师让学生出金点子："谁能用较少的时间来解决这些问题的就是金点子！"于是，学生重新组合归类："累不累？""退不退？""能不能活到一百岁？"

(二)利用阅读期待培养学生思维个性

阅读期待下的阅读不是阅读者机械地接纳文本，而是阅读者充分依据自己独特的理解、体验、意愿，充分展示自己的个性，发挥自己的主观能动性，发挥想象力对文本意义进行发掘，对文本空白进行填补，对阅读材料的意义进行重塑和再创造。

1. 利用期待，"蓄情"以培养思维个性

接受美学告诉我们，作品意义的不确定性和意义空白需要读者以自己的感觉和经验去填补。教学中，精心铺垫，设境蓄情，有利于促使学生在阅读期待中与作品产生共鸣。

例如：《倔强的小红军》一课，教师提出："陈赓同志全明白了，他明白了什么？"学生有的说，明白了小红军是活活累死、饿死的；有的说，明白了小红军说自己体力比陈赓强，还要与陈赓赛跑，说自己要等同伴，说自己青稞面多，全是假的，是骗陈赓；有的说，明白了他之所以要骗，是因为他不想拖累陈赓。这时，老师边播放录像，边用声情并茂的语言描述：在生命的最后时刻，小红军就靠这发黑的牛膝骨支持着自己。看到这牛膝骨，看到这牛膝骨上的牙印，你有什么感受呢？语言的描绘、画面的展示，老师情、学生情、文章情强烈共振着，师生哽咽，全班啜泣，学生对"牛膝牙印"的感受谈得丰富而深刻，个个通过自己的感悟、阐释形成了自己的情感，建构了各自的形象，闪烁着独特的思维的火花。

2. 利用期待，"就虚"以培养思维个性

古人云："大抵文章实则尽，虚则无穷。"有些文章虚写处看似"闲笔"，其实闲笔不闲。在闲笔处"就虚"，利于学生在阅读期待中展示思维个性。

例如：教学《三人行》，一位学生提出："'一阵风吹过，树上那几片孤零零的叶子沙沙地响了几声'一句在文中有什么作用？"大家联系阅读经验说："表示大家都沉默了。"老师问："这三位战士为什么都沉默了？为什么要通过响声来写沉默？"学生有的说，黄元庆认为自己不行了，他为能把枪和绑带交给战友而感到欣慰，但想到自己将与战友永别，心如刀绞，不能言语；有的说，小周面对黄元庆的不幸泪流满面，也为自己的遭遇伤心，更为指导员的伤势难过，他还能说什么呢？有的说，指导员虽然觉得黄元庆不能这样做，但又没有别的办法，陷入了深深的沉思……所以三个人都沉默了，便觉得风声更响，以响衬静，更显战士心情沉重，处境艰难。

3. 利用期待，"猜测"以培养思维个性

例如：一位教师教学《草船借箭》，故意设疑："同学们，有一个问题一直困扰着我。为了解决这个问题，我把《草船借箭》整整读了三七二十一遍。你们想知道这是一个什么问题吗？（学生大声说：想！）我暂不告诉你们，请你们先仔细地阅读课文，猜猜困惑老师的是一个什么问题？看谁有水平，猜得准。"这一猜测，使学生阅读期待更为强烈，步步读文步步猜，引发学生在阅读中沿着各自的思路充分展示了自己的思考，展示了思维个性。

4. 利用期待，"延伸"以培养思维个性

例如：教学《小珊迪》，老师充满深情又若有所思地诉说："我心里默默地想，如果小珊迪不急着把四个便士还给人家，他就不会被马车撞倒，他就不会如此凄惨地死去。我又想，小珊迪难道真的不需要那些钱吗？"学生默读思考，细细体味有关语句后踊跃交流。这里，老师在情境中设置问题，强化学生阅读期待，阅读效率高，效果佳。不同的角度，不同的理解，彰显着不同的个性，不同的思维。

5. 利用期待，“置悬”以培养思维个性

一篇作品的题目、内容简介、社会对作品的反映、作者的情况等都会在具有一定期待视野的学生心中引发某种猜测、估计。巧设悬念，抓住学生好奇渴求的期待心态，让学生的期待视野与作品之间构成一定的“美学距离”，酿成一种“山穷水尽疑无路，柳暗花明又一村”的情景，能紧紧扣住学生的心弦。

例如：《称象》一课，可这样处理：“同学们，一代枭雄曹操也碰到了难题，那时，有人送给曹操一头大象，曹操很想知道它有多重，可是没有那么大的秤，又不能把大象割成一块一块称，大臣们议论纷纷，都想不出好办法，你们说这事难不难呀？可当时有一个 6 岁的孩子想出了一个巧妙的办法，称出了大象的重量。你们想知道他是谁？又是怎样称的吗？请自读课文寻找答案吧。”一个悬念，很好地调动了学生参与阅读探究。

6. 利用期待，“启思”以培养思维个性

文质兼美的课文像书法，有时密不透风，有时又疏可走马。引发学生在“疏可走马”处进行想象，是培养思维个性的良机。

例如：教学《螳螂捕蝉》时，在学生理解课文后这样引导：“文中少年为了劝说吴王，拿着弹弓一连在王宫花园里转了三个早晨才觅得机会，碰到吴王。花园里此时是怎样一番景象呢?”老师让学生以写台词的形式想象补白，在表演时作配音用。学生以想象完成了对《螳螂捕蝉》意义的构建，有个性的创造思维被激活，期待得以满足。

(三)利用多元解读培养学生思维个性

1. 让学生不拘一格地读

例如：《天鹅的故事》中有这么一句话“它们昂着头，挺着胸。在水里游动着，捕食着鱼虾，不时发出阵阵胜利的欢呼声：‘克噜——克哩——克哩！’”教师深情地说：“同学们，阳光总在风雨后，鱼虾就在冰面下。此时的天鹅是多么高兴啊！让我们也为天鹅的胜利而欢呼吧！”接着，让学生读天鹅的叫声“克噜——克哩——克哩”，有个学生持不同意见：“俗话说：吃水不忘挖井人。天鹅群这时捕食着鱼虾，一定会深深感谢那只‘破冰勇士’——老天鹅的。我认为应该用感激的语气读。”说完，他便感激地读着:“克噜——克哩——克哩!”这时又有一个学生说:“我认为那只老天鹅也会谆谆教导小天鹅遇到困难不要退缩,要勇敢地面对。”于是他就学着老天鹅“意味深长”地读“克噜——克哩——克哩”了。读罢,他还当起了翻译,把包含在其中的“谆谆教导”借助语言作了外化。嘿,那样子,俨然是只德高望重的老天鹅。

2. 让学生各抒己见地说

例如:《珍珠鸟》最后一节中有这样一个画龙点睛的句子:“信赖,不就能创造出美好的境界吗?”怎么让学生真正感悟这句话中的内涵呢?教师先让家中养鸟的学生谈谈养鸟的趣事,再让家中养其他宠物的学生说说宠物和家人之间发生的事。在此基础上,教师说:“同学们,人与动物可以互相信任,友好共处,人与人之间更应该这样,你们能谈谈有关的事吗?”不少学生打开了话匣子,讲了自己与同学相处,讲了邻里之间友好相处的事……“刚才,大家是从‘信赖’这个角度来说的,有没有从‘不信赖’这个角度来说的呢?”有的说:“《生命桥》中讲的那群羚羊因为不信赖猎人,所以老羚羊为了让后代赖以生存下去,英勇跳崖,出现了悲壮的一幕。”有的说:“调达不值得信赖,他为了自己的发财梦,竟忘恩负义,带领国王的军队捉九色鹿,这就不是美好的境界了。”还有的学生讲了人与人之间由于不信赖而闹了矛盾。学生从不同的角度解读了这句话的真正内涵。

3. 让学生异彩纷呈地写

例如:《生命的壮歌》写了发生在动物王国里的感人故事,从学生的表情看,他们无不为蚁国英雄的壮举而动容,无不为老羚羊舍己救人的精神所打动。教师见火候已到,便动情地说:“同学们,蚁国英雄、老羚羊用自己的血肉之躯谱写了生命的壮歌,我们永远也忘不了。此时此刻,你们有什么话要对这些英雄说吗?请拿起你们的笔写下自己的肺腑之言吧!”这下,学生的情弦被拨动了,一个个文思泉涌,有赞扬英雄壮举的,有为献身的蚂蚁写碑文的,有为老羚羊写悼词的,有写小羚羊悲痛欲绝地向老羚羊表决心的……

4. 让学生淋漓尽致地演

例如:《访问环保专家方博士》介绍了同学们访问环保专家方博士的经过,重点写了方博士的谈话,语言通俗易懂,无需多讲。初读理解课文后,教师让学生按四人小组模拟电视台谈话类节目的形式,将课文中描述的情景再现在大家面前。学生在表演中凭借真切的感受,使角色表演体现出多样性，使阅读感悟体验出独特性。

三、促使独特体验与文本价值的融合

（一）借独特感受促使文本价值取向显化

文本的价值取向是学生独特感受的重要依附，学生的独特感受是文本价值存在的先决条件，要求得它们的统一，须选择语言与精神结合的重点，引领学生深入地阅读，独特地感受，借学生的独特感受去显化文本的价值取向。

【案例】《揠苗助长》

师：小朋友们，我就是拔苗的伯伯呀，辛辛苦苦干了半天，竟然落得这样的结果，我该怎么办啊？

生：老伯伯，种田人连这点知识都不懂？你也太糊涂了。你拔苗是希望它长快些，这本来很好，但方法不对。看来你种田时间不长，不懂得庄稼生长的规律，你有空的话，去向我爷爷请教请教，他在这方面可有经验了。

生：老伯伯啊，人哪有不做错事的。“吃一堑，长一智”，你把地翻了，重新种上庄稼，多施肥，勤除草，就能获得好收成。

师：谢谢你们为我出的好主意。我走了，走之前，我也想提醒大家，知道提醒什么吗？

生：要我们接受你的教训。

师：你们现在又不种地，能有什么教训可接受呢？

生：我平时不注意训练，体育考试那天早上，我很早起床掷垒球，成绩怎么会及格呢？看来我们犯的是一样的错误。

生：我那次感冒，医生配了药，叫我一次吃一片。我盼望早点退热，一次想吃3片。幸亏爸爸及时发现，要不，肯定要出问题。要是早遇到你，就不会闹笑话了。

（二）让独特感受接受文本价值取向甄别

珍视学生的独特感受，既要追求答案的丰富多彩，又要防止解读的干瘪无味；既要追求答案的精彩纷呈，又要防止浅层的机械重复；既要追求答案的大胆开放，又要防止答案的良莠不分。

例如：阅读《卢沟桥的烽火》“守桥部队严惩敌人”这部分内容后，让学生说感受，学生有的为我军严正拒绝敌人进宛平县城搜查感到畅快，有的为我军勇敢还击感到振奋，有的认为对日寇就该针锋相对，以牙还牙……但一学生却说：“如果敌人真有士兵失踪，我们为什么不让他们去搜查呢？如果让他们进城搜查，不就可避免这一事件吗？”此见解与众不同，但它反映了该生语言理解的粗浅和情感感悟的错误。此刻，教者未简单纠错，而是先肯定他敢于发表见解，既而引导大家反复阅读，深入理解，发表看法。

（三）以独特感受带动文本价值取向生长

从接受美学的观点看，作品的意义除了表现人类共通的较为恒定的美好情感外，也会随着时代的进步、社会的变化而发生变化。一旦它不能跟上时代发展，就会因其生命力的耗尽而消亡。可见，文本的价值取向有时是动态的、发展的。教师应该在凸显文本价值取向的同时，拓展延伸，以学生独特感受促进文本价值取向的生长。

【案例】《秦兵马俑》

师：读了课文，我们具体感受了惟妙惟肖的兵马俑。你认为我们最要感谢谁？

生1：我认为最应感谢的是第一个发现秦始皇兵马俑陶片的农民。否则，兵马俑就可能一直沉睡地下，我们就可能看不到它。

生2：我最想感谢秦始皇，没有他，就没有如此浩大的工程，就不会有惟妙惟肖的兵马俑。

生3：我觉得最应该感谢写这篇文章的作者。以前只听说有兵马俑，但没有亲眼目睹。作者把兵马俑描写得栩栩如生，惟妙惟肖，使我们好像来到了现场。

生4：我认为最应感谢的是古代那些建筑秦始皇兵马俑的劳动人民。没有他们，哪有兵马俑呢？

师：说得都有道理。如果我们要把这些原因排排队的话，你认为该怎样排呢？

生5：我认为，首先还是应该感谢古代劳动人民，没有他们，秦始王去发动谁实施这一工程；没有这一工程，那个农民到什么地方去发现兵马俑的陶片;没有农民的发现,兵马俑怎会重见天日;兵马俑不能重见天日,作者怎能写出这样的文章。

【评点】

生 1 到生 3 的发言都是他们心灵世界的展现,但如果仅有生 1 到生 3 超越文本的独特,而缺少生 4 出于文本的独特;或者只有生 4 出于文本的独特,而缺少其他 3 个学生超越文本的独特,其效果都将大为逊色;而如果只有 4 个学生的独特感受,没有老师点拨引导下第 5 个学生的综合梳理,效果也会大打折扣。

画龙点睛

• 一个好的教师就像一位优秀的作曲家,既要善于“制造”不同的声音,引发不同音符之间的碰撞;又要善于“合成”不同的声音,谱写学生思维和情感的“和弦”。

课堂焦点 6

“自主学习”与“指导学习”

“自主学习”对“指导学习”说：“没了你，我完全自由了。”

“指导学习”问“自主学习”：“那你以后还会遇到困难吗？”

“自主学习”：……

“指导学习”继续问：“那你还需要帮助吗？”

“自主学习”低下了头：“需要。谢谢你又一次指导了我，让我认识了错误。”

旁征博引

[树 与 人]

有两个人，各自在沙漠上栽下一片胡杨树苗。

一个人每隔三天，不管烈日还是飞沙，都给他的树苗浇水；另一个人在树苗刚栽时浇过几次水，等到树苗成活后，他就不再浇水，只是扶一下被风吹倒的树苗。

过了两年，两片树苗都长得有茶杯粗了。忽然有一夜，狂风大作，飞沙走石，辛勤人的树几乎全被暴风刮倒，而悠闲人的树没有被风吹倒和吹歪的。

[教育启示]

其实树与人一样，对它太殷勤了，就培养了它的惰性。你经常浇水施肥，它的根就不往泥土深处扎，只在地表浅处盘来盘去；反之，树在没有现成的水分和肥料吮吸时，只能拼命向下扎根寻求需要。

育树，育人，其理相通。教师应量"力"、量"度"而行，尽可能地让孩子自力更生、艰苦奋斗，赢得成功。我们只需在他们"山穷水尽"时出手点一下、扶一把。唯有这种历尽"拼"的体验，孩子才会刻骨铭心，唯有这种历尽"搏"的经验，孩子才会受用终生。

美国教育的"出格"（我们中国更多地追求"严格"，可能导致过分后的"死格"），给了孩子更大的自主探究空间。他们获取知识的方式更多地靠自己的努力和求索，教师提供的仅仅是参考和帮助。不面面俱到的环境培养了美国孩子探索创造能力。

绝对现场

[讨论缘起]

传统教学中，教师是知识权威、课堂的主宰，无视学生的主体地位，学生大多无奈地被动学习，缺乏自主学习的教学环境。

新课程教学中，虽然教师不再对学生的学习指手画脚、设置“圈套”，重视了学生的主体作用，但也出现了两种不良倾向：一是“绝对的主体性”，一味强调学习内容由学生自己提，学习方式由学生自己选，学习伙伴由学生自己挑，教师不去组织，成为一个旁观者，以致学生的主体地位成了阳光下的“彩色泡沫”。二是三种有问题的主体性：(1)“虚假的主体性”，即追求形式主义，做表面文章；(2)“肤浅的主体性”，在课文的表层徘徊，语言水平和思维水平不高；(3)“脆弱的主体性”，学生的主体表现并非来自于对知识本身的内在兴趣。因此，教学必须追求“真实的主体性”，以实现真正意义上的自主学习。

A. "保守"现象:过分重视"指导学习"而轻视"自主学习"

病态扫描:亦步亦趋的指导,束手束脚的自主

【第 1 次教学】"年、月、日"①

在教师的精心引导下,学生开始了对年、月、日的认识:观察你手中的各种年历卡,数一数一年有几个月? 得到:一年有 12 个月。那每个月各有几天? 学生找到了:1 月有 31 天、2 月有 28 天……我们把一个月有 31 天的叫大月,30 天的叫小月。一年中有几个大月、几个小月? ……就这样,在教师亦步亦趋的引导下,学生掌握了年、月、日的关系,大月、小月、二月的区别,平年、闰年的判断等。

【评点】

教学,不只是一种告诉。教师借助年历卡,领着学生逐个发现年、月、日的相关知识。然而,学生在生活中已经潜移默化地积累了年、月、日的相关知识,具有一定的、个性化的经验。"教学的最大浪费莫过于把学生的已有经验排除在外。"如果把学生当成毫无经验储备的"白纸",一切从零起步,一问一答,学生的学习方式是单一的,学生的自主学习不能得到很好的发挥。

① 无锡市玉祁中心小学 陈丽萍 丁君华

B.“激进”现象:过分重视“自主学习”而轻视“指导学习”

病态扫描:情难自禁的自主,束手无策的指导

【第 2 次教学】“年、月、日”

课前学生通过多种方式研究了年、月、日,有观察日历、年历的,有阅读课本、课外资料的,也有请教家长、上网查询的……教师一改“传道者”的形象,和学生亲切交谈:同学们,我们自己想办法研究了年、月、日,你有了哪些收获呢?

学生的收获是丰富的:一年有 12 个月;一首歌这么唱,“一年有 365 天”……你一言我一语,年、月、日的关系,大月、小月、二月的区别,平年、闰年的判断等,他们居然都有所涉及。除了书本知识之外,他们还自觉进行了课外拓展:2000 年是闰年,2002 年是平年。地球自转一周是一天,地球绕太阳公转一周是 365 天多一点,一年按 365 天算,4 年就多出一天来,所以每 4 年才有一个闰年……

学生们七嘴八舌,课本的、课外的,错误的、正确的,浅显的、深奥的,众多信息扑面而来,学生们有些招架不住。而此时的教师因为学生的出色表现大为兴奋,只顾为学生的研究而喝彩。至于所有的信息呈现之后,如何来炒这盘“大杂烩”,教师显然准备不足,显得捉襟见肘。一堂课下来,学生究竟掌握了多少有价值的数学?从练习反馈情况看并不理想,反而没有第一次教学的班级学得扎实。

【评点】

教学,不只是一种唤醒。当学生真正解放了头脑、手脚和嘴巴之后,学生的潜能得以唤醒、开掘与提升。但是,教师却让出了舞台,缺少对学生呈现的信息进行必要的整理与调控,缺少指导学生建构自己认识的过程。教师的退居幕后,使得学生的交流仅仅是个人信息的拼凑,学生的认

识依然停留在个体的原有水平上，大多数学生无法对新知实现完整的意义建构。

理性操作：有的放矢的自主，见缝插针的指导

【第3次教学】“年、月、日”

教师课前还是让学生自己想办法研究年、月、日，所不同的是，教师在教学中加强了自己指导调控的及时跟进。

生：我研究了今年的年历卡，发现一年有12个月，有的月份有30天，有的有31天，2月只有28天。

教师引导1：哪几个月是31天，哪几个月是30天？

生：1月有31天，2月有28天，3月有31天，4月有30天……

生：我研究的是2001年和2002年的年历卡，结果和他一样。

教师引导2：有不同的吗？

生：我有不同的意见，我研究的是2000年的年历卡，2月份有29天。

教师引导3：是吗？给大家看看。（在实物投影仪上展示）这是为什么呢？

生：老师，我知道2000年是闰年，2002年是平年。地球自转一周是一天，地球绕太阳公转一周是365天多一点，一年365天，4年就多出来一天（师：大约一天），所以每4年才有一个闰年，我是看了《十万个为什么》才知道的。

生：我还有补充，过去凡是单数的月份是大月，有31天；双数的月份是小月，有30天；2月份是杀头的月份，少一天，有29天。后来的皇帝把自己出生的8月份也改成大月，所以现在1月、3月、5月、7月、8月、10月、12月这7个月是大月；4月、6月、9月、11月这4个月是小月；2月，平年有28天，闰年有29天。我也是在课外书上看到的。

教师引导4：说得很好。2月有28天的那一年是平年，2月有29天的是闰年。那1997年是平年还是闰年？你是怎么知道的？

生：1997年是平年，因为2000年是闰年，4年才有一个闰年，所以1996年是闰年，1997年是平年。

教师评价:你用推算的方法得出1997年是平年,不错。

生:我有补充。我们可以把1997除以4,有余数,所以是平年。数学书上说:公历年份是4的倍数的,一般都是闰年。我们只要把公历年份除以4,没有余数的是闰年,有余数的是平年。1997除以4有余数,所以是平年。

教师引导5:你们同意他的说法吗?谁来举个例子说说?(生举例略)

生:公历年份是整百数的必须是400的倍数,才是闰年。

教师引导6:你能举个例子吗?

生:1900年是4的倍数,但不是400的倍数,1900年是平年。

教师简要小结。

【评点】

教学,更是一种对话。面对学生丰富的探究成果,教师没有听之任之,而是及时指导与调控,使教学在师生互动中有序、和谐推进。

病态扫描:自以为是的自主,敷衍了事的指导

【教学片段1】《江雪》

教学接近尾声时,教师问:“还有什么不懂的问题吗?”“老师,这位老翁为什么在那么冷的天还要去江中钓鱼?”一学生满脸疑惑。“我知道,因为那老翁爱吃鱼。”“我认为老翁家里穷,没什么吃的了。”“我想,那老翁要钓鱼去卖。”学生接二连三地解读。教者若有所思:“嗯,有些道理,你明白了吗?”“啊?!”学生被问得一脸茫然。突然,又有一学生站起来:“老师,现在江面结着冰,不可能钓鱼。”“是吗?有没有不同意见?”教师无所适从,把“球”踢回给学生。“那可以破冰呀!有时天冷,河面不一定结冰的。”教师恍然大悟:“是这样,你明白了吗?”“嗯……有点明白了。”那学生也只好作罢!

【教学片段2】《一路花香》

在学生自读课文后,教者要他们说说感受。学生的发言大多都在教

师的预料之中,但有一个学生说:"我觉得好水罐不如破水罐,因为破水罐既运了水,又浇了花,功劳比好水罐还大。"对此,教者沉默了一会没有想到满意的答案,便随口以"这是你的看法,其他人呢"予以搪塞。至此,学生的问题也就不了了之了。

【教学片段3】《滥竽充数》

师:通过这则寓言的学习,你懂得了什么道理?

生:我懂得不管什么时候,都不能像南郭先生那样滥竽充数。

生:我懂得要到乐队里去,就得学会吹奏的本领,否则人家要笑话的。

师:(无可奈何地)这则寓意告诉我们什么道理?(生面面相觑)成语词典上是怎么说的呢?(生恍然大悟,马上有学生拿出词典朗读了寓意,教师这才如释重负)

【评点】

1. 放任自流,缺乏导向

教学片段1中,学生提出不同见解,教者无所适从,应答不着边际。初看,课堂热闹,气氛热烈,学生自主。而实际上,师生、生生之间的"对话",成了游离目标的无谓调侃。在教学中,学生思维的离航偏向十分正常,教者要做到头脑清醒,及时引导。

2. 回避矛盾,不敢点拨

教学片段2中,教师对学生出人意料的见解难以招架,就"退避三舍",给学生留下了疑惑。其实,此时不妨这样点拨:文中水罐的本职工作是什么?是在什么情况下挑水工夸它的?夸破水罐是不是意味着对好水罐的否定?在阅读教学中,对学生已经出现或可能出现的困惑,不可回避,不可敷衍。如一时想不出合适的方法,可把问题抛向学生,为自己的快速思考赢得时间。如果还想不出合理的办法与解释,可将问题暂时搁置,并告诉学生课后师生共同去探讨。

3. 操作失误,不善点拨

教学片段3中,教者煞费苦心地引导学生理解寓意,可学生偏偏没进入教师的预设。没办法,教者只能和盘托出,揭示谜底。可惜,这样的引导给予学生的是——寓意只要到词典上找;这样的寓意给予学生的是——寓意只是抽象的文字。为什么学生难以说出寓意?是阅历不够,还是能力欠缺?都不是,而是教者的教学方法存在问题。

理性操作:胸有成竹的指导,心中有数的自主

【教学片段4】《滥竽充数》

师:读了这则寓言,如果让你跟与这件事有关的人物会面,你想对他们说什么?

生:我遇到南郭先生一定会说,"南郭先生啊,你太糊涂了,一点真才实学也没有,怎么有胆量混在乐队里呢?"

师:不错。如果他有真才实学,是不会落到这样的结果的。还有吗?

生:我遇到他会说,"没有本领可以向别人学,学到本领以后再到乐队里来。怎能去蒙骗别人呢?"

师:劝得还真不错。还有吗?

生:我认为,这件事与齐宣王有关,我遇到他会这样说,"齐宣王啊,你是一个国王,做事竟这样马虎。如果你能深入实际,了解真实情况,南郭先生一定不会落到这样的结果的。你这样怎能为人民谋利益呢?"

生:我认为,这件事与他家里的人也有关系。我遇到他家里的人一定会说,"如果你们真的关心和爱护他,应该让他学本领,决不能让他去胡乱骗人。"

师:大家说得真好!是啊,如果齐宣王深入实际,了解实情;如果其他人出于善意,给予指出;如果家里人目光远大,不贪小利,南郭先生就不会落到如此下场。

【评点】

学生的发言,似乎与词典上的答案对不上号,但比起"标准答案"不知要强多少倍。之所以出现上述课堂精彩,原因就在于教者能借助点拨,拓展故事情境,引发心灵对话。凭借教材,但不迷信教材;引领学生,但不强引硬拽。

辩证认识

“主”,是指“学生自主学习”;“导”,是指“教师科学指导”。教学中,学生的自主学习和教师的科学指导是相互依存、相互作用的辩证关系。“教师指导”的着眼点是“学生自主”,而“学生自主”的必要条件是“教师指导”。没有规则的自由,助长的是个人不良习性的无限膨胀,而不是个性的张扬。

一、有效教学需要处理好“自主”与“指导”的辩证关系

有些教师把学生的自主学习看成学生的自由学习,课堂呈现出一种无序、混乱的状态,教师几乎成为“听众”或“观众”,学生学习的效率低下。成因主要在以下方面:(1)狭隘地理解自主学习,把自主学习简单地理解成学习个体的独立行为。于是,一部分教师就机械地认为自主学习就是让学生自己学习,而不依赖于别人,其中也包括教师;(2)过高地估计了学生的学习能力。小学生毕竟还小,生活经验和知识阅历都十分单薄,还缺乏一定的学习方法的积累,学习过程中出现这样那样的困惑时便会茫然不知所措;(3)教师游离于学生的“自主学习”之外。学生自主、教师轻松的现象屡见不鲜,其实,要让学生真正做到自主学习,教师的工作不是减轻而是增加了,教师要更多地参与到学生的活动当中去。一味强调学生的自主学习而忽略教师的主导作用,其结果只能事与愿违。

真正的自主发展不但需要体验成功,也要经历挫折;不但需要展现自己,也要吸纳他人;不但需要得到肯定的赞扬,也要接受善意的批评。

新课程呼唤学生主体地位的回归,当学生真正成为学习的主人时,教师更应充分发挥组织者、引导者与参与者的作用。既不能拒学生的经验于教学之外,简单地进行“师授生受”,也不能任由学生涂鸦,被学生牵着

走。追求教与学的有机统一，首先要精心组织，在教学中要给学生提供自主探索的空间，让他们主动参与，积极探究，充分表达自己的想法。其次是认真倾听，才可能敏锐地判断学生认识的深度，发现学生理解上的偏差。第三要巧妙引导，通过关注学生的表现，从而果断地决定在何时、以何种方式介入，进行适时的、必要的、谨慎的、有效的指导，以达到教与学的和谐共振。

二、有效教学需要处理好"开放"与"规范"的辩证关系

开放课堂教学空间，凸显学生主体地位，已经成为推进新一轮课程改革的重要策略之一。但缺少引导的开放，或者引导过多、过细，都不能促进学生真正的发展。唯有开放有度，并辅以恰当引导，课堂教学才不会在"开放"的旅程中迷失方向。

已有文献对"规则"的解释，静态地看，规则指"被用于支配特定的行为模式与相互关系"。动态地看，"规则必须随着环境的变化而变化，因为就其性质而言，它就是对这类环境引起的刺激发生反应的一种习惯方式"。不难看出，对于规则的动态解释，已包含了开放与创新的含义。

在学生的课堂活动中，可能会出现偏离教学主线的"擦边球"，甚至是远离教学主线的"任意球"，教师应用及时的"收"来纠正和牵引。教师还要善于在一定的时候抓住机会"打住"课中活动，因为课堂时间是有限的，"收"不住就会影响教学目标的达成。

其中，教师的提问最需要"一针见血"和"画龙点睛"的高明，既能不露痕迹地将问题的方向、范围等巧妙界定，把学生的思路自然引向需要的轨道，又能以此为核心发散开来，鼓励学生碰撞出智慧的火花，这样才能最大限度地体现教师的引导作用和学生的主体地位。从这个意义上说，传统的问答式提问并不能完全被开放式提问所取代，相反，由于课程改革的发展，两者有机结合的必要性越来越明显：单刀直入的问答式提问如同刺入苍穹的大树主干，虽直接却孤单，若添加些风吹杨柳般发散的"开放"枝丫，会使它显得更加丰富、灵活与多姿；同样，漫无目的的发散犹如眼花缭乱的点点星光，没有主题，缺乏灵魂；再缤纷绚丽的花瓣若不能团结在花蕊周围，也称不上一朵完整而娇艳的奇葩！

拓展延伸

专场1:小学数学

一、学生的自主学习

自主学习能力的形成和发展离不开学习方法,学生自主学习方法的掌握并非“无师自通”,它有赖于教师悉心的渗透与指导。

(一)导“读”——培养自主学习的主动性

教师指导学生阅读教材抓好三种“读”:①预读。通常用于课前预习,即“先学后教”。为避免预读放任自流,教师可提供导学提纲,让学生带着问题去读书,引导学生写预习笔记,把自学中不能解决的疑难问题及想提出的问题记下来,以便教师授课时有的放矢,精讲多练。②精读。一般用于课上或课后进行,即在教师讲解、点拨的基础上,学生主动参与阅读,瞻前顾后,注意新旧知识的联系,进一步深入思考,窥探书中的要旨,抓住重点,突破难点。③串读。一般用于复习阶段,即针对学生的薄弱环节和疑难处,要求学生串联阅读某一章节内容,以便学生将知识线组成知识网,将所学到的知识融会贯通,运用自如。

(二)启“思”——激发自主学习的敏锐性

思维是培养自主学习能力、开发学生智力的襁褓。教会学生学会思考,应着力于四个“善于”:①善于带着预习中的问题思考;②善于从同学的发言中启发自己思考;③善于采用变式思考,从变中求活,从变中寻求方法;④善于精心设问,在教材的要求和学生求知心理之间设置“认知矛盾冲突”,从而激起学生的学习内驱力,促使学生学会并掌握学习方法,把学生的思维引向深入。

(三)善“问”——强化自主学习的深刻性

教师在教学中应善于运用悬念、导谬、反问、比较、转化、递进等激疑方法,努力创设问题情境,消除学生质疑心理障碍,提供质疑的契机,教给质疑的方法。引导学生学会质疑,大胆质疑,使“有疑—释疑”的教学过程成为学生自主参与、自主探求知识的过程。

(四)会“说”——提高自主学习的延拓性

教师在训练学生数学语言表达时应做到两个保证:①为每一个学生想说、敢说提供一个良好的心理环境的保证;②为训练学生会“说”提供时间上的保证。三个注意:①要注意循序渐进地对学生数学语言进行严格的规范;②要注意训练学生表达算理、概念的逻辑性和准确性,可以让他们先想后说;③要注意训练数学语言表达的灵活性,对同一个问题,可以从不同角度,用不同词语来表述,提高思维的全面性和深刻性。

二、教师的指导学习

(一)抓住点拨时机,讲究一个“准”字

1. 学生缺乏兴趣时要点拨

例如:教学“年、月、日”时,教师出示“小红今年9岁,她哥哥从出生到今年,只过了3个生日。请同学们想一想,她哥哥今年几岁?”有的同学顺口答道:“3岁。”但一想不对,小红今年都9岁了,怎么哥哥才3岁呢?大家疑云骤起,探索热情高涨,产生了对学习“年、月、日”这一新知的浓厚兴趣。

2. 学生思维偏离时要点拨

例如:学习“等腰三角形的特征”时,教师要学生画出一个等腰三角形时,有部分学生说喜欢画等边三角形,不想画等腰三角形。面对学生一时难以完成的过高要求,教师没有被学生牵着走,而是与学生商量,先画好等腰三角形,课外再画等边三角形。这样及时引导,避免了花时多、收效微的后果,也保护了学生的积极性。

3. 学生理解肤浅时要点拨

例如:在学习“把分数化成百分数,通常把分数化成小数,再把小数化

成百分数”。学生对于这种方法似乎已经掌握，觉得没有问题了。其实，理解并未全面和深刻。此时就应这样引导：这个“通常”是什么意思？这里为什么要用“通常”？不用行不行？学生经过思考与讨论，就会明白，分数化百分数，除了先用分子除以分母化成小数，再把小数化成百分数外，有时还可以先把分母化成100、1000……再化成百分数。这样学生对于知识的理解就全面深刻多了。

4. 学生困惑不解时要点拨

例如：解答“一个长方体木块，长2分米，沿横截面切成大小相等的两块，表面积增加0.5平方分米，问这个长方体木块的体积”，乍一看题，学生无从下手，情绪低落。教师提示学生画图，同学们画着，讨论着，探索着，似乎明白了什么，但还是有些迷茫。教师灵机一动，顺手拿起两个粉笔盒拼上，又掰开，然后把拼在一起的两个面对着学生。学生茅塞顿开：增加的表面积就是两个横截面的面积。

5. 学生似懂非懂时要点拨

例如：解答有关购物的实际问题时，不少学生都把答句写成“一共用了×钱”。尽管有一部分学生知道这种表达不正确，但想把错误的本质说清楚却并不容易。此时，教师列举一些例子，如：问用了多少钱，我们就说18钱；问用了多少时间，我们就说18时间；问小红有多重，我们就说18重……学生哄堂大笑，笑声中也就理解了上述错误的本质。

6. 学生解题失误时要点拨

例如：教学“分数应用题”后，教师有意设计练习“一根绳子12米，第一次剪下$\frac{1}{4}$，第二次剪下$\frac{1}{3}$米，还剩下多少米？”有部分学生列式$12\times(1-\frac{1}{4}-\frac{1}{3})$。教师及时引导：“想一想，$\frac{1}{4}$和$\frac{1}{4}$米、$\frac{1}{3}$和$\frac{1}{3}$米相同吗？”这样引导，引起了学生的注意和思考。

(二)巧用点拨方法，讲究一个“活”字

1. 变追问成追究

一些学生的解题方法比较独特和创新，此时，教师应该通过追问，让其他学生引起注意，主动追究这种方法的道理。

例如：用简便方法计算213＋59，学生得出了多种解法：210＋59＋3；200＋59＋13；213＋50＋9；213＋60－1。经过讨论、比较、分析，学生都认为第四种算法最简便。但计算加法为什么要减1，部分学生并不明白。教师这时追问：“把59看作60后多加了几？要使结果不变该怎么办？”这

样，学生很快就明白了其中的道理。

2. 让无声胜有声

在学生困惑时，教师并不一定直接用语言来点拨，有时还可以用手势、目光、表情、演示、板书等作无声的提示。

例如：教学"三角形认识"，教师问："三角形是一个什么样的图形？"学生回答："有三条边的图形是三角形。"教师随手画了一个有三条边但没有围成的图形，学生便知道错了。

又如：教学"分数的基本性质"时，经过操作、观察、比较、讨论后，教师归纳："分数的分子和分母都乘或除以相同的数……"说到此处戛然而止，瞬息之后学生齐声接答："分数的大小不变。"教师则抱以神秘的微笑，不置可否。片刻，学生醒悟了，纷纷说这个"相同的数"不能是0。

3. 化无形为有形

有一部分数学知识比较抽象，常常导致学生理解困难。如果教师巧妙地采取动画演示或请学生表演等方式，能使抽象的知识变得直观形象，更利于学生接受。

（三）把握点拨分寸，讲究一个"度"字

学生的思维就像琴弦，拨的轻重不同，效果完全不同，适当的力度会拨出美妙的音乐，相反就会发出噪音。

例如：教学"能化成有限小数的分数的特征"，通过初步引导，学生已经明白关键在于分母。但很奇怪，说分母是奇数吧，$\frac{1}{9}$却不能化成有限小数；说分母是偶数吧，$\frac{1}{5}$却能化成有限小数……学生屡屡碰壁。这时启发学生："你们试着把分数的分母分解质因数，看能不能发现规律？"使学生一下便找到了思维的突破口。当学生初步找到规律之后，教师又出示$\frac{7}{35}$和$\frac{5}{35}$，让学生判断，从而激起矛盾：为什么分母都是35，它的质因数相同，化成的小数却有两种不同的情况呢？学生重新陷入思考，对规律的认识随之更加全面。

（四）发挥点拨作用，讲究一个"忌"字

1. 教师引导忌迷失方向

【案例】"加减法"

学完例题后，师出示"想想、做做"的第一题看图列式，教师按惯

例先让学生观察并描述一下图意：

生1：三只小鸡排着整齐的队伍跟着一只鸡妈妈在做操。

师：说得真好，想象力很丰富。还有谁也来说说？

生2：有一只鸡妈妈在捉虫子，三只小鸡在排着队等着妈妈喂食。

师：你也说得很棒！

教师想转入正题，可十几只小手急不可待地晃动着，嘴里喊着："老师，我有不同说法！"教师不忍心打消学生想表达的欲望，就让他们一个接一个地说下去……于是下课铃响了，学生们还沉浸在对鸡妈妈与小鸡们的各式各样的想象中，这节加法新授课一道巩固练习也没完成。

2. 教师引导忌直奔主题

例如：一节"圆的周长"新授课，教师组织学生进行小组合作学习（各组有大小不同的若干个圆形纸片），探索圆周长的计算方法，并作了如下引导：量一量各圆的周长及直径，并求出它们的比值，看看有什么发现？学生很容易地发现了圆周率并推导出圆周长的计算公式。乍看，似乎新知识是通过学生测量、计算、小组合作自主探索的。但从学生"学"的角度加以琢磨、研究：为什么要测量圆的周长和直径？圆的周长与半径有关系吗？为什么要求周长和直径的比值？周长与直径的和、差、积也会有规律吗？……显然是教师帮助学生进行了"挑选"、"简化"，是教师帮助学生搭建了最容易攀登的台阶，学生在教师这种过"度"的引导下，"直奔主题"，他们不是基于自己已有的知识、经验与能力在自我建构知识，而只是在教师过多、过细的"引导"（指令）下复习了测量与计算，没有参与对数学知识的再发现、再创造的过程。

3. 教师引导忌浮光掠影

例如：一节数学实践课"求石头的体积"，教师为学生准备了多种材料，让学生自主选择材料分组进行实验、汇报方法：有把石头放入盛有水的长方体或圆柱体容器内再计算出石头的体积的；有先称出石头的重量，再计算出石头的体积的；有借助橡皮泥求出石头体积的……至此本节课圆满结束了。在这个课例中，教师在学生探索之前没有作过多的指导，只为学生准备了各种不同的材料，为学生自主学习提供了广阔的空间。但是，遗憾的是，未见教师对这类问题的本质进行画龙点睛式的引导，把该问题的解决上升到"数学"的高度，提炼出数学思想方法——求石头体积问题的实质就是"将不规则物体转化成规则物体"。

专场2：小学语文

一、学生的自主学习

（一）为学生制订切实的自主学习目标

例如：教学《月光曲》，其中一项教学目标是让学生理解"陶醉"这个词。教师根据学生的认知实际，发展目标定为：概括"陶醉"在文中的意思，用"陶醉"造一个句子。下限目标定为：课文中"穷兄妹俩被美妙的音乐陶醉了"表现在哪里？上限目标定为：自己创设语言情景，并用上"陶醉"这个词。这样的弹性课时目标让各类学生在自己原有的基础上都能得到提高。

（二）让学生拥有充分的自主学习时空

1. 全员性的自主学习

【案例】《桂林山水甲天下》

师：对"漓江的水"这一段，你还有什么问题吗？

生1：写漓江的水美，为什么还要写大海、西湖呢？

师：问题提得很好！谁能回答这个问题？

生2：我能回答……

师：答得很好！（问生1）你明白了吗？

【评点】

学生提出的是一个很值得自思自悟、合作探究的问题，这位老师在教学中也没有去抢"主人"的地位，可是，这样的处理方式，只落实了个别学生的主体性，其他学生的主体地位并没有得到保证。

2. 全程性的自主学习

在许多的语文课堂教学中，学生先根据自己或教师提出的问题去品读探究。可是，在接下来的全班交流环节，有的教师却为学生的"一字之差"而恼怒。强调全程性的自主学习，就是要求教师在教学实施的全过程中，都要以学生为主体，让学生独立地探究，主动地学习。

3. 个性化的自主学习

真正意义上的自主学习，必须是学生个性化的学习。阅读和作文时，学生的感受、体验、理解可以是个性化的，学生学习的方式也可以是有个性的：喜欢个人探究的，就让他自读自悟；需要相互启发的，就与人合作学习；有朗读才能的，可反复诵读；有表演本领的，就演演课本剧；富有想象力的，就让他展开想象的翅膀……

(三)给学生创造足够的自主学习权力

1. 给学生学习内容的选择权

例如：教《荷花》一课，允许学生自主选择自己认为最能体现荷花美的段落，在自主读、画、找、朗读中体会荷花的美。

2. 给学生学习方法的使用权

例如：教学《奇异的琥珀》一课，在讨论包有苍蝇和蜘蛛的松脂球形成的必要条件时，让会画画的学生用示意图来说明，擅长朗读的用自己有感情的朗读体会来告诉大家，习惯归纳要点的用要点表示。

3. 给学生学习作文的表达权

(1)题目自命

例如：指导学生做“介绍自己”的作文时，教师允许学生采用多元化的命题方式，可以写“什么样的我”、“我是一个××迷”、“××眼中的我”、“未来的我”等。

(2)角度自定

例如：同是《登山》之作，有揭示“世上无难事，只要肯攀登”之理的；有写通过登山观景，领悟“无限风光在险峰”的；有写在登山时出现意外的；有写由“山”联想到“书山有路勤为径，学海无涯苦作舟”的……

(3)内容自选

例如：指导学生写“一次野炊活动”，可以写野炊时最激动人心的场面，可以写最精彩的瞬间，也可以写野炊时发生的事，还可以写在野炊时所想到的……

(4)体裁自挑

例如：同是写“母亲”的文章，有的同学喜欢用“诗歌”的形式去颂扬母亲；有的同学则以“书信”的形式表达自己的真情实感；有的用“小说”的形式回忆母亲的点点滴滴；有的以“小散文”的形式流露母子之间的深情……

(5)文友自找

教师应重视习作"交流",让学生明白,习作不仅能愉悦自己,还能给别人带来快乐。采用的形式可以有:吹毛求疵式(文友商讨,完善文章)、采英撷华式(互相欣赏,共同进步)、针锋相对式(在批改中共成长)。

4. 给学生学习结果的评价权

例如:《惊弓之鸟》一课,让学生进行分角色朗读,读后引导学生评议:你觉得他读得最好的是哪部分?他刚才是怎么读的?你能像他一样读吗?你认为应该怎样读?

二、教师的指导学习

(一)教师引导的角色

1. 提供者

例如:教师教《理想的风筝》时,学生们讨论了"喜欢刘老师吗?为什么?"这一问题,有较多的学生因为刘老师是残疾人,长得难看而不喜欢他。于是教师向同学们谈起了自己在上学时遇到的一位失去右臂的语文老师,介绍了他的文学、书法水平怎样出色,以至于上课时同学们怎么专心,怎么模仿他的字等等。特别是自己做了老师后在讲课、写字方面有成绩和那位老师是分不开的……然后教师逐步引导学生认识要喜欢一个人,外表不是最重要的,哪怕这个人有生理缺陷,关键是要看他是不是热爱生活且富有同情心,看这个人是不是有真才实学且有所成就。

2. 提炼者

例如:执教《天游峰的扫路人》时,学生自读课文之后,接连提出了几十个问题,老师巧妙地引导学生从中提炼出三个重要问题:①天游峰石梯这么多,扫起来这么苦,老人为什么还说得那样轻松?②这个老人为什么这么大年纪还要工作?③为什么作者说过了30年再来看老人呢?老人能活到100岁吗?学生围绕师生精心提炼的这三个问题读书、思考、讨论,不仅较好地理解了课文内容,而且深刻体会了老人勤劳的品质和豁达开朗的胸怀。

3. 提醒者

例如:在一次活动课上,教师出了个上联"桃李开花迎新春",让学生对下联。有一个孩子说"杨树吐芽贺佳节",但又改成了"杨柳吐芽贺佳节。"他这一微妙的思维正展现了他的一次提高。教师抓住这一契机,马上提醒大家思考他为什么作了这个改动。孩子们经过细细品读、讨论,体味到在这儿把“杨树”改成“杨柳”，对仗就工整多了。

4. 提议者

例如：教师教《桃花心木》时，一位学生正在说着桃花心木经历风雨后是如何的生机勃勃，另一位学生却迫不及待地出示了一篇关于桃花心木的报道，文中讲到桃花心木被列入濒危野生动植物国际贸易公约的附件。顿时，学生之间发生了小小的争执。教师既肯定了第一位同学读书认真，又表扬了后一位同学的质疑精神。然后提议道：“我们大家还不如再认真读一读课文，我想我们会从课文中找到答案的！”孩子们安静下来，潜心阅读。认识到文中描写的桃花心木的生长环境和现实中的不一样，桃花心木濒临灭绝不是它自己的原因，而是人类的原因……

（二）教师引导的路径

1. 在阅读教学中教师的点拨

（1）点面拓展，发散点拨

学生思考问题的方式多呈点线型，问题与目标间多呈现出点的沟通、线的联系。这种直线型的答问模式很难使他们的思维迸发智慧的火花。因此，可围绕问题，认准目标，巧妙拓展，合理联系，使问题与目标之间构成点向面的拓展和面向点的聚焦。

（2）有效模糊，灵活点拨

模糊性是汉语言的魅力所在，加上学生生活经历有别，语言积累不同，阅读能力不一，因而对语言蕴含的感受往往是千差万别。引导解读语言，既要考虑语言自身的内涵，又要尊重学生独特的感受。要通过点拨，把学生的解读思路拓展开来，让学生从语言中透视出丰富的形象和情感；还要通过点拨，对解读的结果进行“模糊”处理，让学生在模糊理解中感受语言丰富的内涵、无穷的魅力。当然，这里的模糊，决不是“似是而非”、“模棱两可”。

（3）启发联想，形象点拨

借助联想和想象，创造形象，以引导学生理解和挖掘语言蕴含，这是促进学生深切感悟课文情境和课文情感的重要方法。为此，可抓住语言形象的聚焦点巧妙设问，精心点拨，引导创造形象。

例如：阅读《粜米》，对“旧毡帽朋友手拿或多或少的钞票，会想些什么”这一问题，多数学生往往局限于农民心中十分难过，故可这样引导：旧毡帽朋友手拿或多或少的钞票，会想到哪几个不同时间的情况？引导学生想象出发前一家人欢欢喜喜地挑粮上船、送粮时旧毡帽高高兴兴地划船前往、送粮后全家人凄凄苦苦的场面，使学生深切感受旧中国农民的悲惨命运，理解作者寓于“送”中的丰富情感。

(4)有效提示，思路点拨

学生理解出现偏差或理解力不从心时，教师可有的放矢，巧妙铺垫，帮助接通思路；或通过必需的背景介绍，以缩小学生与教材的时空差异；或通过有关的人物简介，以沟通学生与人物的情感渠道；或通过有机的知识复习，架起新旧知识间的桥梁；或通过精练的知识讲解，浅化知识理解的难度。这样点化，就能化解学生的阅读难点，帮助逾越思维障碍。

(5)引导梳理，整体点拨

一旦学生思考问题零散细碎，难以形成清晰的条理和整体的印象，可进行“整体思维”点拨。学生对知识掌握无序，可进行“理序”点化，引导对知识进行梳理排列，使其条理化；学生对知识掌握散乱，可进行“整合”点化，引导对知识进行扣线串珠，使其整体化。

2. 在作文教学中教师的指导

(1)导在思路的开拓

①引导回忆生活

教学中引导学生的思维冲破课堂作文的框框，把习作素材的搜集由课内拓展到课外。教师应以朋友的身份出现在学生中，可采用聊天、拉家常等形式打开学生思绪之门，让学生在谈话中勾起对往事的回忆。

②引导再现情景

习作时，学生虽然捕捉到了习作素材，却常遗忘了事物的某些细节，以至出现了回忆链中断的现象。教师除了借助媒体手段再现情景之外，还可引导通过抓住要点(如出示几个动词，提示事情的先后顺序)等方法帮助学生把事情的经过链接起来，让学生在头脑中来一次“真实回放”，再现当时的情景。

③引导展开联想

教学中，教师可以通过具体的事物来牵动学生的思绪，调动学生平时的积累，唤起学生头脑中的表象，帮助学生建立起生动的形象。

例如：让学生写上学期的实习教师，为了打开学生的思路，课始，教师把实习老师送给班级的地球仪摆放在讲台上，并出示一张同学们与实习老师的合影。此时，学生很容易从眼前的事物联想到过去与实习老师在一起的快乐情景。

(2)导在心灵的交流

①个体自由谈感受

叶老说:“作文与说话本是同一目的,只是所用的工具不同而已。所以,在说话的经验里可以得到作文的启示。”因此,对于书面语言并不丰富的小学生来说,写前的口头交流显得尤为重要。课堂上,教师要腾出时间,让学生说说自己习作的内容,并按一定的顺序口述习作,要求学生说真话、实话,做到言之有物,言之有序,说出情趣,说出新意。

②群体互补促提高

在学生个体口述时,教师要引导学生用心去倾听、去欣赏。听后,要结合自己的感受,积极思维作出反应,在尊重同伴个性的基础上,针对存在的问题,提出自己的看法和意见。这样既有利于帮助同学改正口述中存在的问题,也有利于生生之间在心灵的沟通中实现情感交融,共同提高说写水平。

(3)导在创意的表达

①体现新颖的构思

“文成于思”,构思是学生把习作素材在头脑中进行条理化的一个复杂的思维过程,是写出富有新意的好文章所必须具有的一种重要能力。要引导学生敢于超越常规,打破定势思维,从不同方面、不同角度、不同层次展开思考,大胆求异,独辟蹊径,形成独特的思维方式。

②体现个性的表达

教学中,要鼓励学生根据自己的喜好、特长、感受,从自己的语言特点出发,用自己喜欢的表达方式和个性化语言表达头脑中的意象,做到怎么想就怎么写,爱怎么表达就怎么表达,从独特的角度倾诉独特的感受,言人不言,凸显个性,一气呵成。

画龙点睛

• 该出手时才出手!出手的“手段”要缓一些,不挤占学生的时间,期待学生;出手的“手法”要放一些,不包办学生的言行,相信学生;出手的“手气”要柔一些,不碰伤学生的心灵,尊重学生。但愿每一位教育工作者都能出好你的手!

“接受学习”与“探究学习”

“接受学习”嘲笑“探究学习”:“瞧你,走路弯弯曲曲的,费事又累人!瞧我,走路直来直去,省时又爽快!”

“探究学习”微笑着回答:“虽然我不直接,但可能会有曲折的美丽和意外的惊喜!”

学者听了笑着说:“其实,在学习之路上,你们都有用武之地。”

旁征博引

[菠萝的学问]

一位母亲从市场上买回一个菠萝，好奇的孩子被这个从未见过的东西吸引住了。这位母亲可能会有两种方式对待孩子的好奇：一种是告诉孩子，“这是菠萝，它的外面很硬，有很尖的刺，你不要去摸它！它很重，可以滚动，可以吃，很香。”另一种方式是母亲告诉孩子“这是菠萝”，然后，就把菠萝放在孩子面前的地板上，自己先去把买回来的东西处理好。

好奇的孩子一定会对这个菠萝“采取行动”，比如，他可能伸手摸了一下，又赶紧把手缩回来，并且对着妈妈喊：“妈妈，这个菠萝很刺手，我被它刺了一下。”妈妈回应：“是的，孩子，菠萝会刺手，不要紧的。”于是，孩子又尝试抓起菠萝的叶子，想把它拎起来，可是菠萝很重，只好又把它放下，“妈妈，这个菠萝很重，我拎不动它。”“是的，菠萝很重。”孩子可能又尝试着滚动菠萝，结果真的把它滚动了，高兴极了，“妈妈，我把菠萝滚动了。”妈妈也很高兴：“你真能干！”“妈妈，我闻到了一股香香的气味，菠萝是不是可以吃的？………”“对，孩子，菠萝是一种水果，是可以吃的。”“怎么吃呀？”“把皮削掉，切成一片一片的，再用盐水泡一泡，就可以吃了。”“让我试一试……真的好吃呢。”

[教育启示]

第一种方式，孩子很快学会了，菠萝是多刺的、很重、可以滚动、可以吃、很香。这是妈妈直接告诉的结论，不是孩子自己发现的，如果将来妈妈又带回一件新奇的东西，孩子也可能会像这次那样等着妈妈告诉他关于这个东西的知识。第二种方式，孩子最终明白了菠萝是多刺的、会刺手、很重、能吃、很香、可以滚动。这一切都是孩子通过自己的尝试发现的，孩子不仅懂得了菠萝的特性，而且还学到了认识菠萝的方法——摸、拎、滚、闻、切、尝。下一次妈妈可能带来一只螃蟹，孩子当然又会尝试去摸，可是很快被螃蟹钳了一下，于是孩子知道了这个东西跟菠萝不一样，它会咬人，妈妈可以建议："你可以用筷子来动一动它，这样就不会被咬了。"孩子自己试着用筷子翻动螃蟹，又会发现螃蟹的许多有趣之处。再下次，妈妈可以买回玻璃制品，孩子可能又会用他用过的方法去摸、滚，结果可能是玻璃制品碎。经过自己对不同物品的试验，孩子明白了菠萝、螃蟹、玻璃制品是性质不一样的东西，要用不同的方法去认识它们。

学生学习也与上面认识物品一样，有被动学习与主动学习之分。在被动学习的背景下，课堂情景是教师怎么讲，学生就怎么做，答案尽量往教师所期望的标准答案上靠拢。在主动学习的背景下，学生则以自主、主动、探索学习为基本形式，充分发挥自己的能动性，通过自己的操作与探讨获取知识。

绝对现场

[讨论缘起]

传统的学习方式把学习建立在人的客体性、受动性、依赖性的一面，过分凸现和强调接受和掌握，贬低和冷落探究和发现，课堂中教与学的关系是：我讲，你听；我问，你答；我给，你收。课堂上学生仅仅是直接接受书本知识，学习成了纯粹被动地接受、记忆的过程。这样的学习只会窒息学生的思维和智力，阻碍学生的学习兴趣和热情，成为学生发展的阻力。

新课程教学提倡探究学习。探究学习把学习建立在人的能动性、独立性和主体性的一面,学习过程中的发现、探究、研究等认识活动得到凸显。

然而,当前在开展探究学习的过程中,许多老师没有吃透其本质,为了赶时髦,随意扩大其功能,否定传统的接受式学习。不考虑学生的知识结构、身心特点、生活阅历、理解能力等条件,过分趋向"隐形知识",忽视"显性知识"。这样,我们是否就应把探究学习看成学生数学学习最为重要、甚至是唯一的方式,并将探究学习与接受学习等同于"意义学习"与"无意义学习"?

A."保守"现象:偏重"接受学习",轻视"探究学习"

病态扫描:探究因结果的接受而失落创造

【第1次教学】"位置与方向"①

通过前半节课的学习,学生认识了"东南西北"四个方向,并学会了在现实中辨认"东南西北"的方法。下面描述的是认识平面图上"东南西北"的教学过程。

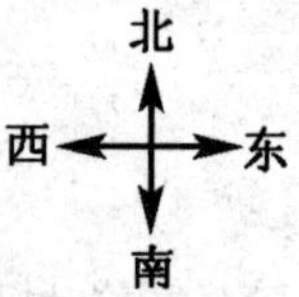

一、呈现中国地图,请学生判断地图上的"东南西北",学生提出多种方法:方法1:根据地名判断,如北京、海南、东海、西藏等;方法2:根据"上北、下南、左西、右东"的规则判断(个别学生已经知道了这一规则);方法3:根据地图上的方向标判断(为了便于学生观察、记忆,教师将方向标处理成如右图所示)。

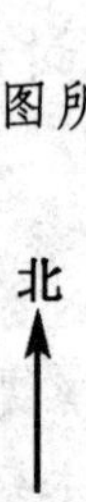

教师引导学生记忆地图上的方向规则,即"上北、下南、左西、右东"。

二、呈现浙江省地图(方向标变为右图),请学生用"东南西北"

① 浙江省嘉兴市教育研究院 朱国荣

分别说说嘉兴的地理位置，如嘉兴在浙江省的北部等。

三、请学生根据下面的描述，画出光明小学校园的平面图："光明小学校园的中央是操场，操场的南面是大门，北面是教学楼，东面是图书馆，西面是体育馆"。

有了前两个教学环节的准备，学生异常轻松地完成了任务。反馈发现，几乎所有的学生都按"上北、下南、左西、右东"的规则绘制平面图。

【评点】

教材呈现的教学顺序是先让学生独立绘制校园平面图，探索绘制平面图的方向规则，然后再认识地图上的"东南西北"。上课教师认为按照"上北、下南、左西、右东"的规则绘制平面图是一种规定，教学中没有必要让学生去"创造"，而只要让学生"发现、记住并能应用"即可。这样的认识值得商榷，其一，平面图是"通常"按"上北、下南、左西、右东"的规则绘制，而不是"一定"；其二，让学生"创造"绘制平面图的方向规则具有重要的教学价值。学生按照自己"创造"的规则绘制平面图的过程，既是知识应用的过程，也是空间观念发展的过程。在这一过程中，学生还能体验规则的多样性，感悟标示方向标的重要性，理解平面图的方向规则与生活中方向规则的一致性。

理性操作：接受因过程的探究而凸显价值

【第 2 次教学】**"位置与方向"**[①]

一、在独立绘制校园平面图的过程中，不少学生一开始不知如何下手，渐渐地他们想出了办法……在多数学生完成后，教师让学生在四人小组内进行交流，然后组织反馈。

---

① 江苏新沂市时集中心小学　王其华

1. 投影呈现生1的作品(如下图)

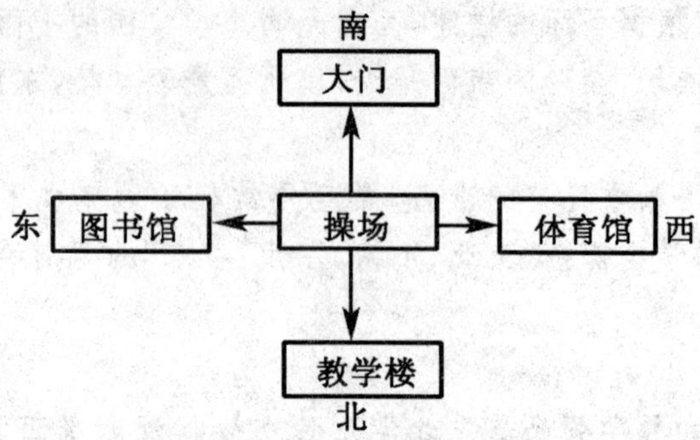

师生交流,确认生1画的与现实中的方向完全一致,是正确的。

2. 投影呈现生2的作品(按"上北、下南、左西、右东"的规则绘制,图略)。

师生对话,确认生2画的同样也是正确的。教师质疑:为什么不同的画法都是正确的?讨论得出:可以按不同的规则绘制平面图;绘制平面图时,要标示方向标。

3. 投影呈现生3的作品(如下图)。

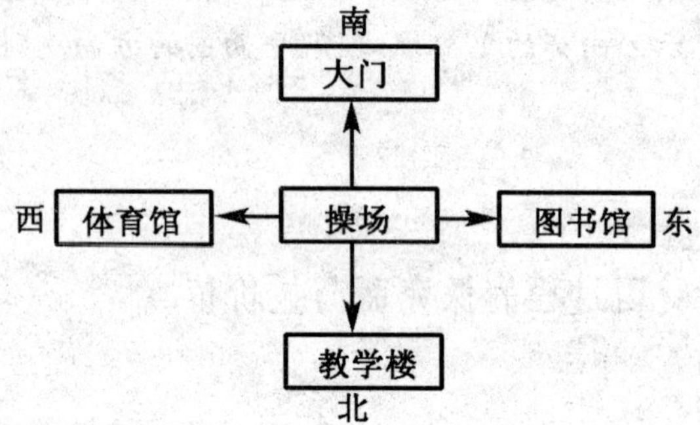

通过师生讨论,明确这种画法是错误的,从而使学生明白,绘制平面图时,当一个方向确定后,其余三个方向也相应确定了。让学生进一步感悟平面图的绘制规则是源于现实生活的,并理解为什么方向标只要标示出一个方向就可以了。

二、呈现中国地图,请学生判断地图上的"东南西北"。

让学生懂得为了使用方便,地图通常按照"上北、下南、左西、右东"的规则绘制,但依然需要明确标示方向标。

三、呈现浙江省地图,请学生用"东南西北"分别说说嘉兴的地理位置。

【评点】

以上两次教学，从表面上看，改变的只是教学环节的先后顺序，但实质是教学方式发生了变化。第1次教学，教师仅仅将平面图的绘制规则理解为一种规定，将如何绘制平面图当成一种操作技能，因此，教学的主线是让学生在观察中发现，在应用中掌握，有意义接受是学生学习的主要方式。第2次教学，教师把如何绘制平面图设计成开放性问题，组织学生应用已有的知识和经验，“创造”出绘制规则，探索学习成了学生学习的主要方式。

病态扫描：演绎式探究，学生灌输式接受

【第1种教学】《普罗米修斯盗火》

一、寻找特点：快速浏览课文，从文中找出普罗米修斯是一个怎样的神？（学生读后很快从文中找出关键词语“勇敢而极富同情心”）

二、验证特点：哪些地方表现出他的勇敢，哪些地方表现出他富有同情心？找出相关的段落练习朗读。

三、读出特点：你能把普罗米修斯的勇敢和富有同情心读出来吗？指明抓住关键词语读出普罗米修斯的勇敢和富有同情心。

四、强化特点：教师强调，从“无火”可以看出他极富同情心，从“盗火”、“受罚”、“获救”可以看出他很勇敢。所以说，普罗米修斯是一个勇敢而极富同情心的神。教师指着黑板上的板书“勇敢”和“富有同情心”，让学生齐读。

理性操作：归纳式探究，学生体验式接受

【第2种教学】《普罗米修斯盗火》

一、初读感悟：反复自由读课文，看看哪些文字使你最受感动？（学生

读后纷纷找出了最受感动的段落）

二、精读品味：抓住自己感受最深的文字反复练读，把自己的感受通过朗读表达出来。（学生读得声情并茂）

三、交流分享：从这些动人的文字中，你读出了什么？能把你独特的感受和大家分享吗？（学生的回答也丰富多彩，概括如下：从“无火”读出了普罗米修斯的博爱和富有同情心；从“盗火”感受到他的勇敢和机智；从“受罚”感受到他的坚强不屈；从“获救”体会到他的真诚和善良）

四、朗读内化：选择你喜欢的方式，把你脑海中的普罗米修斯读出来，让他的形象在你的心目中更加高大起来。

【评点】

以上两个课例，两位教师都分四步进行教学，也都注意了读的训练，但是读的顺序不同，读的层次不同，读的方法不同，读的效果不同，其中折射出来的教学理念也不同。第1种教学侧重演绎法，教师先把人物的特点从语言文字的“母体”中强行拎出来，然后再层层剥笋，逐条验证，将知识演绎得淋漓尽致。第2种教学侧重归纳法，教师没有急于让学生找出答案，而是让学生抓住让自己感动的语言文字练习朗读，在动情的诵读品味中，使人物形象在脑海中慢慢清晰，渐渐丰满，呼之欲出。在此基础上，教师相机引导学生进行归纳和提炼，从而使学生实现对人物形象的完整构建。

B.“激进”现象：偏重“探究学习”，轻视“接受学习”

病态扫描：发现探究，迫切需要接受的预热

【第1次教学】“圆的认识”[①]

我教学“圆的认识”，让学生探究半径、直径的特征及二者之间的关

① 江苏金坛市直溪中心小学 张晨

系:给学生提供一个圆和一张记录纸,没有预习,也没作任何提示,让学生分小组进行研究。然而,学生自主探究的思绪混乱,探究后的反馈发言人数甚少,学生的发现零零散散,没有切中要害,有的甚至与教学目标差之千里。尽管这节课注重把发现的机会还给学生,看似努力改善了学生的学习方式,但是从学生反应寥寥的发言及不着边际的回答中,我看出这样的课是失败的。

【评点】

自主探究的学习方式常常是教师将所学习的知识对象隐藏在众多的知识背景之中,让学生自主发现出来。但这种发现无论在情感上还是知识上都需要一定的准备,如果教师舍弃适当的指引、提醒、暗示、告诉,那么在特定的课堂时空中,要让还没有多少探究经验和能力储备的学生完全自主地完成这些发现,实在有些勉为其难。数学教学中学生的探究,必须以适当的知识储备作支撑;离开必要的铺垫,学生的探究便成了空中楼阁。

理性操作:验证探究,充分发挥接受的预热

【第2次教学】"圆的认识"

今年又教学"圆的认识"时,我决定将学生的自主探究改为合作验证。课前让学生进行充分的预习,课堂上让学生先说一说"你对同圆内半径、直径的特征和两者的关系有哪些了解",在稍加整理后让学生思考:"你们是怎样获得这些知识的? 怎样来验证这些结论?"学生在强烈的求知欲的驱动下,在小组内认真观察、操作、测量,互相协作,互相交流,在总结反馈时我们收获了许多意料之外的惊喜。

【评点】

教师根据教材实际情况、学生的实际需要以及自身的已有知识,采用了合作验证的方式。首先让学生通过课前预习了解探究的结论,为自主

经历验证过程提示必要的方向;其次,将探究的重点指向验证结论,有利于学生运用已有的经验开展活动,切合学生的学习实际。这样的教学,既让学生经历了探究过程,提高了探究能力,又让学生体验到探究的乐趣,保证了教学任务的顺利完成。

病态扫描:探究活动安排超标

【教学片段1】《升国旗》

老师在引导学生拼读其中“国旗”一词之后,问学生:你是怎么认识这个词的?教师意在引导学生注意学习方法和过程,由于该问题教师在前面的教学中已问过多次,学生自然轻车熟路:是老师教的,是爸爸妈妈、爷爷奶奶教的,是我根据汉语拼音拼的,是我看图画猜的……接着,教师又拿出一面小五星红旗:“你们认识它是什么吗?”“旗子!”“什么旗子?”“红旗!”“红旗上还有什么?”“黄星星!”“黄五星有几颗?”“五颗!”“你现在知道这是一面什么旗子了吗?”“五星红旗!”“对了!”“你们知道它是哪国国旗吗?”“我们中国的!”师进一步问:“你们知道红旗上的大星星代表什么?星星代表什么吗?”学生你瞅我我瞅你,半天才开始发挥想象,进行猜想:大星星是妈妈,小星星是孩子;大星星是老师,小星星是学生……学生兴奋起来,七嘴八舌,广泛猜想,可就是不合老师的预设答案,教师无奈,最后只得自己兜底儿。

【评点】

一年级《升国旗》一课,其中“国旗”一词,教材安排只要学生会读、大体知道意思即可。所以,教师只要引导学生通过不同形式反复读准此词,再利用教材上的配图或实物简略地让学生知道我们的国旗是五星红旗也就可以了,不必作过多的探究、发散和延伸。

理性操作:探究活动安排合理

【教学片段 2】《乌鸦兄弟》

我在听完一位老师《乌鸦兄弟》的教学后,将其和自己的教法进行比较,发现不同的结语有不同的结果。该教师是慷慨陈词:“懒惰的乌鸦兄弟必然会冻死。”而我则是以“一定会死吗”引导学生思索。两种情况下,乌鸦的命运便截然相反,前者被无情地处以“极刑”,而后者却拥有了一个美好的未来:(1)兄弟俩落到了冰冷的雪地里,吓得连滚带爬地钻进了一个树洞——小松鼠家。小松鼠热情地招待了他们,并教育他们只有辛勤劳动,才能过上幸福的生活。(2)兄弟俩掉到了冰冷的雪地里,眼看就要冻死了,兔妈妈正好路过,小心地抱起了他们,才挽救了兄弟俩的性命。兄弟俩受到了深刻的教育,终于改掉了懒惰的坏习惯。(3)兄弟俩正好落在了老大爷的背篓里,被老大爷背回家。经过大爷的悉心照顾,他们恢复了健康,还从老大爷那里学到了勤劳的美德……

【评点】

学生的收获也迥然不同,前者机械地接受知识,毫无学习兴趣。而后者为学生营造了广阔的学习空间,把学习的主动权交给了学生,才使学生兴趣盎然,自由地想象,大胆地探究,踊跃地发言,展现了一个个奇思妙想。在认识懒惰的危害的基础上,又自主地构建了“知错就改,为时未晚”的真谛。

辩证认识

接受学习和探究学习是代表着传统与现代教学理念的不同教学方式。这两者不存在孰优孰劣，只存在是否合适的问题。只要是有利于学生学习的教学方式，我们都应该积极提倡。在教学中该采用何种方式，应根据具体的教学内容而定。

一、有效教学需要处理好“接受学习”与“探究学习”的辩证关系

《基础教育课程改革纲要》指出：“改变课程实施过于强调接受学习、死记硬背、机械训练的现状”。要改变的是过于强调接受学习的现象，而不是接受学习本身。

“接受学习”存在的必要性：①从数学知识分类看，有“陈述性知识”、“程序性知识”和“策略性知识”三类，其中很多的“陈述性知识”是无须花很多时间进行启发、发现和探究的。②从低年级小朋友的基础看，他们自主探究的意识还比较淡薄，能力还比较薄弱，让他们自主获取新知识还比较困难。③从特定类型的知识和技能看，例如前人在实践中积累的经验性知识，采用以讲授为主的教学方式，通过教师深入浅出的讲解，把知识化难为易，帮助学生把新知识和他们原有的认知结构进行意义建构，促使他们进行有效学习，这显然有利于学生对知识的理解和掌握并获得可持续发展。“接受学习”的最大价值在于学习活动不必从零开始，可以通过继承前人与他人的认识成果而加速个体的认识发展过程，在较短的时间内掌握大量的、系统的科学文化知识，从而使有限的生命个体能够更从容地面对无限的知识。

采用自主探究学习方式时，教学内容应该具有一定的挑战性，而且学生也应具有足够的知识储备。在特定的问题情境中，学生能够独立地发

现问题，提出猜测，并能借助实验、操作、调查、交流等活动，获得结论。

提起接受学习，我们很容易与“机械学习”或“注入式学习”联系起来，其实不然。美国著名教育学家奥苏贝尔曾明确指出，接受学习、探究学习与意义学习、无意义学习这两组概念涉及到两个不同的维度，是相互独立、互不依存的，也就是说，“只要用于呈现的言语材料能够同学生原有知识结构或认知结构建立实质性和非人为的联系，并且学生具有内部学习动机和意义学习的心向”，接受学习也完全可以产生有意义的过程和结果。可以说，接受学习和探究学习作为两种对立的学习方式，都有存在的价值，是相辅相成、缺一不可的。“如果满足了意义学习的条件和标准，接受学习是一种更为有效的切实可行的方法。”

在教学中，如果教师善于创设情境，激发学生的学习积极性，激活学生的相关知识经验，接受学习就不再是机械学习，而成为有意义的学习。同样，探究学习也并非一定是有意义的。如果教师不注意充分发挥学生的主动性，给学生呈现的问题缺乏层次和思维含量，活动的组织不够恰当，学生很可能是在机械地执行教师的指令，这样的探究也是机械学习。

新课程理念下学习方式的转变是指由单一、他主、被动的学习方式转向多样化的学习方式，即通过积极的实践与深入研究更好地去认识各种教学(学习)方式的优点与局限性，从而能够根据特定的教学环境、教学内容和教学对象适当地加以应用。在教学过程中，学生往往是在自觉或不自觉地交替使用这两种学习方式，这既是教学的客观需要，也是学生掌握知识、发展智力的需要。所以，我们没有必要把学生的学习采用了哪种方式分得很清楚，而应该关注学生在学习的过程中是否获得了实实在在的发展，要注重提升每种学习方式的内在品质。

二、有效教学需要处理好“教师讲解”与“学生发现”的辩证关系

一段时间以来，老师的“讲”成了说教式、注入式、置学生于被动的旧教学模式的代名词。教师的“讲”成了公开课、教学经验交流中的忌讳，老师的“讲”被推到了被告席，横遭口诛笔伐。

老师的“讲”其实与学生的被动学习之间没有必然的联系，但不同的教学观念、教学思想会转化为课堂上不同的教师讲和学生听，可能是教师的讲是学生消极被动地听，听了无动于衷、心如止水，也可能是教师的讲是学生积极主动地、如饥似渴地听，能引起种种联想，触类旁通，引发自己

也有话要说的冲动。

新课标要求我们必须把培养学生的创新意识和创新能力放在首位，这就意味着要求我们必须要把“讲”的重点放在指导学生的自主学习上，把让学生学会学习作为“讲”的主攻点，选择学生喜闻乐见的表达方式，“画龙点睛”；讲过了头，就显得多余、啰嗦，学生就爱听不听，反而不见其效果；讲得不够，又显得不到位，学生还搞不明白。再者，老师的“讲”必须与其他的教学手段密切配合，形成相辅相成的有机整体，以便让学生满腔热情地听，热烈地产生共鸣。

拓展延伸

专场1：小学数学

一、探究教学实施的误区

（一）探究目标忌偏向

【案例】“认识时、分”

师：看看手里的学具钟，数一数一大格有几个小格？

生：5个。

师：请大家在空白的钟面上也来画一画，画出一大格有5个小格。（学生在练习纸上试着画。投影一个学生画的结果，他在一大格里画了5条短线）

师：这样画，一个大格里有几个小格了？大家一齐数。（学生齐数，发现有6个小格）

师：到底该画几条短线呢？

生：应画 4 条。（投影该学生的练习，学生齐数验证）

师：看来，在一大格里画上 5 个小格，应画 4 条短线。你能照着样子给这个钟面都画上小格吗？看看钟面上总共有多少个小格？

【评点】

"认识时、分"一课的教学重点是理解时针和分针的计时方法，并知道 1 小时＝60 分。而案例中，这位教师却把教学重点放在了怎样画出钟面的小格上。为了让学生明确一大格有 5 个小格，该教师的做法是让学生尝试在一个大格里画上短线，结果争论的焦点集中在画 4 条还是 5 条短线上。其实一大格有几个小格让学生数一数就行了。让学生在整个钟面上都画上小格，从而知道共有 60 个小格的做法更不可取。教学的重点应是让学生交流数小格的方法，而不是该怎么画小格。教师为了探究学习，在教学时人为地把简单的知识复杂化了，学生的探究偏离了教学目标。

（二）探究设问忌空泛

【案例】"年、月、日"

有位教师在教学"年月日"时，让每位学生买了一本《万年历》。教师说："面对 1993 年～2005 年的年历，你最想研究的是什么？"

生：我最想研究出一种非常漂亮的年历画。

生：我最想研究一年中到底有多少个星期天。

生：我发现每年 1 月 1 日是星期几并不固定，我想研究一下这是为什么。

生：我想研究地球绕太阳一周要多长时间。

生：我想研究为什么二月份的天数比其他月份少。

【评点】

学生提出的这些"最想研究"的问题非常可贵，但它们不是本节课研究的内容。教师的尴尬，源于探究的问题过于空泛，缺乏针对性。以上问题可改为"面对 1993 年～2005 年的年历，你能研究出每月天数的变化规律吗？"问题单刀直入，直指探究内容，这样可给学生的明确探究方向。

(三)探究组织忌放任

【案例】"能被3整除的数的特征"

师:这节课,我们要学习能被3整除的数的特征。现在请同学们四人一组讨论一下,能被3整除的数有什么特征?

生1:我们小组的结论是:个位上是3的倍数的数能被3整除。如:63、39等。

生2:这个结论不正确,13、26等数,个位上是3的倍数,但它们不能被3整除。

生3:我们小组的结论是:一个数只要某一位上的数能被3整除,这个数就能被3整除。如:36、132、621等。

生4:我不同意。328百位上的数是3的倍数,但它不能被3整除,而147各位上的三个数都不是3的倍数,而它却能被3整除。

生5:我们小组的结论是:一个数的各个数位上的数的和能被3整除,这个数就能被3整除。

师:很好,你们是怎样得到这个结论的?

生5:我们是从书上看到的。

【评点】

这是一种放任自流式的探究现象:第一,探究之初,教师是"车间主任",布置好探究任务后,不再搭理学生;第二,探究之中,教师当"观众",学生开始探究,教师就"事不关已,高高挂起"了;第三,探究结束,教师唯一的期望是让学生说出正确的结论。对于学生的探究过程、探究的方法及如何引导学生克服困难、修正错误等一概不论。有的教师则做"好好先生",不管探究结果怎样,一律大加赞赏。

(四)探究难度忌超标

【案例】"除法竖式"

师:昨天我们学习了乘法的竖式计算,今天要学习除法的竖式计算。8÷4,你能在自备本上尝试用竖式来计算吗?

$$\begin{array}{r} 8 \\ \underline{\div 4} \\ 2 \end{array}$$

教师指定几个学生板演并巡视,发现大多数学生写成了右边的形式。

【评点】

上述案例中，教师让学生在乘法竖式的基础上自主探究除法竖式的书写形式是不可取的。乘法竖式与除法竖式没有共同之处，大多数学生还没有接触过除法竖式就进行自主探究，显然没有道理。而这种毫无实效的探究往往会成为知识负迁移的催化剂，学生在写除法竖式的过程中受乘法笔算的干扰而产生负迁移的几率会很高。

(五)探究载体忌不当

【案例】“角的认识”

学生初步感受到各个物体的面上有角后，教师出示一块三角板。

师：请小朋友们跟着老师一起来摸摸这个角。（先引导学生慢慢地摸角的顶点）你有什么感觉？

生：感觉尖尖的、刺刺的。

师：这个尖尖的、刺刺的地方就是角的顶点。角有几个顶点？

生：角有一个顶点。

教师板书，继续引导学生慢慢地摸角的两条边问：你有什么感觉？

生1：我感觉角的两边平平的。

生2：我摸上去感觉滑滑的。

师：再摸摸，感觉怎么样？

生：我觉得摸上去很平也很光滑。

师：（有些着急）其实我们摸的是角的两条边，它们都是直直的。请大家再来摸摸看，角的两条边是怎样的？

生：直直的。

【评点】

其实，学生摸的三角板是一个物体，教师带领学生摸的角的顶点实际上是三角板上两个面相交的一条棱，由于这条棱很短，所以学生以为“角的顶点是尖尖的、刺刺的”；学生摸的角的两条边其实是两个面，学生所表达的真实感受是“平平的、滑滑的”，而很难说出直直的。教师在引领学生探究时，应给学生提供有效的、科学的探究载体。

(六)探究指导忌暗示

【案例】“解决问题的策略”

播放三位小朋友在超市购物的对话录音。

师:你能把刚才听到的这三句话简单地记录在你的本子上吗?

学生开始在本子上探究记录的方法。同时,教师在黑板上画了一个三行三列的表格。交流的结果是:全班学生都将听到的信息填在了表格中。

【评点】

案例中,教师在黑板上画表格可能只是为下面环节的教学节约时间,然而对于正在探究中的学生来说,这无疑是一个极大的暗示。造成的结果是尽管学生在很短的时间里就达成了探究的目标,但对用表格表达信息的意图并不明确。这种未经深入思考的探究实际上流于形式。

(七)探究步骤忌统一

【案例】“三角形面积计算”

师:现在请同学们拿出三角形学具,首先用两个完全一样的直角三角形拼一下,看看能拼成一个长方形吗?

生:(拼了以后)两个完全一样的直角三角形能拼成一个长方形。

师:再请同学们拿出两个完全一样的锐角三角形拼一下,看看能否拼成一个长方形?(学生在操作中一时发生了困难,不管怎样做,两个锐角三角形都不能拼成一个长方形。这时……)

师:请同学们停一下。刚才大家用两个完全一样的锐角三角形直接拼,不能拼成一个长方形,但我们可以把其中一个沿着它的高剪开(边说边演示),请同学们剪开后再拼一下。(学生按照教师的要求终于把两个完全一样的锐角三角形拼成了一个长方形)

师:再请同学们拿出两个完全一样的钝角三角形,用刚才的方法拼一下,看看能否拼成一个长方形?(学生在教师的指令下,又完成了操作)

师：同学们，刚才我们用两个完全一样的直角三角形、锐角三角形和钝角三角形，都拼成了一个长方形。长方形的面积我们已经会计算了，现在请你们观察一下、思考一下，长方形的长与三角形的底有什么关系？长方形的宽与三角形的高有什么关系？三角形的面积是长方形面积的多少？三角形的面积该怎样计算？

【评点】

这是按图索骥式的探究。教师用指向性非常强的问题来"引导"学生，实际上完全是在越俎代疱，把学生的思维禁锢在教师预设的通道里。

二、探究教学实施的策略

(一)创设探究情境

教师在提供学习材料时，要在学习内容和学生求知心理之间制造一种"不协调"，一方面使学生有可能进行思考和探索，另一方面又要使其感受到自身已有知识的局限性，从而处于一种想知而未知、欲罢而不能的心理状态，引起强烈的探究欲望。学生对探究活动的积极性和主动性，往往来自于一个充满疑问和困惑的情境。良好的探究情景应具有以下特性：障碍性、趣味性、开放性、实践性。

(二)优化探究过程

1. 提供合适的探究材料

例如：教学"长方体的认识"时，对学习基础较差的学生直接提供长方体模型，让他们通过看一看、数一数、量一量等探究活动，发现长方体有几个面，大小、形状怎样；有几条棱，长度怎么样；有几个顶点。对基础中等的学生则提供给6个长方形、12条小棒(有接头)，让他们通过操作活动，拼成一个长方体，在拼的过程中发现"面、棱、顶点"各自的特征。而对于探究能力较强的学生，提供的材料应具有一定的开放性，要他们自己从远远多于6个长方形和12条小棒的材料中先进行选择(有多种选择方案)，然后再进行"组装"，最后揭示出长方体的特征。

2. 采用合情的探究流程

(1)教师启动——探究的"前提"

学生的“动”是以教师的“启”为前提的，教师在学生探究前作适当的引导，为学生的探究活动指引方向，扫清障碍，避免“瞎子过河”。

(2)学生自学——探究的“基础”

学生明确探究的方向和要求后，先独立探究，为小组讨论做好准备。为防止探究活动被“卡壳”，教师要到学生中去巡视，了解学生的自学情况，及时收集学生自学中暴露出来的问题，为小组讨论找准起点和重点。

(3)小组讨论——探究的“主体”

在学生自学、初步探究的基础上，开始小组讨论，各小组成员汇报自己的自学情况，小组长把各自遇到的问题总结起来，让大家一起思考、讨论。

(4)组际交流——探究的“关键”

在小组讨论后，进行组际交流，也就是全班同学一起交流。教师先让讨论得比较成熟的小组发言，汇报对知识的理解程度，其他各组作出补充、质疑和评价。再由各组提出本组的疑难问题，组际之间进行讨论、解答。

3. 选择合理的探究方法

(1)观察——归纳

例如：教学“商不变性质”时，教师提供正反材料：(60×2)÷(20×2)＝3，(60÷4)÷(20÷4)＝3，(60×2)÷(20×3)＝2，(60×5)÷(20÷5)＝75，(60×4)÷(20÷2)＝24。让学生观察被除数和除数怎样变化时商才不变？通过观察、比较，学生发现被除数和除数要“同时”变化，并且变化的倍数要“相同”时商才不变，从而归纳概括出商不变的规律。

(2)操作——发现

例如：教学“圆锥体积”时，教师给学生提供了多种材料，并且明确了探究方向，然后放手让学生进行动手操作：有学生用“倒水”的办法；有学生用“倒沙”的办法；有学生用橡皮泥捏出等底等高的圆柱和圆锥，然后把圆锥转化成长方体或圆柱体求出体积，再和等底等高的圆柱体积进行比较；还有的学生把圆锥放在长方体、正方体或圆柱体的容器里，使它全部被水淹没，通过求上升部分水的体积得出圆锥的体积，然后再和等底等高的圆柱进行比较，从而发现了它们之间的关系。

(3)猜想——验证

例如：教学“梯形的面积”时，教师先让学生猜想：可以用什么方法来推导梯形的面积计算公式？学生根据已有的推导三角形、平行四边形面积公式的方法，猜想可以把梯形转化成三角形、长方形、平行四边形等来推导。教师给学生充足的时间，让学生来证实自己的猜想，结果得出了8种不同的推导方法。

(三)提供探究支持

1. 通过“探究提纲”给予支持

探究学习从探究提纲开始是比较合适的，且比较适宜于以归纳发现为思维特征的学习材料。学生根据提纲提供的材料一个问题一个问题地加以解决，就完成了一个探究性学习的体验过程，随着这一过程的不断重复，提纲结构将会被学生内化，从而为他们将来开展探究性学习或研究性学习的方案设计打下基础。

2. 通过“资料链接”给予支持

资料链接是在学生探究某一学习内容遇到思维障碍时，教师提供与新材料有内在联系的熟悉材料，使学生在新旧材料之间得到启示，从而有助于进一步探究学习。相关材料的链接，主要是促进学生新旧知识间的正迁移，这种支持策略对于学生学习能力的发展是非常有帮助的，在学生学习策略上体现了利用已有知识解决新问题的问题解决意识，从而为其将来在研究性学习中寻找相关材料打下基础。

3. 通过“操作设计”给予支持

在数学内容的探究过程中，学生有时候会因为思维成熟度的原因，或者对问题情境的陌生，使得一些本该顺利的探究活动停滞下来。在这种情况下，就需要教师及时通过活动设计，将较为抽象的思维材料转化为具体的操作材料，在操作过程中，体悟数学问题的本质所在，从而使探究活动得以进一步开展。

4. 通过“教学组织”支持探究

在学生开展探究性课堂学习的过程中，不同的学生(组)在不同的时段，面对相同的材料，往往会有不同的探究成果，而这些取得的探究成果有可能正是全部成果中的一部分或一个侧面。这时候，如果教师将反映某一问题两个属性的学生(组)组合到一起，他们就会从对方的探究成果中得到启示，从而形成较为完整的研究成果，推动探究活动的进一步进行。因此，在实践中，有时探究学习开始时，班级有十来个学习组，往往到后来也许只有两三个学习组，学习过程中的这种组合是在教师引导下进行的，我们习惯上把这种引导称为探究性课堂学习中的“探究拼盘”，是支持学生探究活动的有效办法。

5. 通过“探究延伸”给予支持

在探究性学习活动中，学生有时候能够得到除去书本知识结论以外的新的知识结论。例如在异分母分数大小比较方法的探究过程中，除去通分比较这一书本知识外，有学生提出另一结论，即：“一个最简分数，分子分母的差越小，它的值越大。在差相等的情况下，分子分母数大的那个分数大。”这时，就需要作“探究延伸”，把课堂上无法完成的探究活动延伸到学生的课外，开展研究性学习。

(四)体验探究成功

1. 欣赏学生的探究过程

(1)欣赏学生质疑的勇气和水平

教师对那些不唯书、不唯师，能创造性地提出问题的学生要给予大力褒扬，从而形成畅所欲“问”的局面。

(2)欣赏学生探究的态度与方法

探究过程中，学生表现出的积极认真的探究态度和科学合理的探究方法，以及所取得的点滴进步，教师都应该加以欣赏、鼓励。

2. 欣赏学生的探究成果

传统的教学评价有一个基本假设，即只有个别学生学习优秀，而大多数学生都属中等。这样，评价无形之中变为了一种甄别过程，少数学生能够获得鼓励，多数学生成为受挫者。欣赏学生的探究成果应该努力避免这种评价方式所带来的弊端。

(五)拓展探究练习

探究型课堂教学必须立足课堂，又拓展课堂，使学生的探究从课内走向课外，不断增强探究的意识，形成探究的习惯。布置探究性作业是实现这一目标、让学生勤于探究的有效途径。

1. 收集资料型

例如：学习了“找规律”后，让学生仔细观察周围事物，收集有规律排列的大量现象，一方面还可以根据教学内容的需要，让学生收集一些有关数学家工作和生活的小故事以及某些数学概念的由来等史料，使学生从这些事实中，感受数学家的伟大、数学发展史的曲折，使学生从小开始养成对未知事物的好奇心和对原有观念的质疑批判意识。

2. 知识应用型

例如:学习了各种图形的面积计算方法后,让学生通过合作,测量出学校主要建筑物的面积,以及整个学校约有多少面积,并计算出学校学生人均占地面积是否符合标准,可以向政府提出合理化建议。

3. 课题研究型

根据小学生的年龄特点,在高年级可以开展一些小课题研究。这种小课题需要学生综合运用所学的数学知识(甚至包括一些其他学科知识),经历较长一段时间才能完成。教学中可结合教材的有关内容和身边的实际情况,确定相应的课题。

例如:暑假里要对教室进行装修,就可把"教室的装修问题"作为研究的小课题,请同学们帮助学校策划一下,应考虑哪些方面的问题?采用怎样的策略来解决这些问题?

专场 2:小学语文

一、营造探究的氛围

小学语文探究性学习需要一定的环境氛围,特别是人际氛围的支撑。首先,课堂教学要建立民主的师生关系;其次,教师要赏识每一个学生;再次,要注重学生合作精神的体现,引导学生懂得如何尊重他人、与他人融洽地协作学习,懂得如何对待探究中的困难、为他人提供急需的材料,懂得成全他人的计划等。

二、唤醒探究的需要

学生的学习不单纯是一个认知的过程,而是认知与情感协同活动的过程,二者缺一不可。在语文课堂教学中,我们要创设诱人深入的问题情境,激发学生产生探究的欲望,给思维以强大的内驱力。

三、生成探究的问题

探究性学习的特征之一就是它的生成性。生成问题的前提是让学生多思善问，而提出新的问题需要想象力和创造力。

(一)提出探究问题的落点

1. 在材料的交汇处提问题

例如：教学《山行》，学生对“霜叶红于二月花”中的“于”作“比”讲不甚了然，可让他们联系数学中的“3 大于 2”、“5 小于 7”等知识，细心体会、深入讨论，就会明白“红于”、“大于”、“小于”中的“于”都是表示比较的。再综合起来分析，这些词语中的“于”前面都是表示性状的词语，这样就可能发现一条规律：用在表示性状词语之后的“于”，一般作“比”讲。懂得这一点，随后读到“死或重于泰山，或轻于鸿毛”这类语句时，就不难弄清“于”的意义了。

2. 在材料的发散处提问题

例如：《跳水》一课写船长为了救站在桅杆横木上的孩子而用枪瞄准他，逼他跳水。教学时可让学生开动脑筋，根据当时当地的情况和条件探究更多的办法。最后将这些办法进行比较，选出最佳的一种或几种。这样把发散思维和集中思维结合起来训练，对培养创新能力非常有益。

3. 在材料的空白处提问题

例如：《小英雄雨来》记叙了这样的情境：雨来被鬼子拉走后，人们听到几声枪响，以为雨来再也回不来了。可是，过了一段时间，他却从水中冒了出来。雨来是怎么脱险的？课文只作了简单的交待：雨来趁鬼子不防备，一头扎进河里游到远处去了。鬼子为什么会“不防备”？是怎样“不防备”的？雨来跳水后是怎样躲过敌人射击的？他又是怎样避开敌人搜索的？把这些情节、细节设想出来，既可使雨来机智勇敢的形象更为丰满，又能有效地活跃思维，提高创造想象的能力。

4. 在材料的模糊处提问题

例如：《爬山虎的脚》讲“爬山虎的脚长在茎上，茎上长叶柄的地方，反面伸出枝状的六七根细丝，每根细丝像蜗牛的触角”。可能由于“反面”之前省略了“从叶柄的”之类的词语，学生不明白“虎脚”生长的方向。看插图，插图只画出“虎脚”的上部，看起来好像和叶柄在同一侧。“虎脚”与叶柄同侧还是不同侧，众说纷纭、莫衷一是。在这种情况下，可以让学生进行实地探究。

5. 在材料的省略处提问题

例如：《可爱的草塘》中有这样的句子“芦苇和蒲草倒映在清凌凌的河水里，显得更绿了；天空倒映在清凌凌的河水里，显得更蓝了；云朵倒映在清凌凌的河水里，显得更白了”。句中三个分句，结构整齐、句式相同，又用了叠音的形容词，看起来优美，听起来悦耳，生动形象地描绘出草塘美丽的景色。教学时，可让学生将句末的句号改为分号，然后照前面分句的样子，再写一个或几个分句。这样一来，学生可以想象出更多的景物及其特点，又能从仿写中感悟“什么东西在什么样的条件下显得怎么样”这样比较固定的句式。

6. 在材料的概括处提问题

例如：《游园不值》第二句“满园春色关不住，一枝红杏出墙来”。诗人未能入园游览，但是他见到了出墙的一枝红杏，便据此想到园子中的无限春光。“满园春色”究竟是什么样子，让学生自由想象，可以用语言描述，也可以用色彩描绘。

7. 在材料的灵活处提问题

例如：《桂林山水》第二段有三个句子，第二句用三个分句表现漓江水清、静、绿的特点，第三句实际上写的是水的“静”。如果把第三句移到第二句的第一个分句之后，使它成为这个分句的一部分，从内容上看，整个段落结构似乎更为严密。这样调整之后，第二句的三个分句结构上不太匀称，但使第二段变成两句话，同第三段却更为一致了。教学时稍加引导，学生是可以把这些句子依照教师的要求进行重新组合的。这样可以促使学生认真阅读教材，弄清各部分之间、部分和整体之间的联系，并按照自己的意图重建知识系统。这实际就是一种吸收和创新统一的过程。

8. 在材料的错误处提问题

教材是教学的凭借，但教材的编写者和教材不可能十全十美，缺点错误在所难免。只要仔细阅读，教材中的毛病是不难发现的。一旦发现教材有毛病，尤其是学生发现有毛病，就应鼓励他们深入思考、缜密分析，弄清错在哪里，提出修改的建议。

9. 在材料的共同处提问题

本质蕴含在现象中，知识蕴含在材料中。一类现象的共同点往往就是事物的本质，一类材料的共同点往往就是材料所蕴含的知识。

例如:《苦柚》一课,有三段引文,每一段引用的都是同一个人物的谈话,介绍说话人的提示语插在行文中间。提示语后的点号是逗号,与放在引文前后的提示语之后的点号有所不同。教学时,让学生先找出这些段落,找出提示语及其后面的标点,然后归纳,找出共同点。他们会得出这样一条规律:提示语放在引文中间,其后用逗号。这样,学生真正弄懂了放在引文中间提示语后的点号该怎么用,而且还可能对归纳这种推理方法有所领悟。

10. 在材料的相似处提问题

语文教材中有相似点的材料很多,引导学生研究这些材料,在获取新知时可以有效地节省时间和精力。在理解意义段和篇的结构时,启发学生回顾相似的句子、自然段,并将已学知识迁移到意义段或篇章上来,问题很容易得到圆满的解决,迁移推理的能力也会因此而得到提高。

(二)提出探究问题的技巧

1. 借"题"发"问"

阅读前,教师往往会带着预设学生在阅读中可能产生的"感知盲点",以"引读的形式"引导学生;或者按照以问引读、以问促思、以问促问的策略以"问题的形式"启发学生,让他们与教材之间形成一定的"认知距离",调动他们的阅读兴趣,并且产生问题的心理趋势。阅读中,有些学生也会提一些"问题",让同伴之间形成一定的"心理距离",激发同伴探究"问题"的欲望。因此,应让学生学会借教师或同伴的"问题"启发自己产生新的"问题"。

2. 睹"文"思"理"

许多文章的意旨比较隐蔽,往往不是和盘托出,有的是"以物比德"、"托物言志"。学生阅读时,要让他们探究其道理:用什么"物"比什么"德",用什么"物"言什么"志",力求从"字面"读到"字里",从"纸上"读到"纸后"。探究道理的过程实质就是"读出问题"的过程。

3. 追"根"究"源"

作者写作是按照"物—意—文"的程序进行的;学生阅读文章正好相反,是按照"文—意—物"的程序完成的。因此,学生读文时,要让他们从"文"探究"意",联想"物":带着批判的观念思考,带着挑剔的目光审视,带着探究的方式求"源",带着"怎么"、"为什么"追"根"。

4."同"中求"异"

学生阅读教材时,教材中的新知识和个体知识发生碰撞,通过趋"同"

和求“异”后，方可接纳。趋“同”建立“联系”，求“异”形成“个性”。另外，学生对教材中同一问题的认识，往往也会受“第一印象”影响，“固化”先前形成的“认识”，这样不利于认识水平的提高和思维方式的创新。因此，阅读时，当他们读到和自己“个体知识”一致的“现象”或对教材同一问题前后相近的“描述”，要引导他们寻求“不同点”，寻找“新风景”。求“异”的过程就是探究问题的过程。

5.“异”中求“同”

视觉研究表明，对于外界的信息输入，视觉中枢只能够识别与理解它以前经验过的某一类的相似客体，也就是说，人对于输入的信息，只有在他的记忆贮存中找到与这些信息具有相似性的信息组块以后才能理解。如果找不到这样的相似的信息组块，那么人就不能够识别和理解。学生阅读新的信息，就是要让他找相似信息组块——求“同”。另外，他们在阅读中遇到和自己个体知识矛盾或教材知识前后矛盾时，也需要求“同”。求“同”就要提出问题，求不出“同”，就产生“问题”。

6. 思“前”想“后”

“思前”就是要让学生反思自己发现问题、解决问题的过程，总结、分析在“形成问题”过程中的得与失，形成策略，在体验成功的同时，激发再“读出问题”的欲望；要让学生把“读出问题”进行横向和纵向分类，促进他们把低水平问题向高水平转化，尽可能把“重点问题”凸现出来，提高“读出问题”的能力。横向分类指顺着学生问题思路将“问题”按照思想、内容、语言表达等方面进行归类，在同一类问题中，可将一些零碎的、内容上相通相近的小问题进行优化组合，归并组合成大问题，使问题更显精练，更趋深化，更有研究价值。纵向分类指按问题形成方法进行分类：从问题来源的渠道看，有针对教材内容提出的“针对性问题”和围绕教材某点提出的“相关性问题”；从问题研究的类型看，有研究知识技能的“陈述性问题”和研究学习技能的“程序性问题”；从问题思维的方式看，有从某点向四周辐射的“发散性问题”和从四周向某点聚集的“聚合性问题”。“想后”就是用自己成功的问题策略再阅读教材，力求形成新的“问题”；用自己获得问题的能力再阅读教材，力求挖掘新的“问题”。阅读中始终问自己：学这篇文章还有没有“问题”，能不能学“类似课文”，会不会解决“类似问题”。

四、拓展探究的时空

在语文课堂教学中，学生不能成为接受知识的容器，教师不能简单地将知识传授给他们，而要努力拓展“探究”时空，让学生在广阔的、开放性的时空中，将知识转化为自己思考的果实。

例如：《只有一个地球》一课，拓展学生探究学习的时空主要表现在两个方面：一是让学生自主学习课文，运用已有的知识，通过小组合作，弄清一些生疏的概念（如“再生资源”、“常量”等），增加其对课文的感性认识；二是进行社会调查，了解人类“无节制地对地球进行开采”导致资源缺乏的种种情况，让他们走向生活，走向社会，调查研究，写出报告。这样，不仅丰富了学生的语言学习，培养了学生的语文能力和探究精神，更增加了学生的社会责任感和环保意识。

画龙点睛

• 学习如同“探路”，在到达目的地的过程中，诸如路名、门牌或周围的环境，例如标志性的建筑等，需要我们接受；而诸如方向、路线或行走的方式，例如辅助性的地图等，需要我们探究。

课堂焦点 8

“独立学习”与“合作学习”

“合作学习”看不起“独立学习”:“你哟,孤单、薄弱,哪有我们势众、热闹?”

“独立学习”愤然:“没有我,哪有你! 有了我,才有你!”

言罢,“合作学习”感到一阵心虚。

反思后,“合作学习”一片虚心,主动与“独立学习”谈起了恋爱……

旁征博引

[南瓜种子]

美国南部的一个州，每年都举办南瓜品种大赛。有一个农夫的成绩相当优秀，经常是首奖及优等奖的得主。他得奖以后，毫不吝啬地将得奖种子分送给街坊邻居。有一位邻居就很惊讶地问他："你的奖项得来不易，每季都看你投入大量的时间和精力来做品种改良，为什么还这么慷慨地将种子送给我们呢？难道你不怕我们的南瓜种子超过你的吗？"这位农夫回答："我将种子分给大家，帮助大家，其实也就是帮助我自己！"原来，这位农夫所居住的城镇是典型的农村形态，家家户户的田地都毗邻相连。如果农夫将得奖的种子分送给邻居，邻居们就能改良他们南瓜的品种，也可以避免蜜蜂在传递花粉的过程中，将邻近的较差的品种转而污染自己，这位农夫才能够专心致力于品种的改良。相反地，若农夫不将得奖的种子送给邻居，则邻居们在南瓜品种的改良方面势必无法跟上，蜜蜂就容易将那些较差的品种污染给自己，他反而必须在防范外来花粉方面大费周折，疲于奔命。

[教育启示]

故事中，就某些方面来看，这位农夫和他的邻居们是处于独立和竞争的形势，然而在另一方面，双方却又处于合作的微妙状态。正是合作，才使大家获得更大的利益。当然，这种合作产生良好效果的前提条件是每一独立的个体必须管理好自己的田地和作物。

在植物中，也有着这种独立与合作的现象：植物的叶序，尽管并不相同，但相邻的两片叶子总是不重叠的，即使同一枝条上的叶子，也互不遮挡，于是形成镶嵌式的排列，也被称为“叶镶嵌现象”。显然，从科学角度来看，叶片之所以这样排列，唯一的目的就是能使植物尽量多地承受着阳光与雨露，更充分地进行光合作用，从而能维系它的生存。

在教育教学中，我们也需要植物的“叶镶嵌现象”。让学生在独立学习中合作学习，在合作学习中独立学习，既让学生个体有独立的生存和发展空间，展示自己的个人风采，又让学生在集体中获取更多的资源和更大的力量，使合作之树枝繁叶茂。

绝对现场

[讨论缘起]

传统教学中，把学生自力更生的水平作为学生独立能力来衡量，在学生之间的学习关系上采取“封闭”政策和竞争政策，学习成了学生个人实力的较量和比拼，这种学习气氛相对比较紧张，学生之间属于竞争对手。

新课程教学中，把“合作交流”提到一个前所未有的高度，这更充分地肯定了合作学习能从许多方面促使学生更加生动、活泼地学习。然而，教师把合作学习变成了上课必备的环节之一，随之涌现出来的各种现象值得我们深思。例如不顾学习内容的特点，不顾学生学习的实际状况，一味采用几人一组的形式，热热闹闹地“论”一回。小组合作正在不同程度地被歪曲成是否进行自主学习的标签。

A.“保守”现象:偏重“独立学习”,轻视“合作学习”

病态扫描:把所有问题自己扛

【第1种教学】“统计”①

一位教师教学“统计”时,创设“动物园饲养员给猴子喂各种形状饼干”的动画情景。预设状态是:第一次课件演示,使学生产生统计的需要;第二次课件演示,学生因来不及计数而产生记录的需要,并在各种记录方法的比较中引出打勾的统计方法;第三次课件演示,让学生运用打勾方法再次统计。

实际教学中,在第2次课件演示时,由于教师制作的“饼干下落”动画速度过快,学生来不及记录,纷纷要求减慢下落速度,但教师因课件无法改动而无法满足学生要求,以致教学计划失败。

【评点】

案例中,上课教师缺乏随机应变的教育机智,缺乏合作学习的意识,当教学过程中发生“事故”的时候,无法洞察其中正好是进行合作学习的良好时机,从而让教学资源白白流失,造成教学的失败局面。

理性操作:团结起来就是力量

【第2种教学】“统计”

另一位教师在使用这一课件时,也出现了相同的遭遇:学生纷纷抗议

① 江苏省锡山高级中学分部 陈蓓蓓

饼干下落速度太快，无法记录。这位教师没有束手无策，而是灵机一动，引导学生采用合作的学习方式解决这一难题：有的合作伙伴，一人边看动画边报下落饼干的形状，多人同时记录，完成后相互进行校对；有的合作伙伴，一人记录三角形饼干，一人记录正方形饼干，一人记录圆形饼干，一人记录……有的合作伙伴，一人边看动画边报下落饼干的形状，一人记录三角形饼干，一人记录正方形饼干，一人记录圆形饼干，一人记录……一人负责检查。

【评点】

案例中，上课教师独具慧眼，敏感地发现教学"事故"中的"故事"，从而果断调整教学方案，借题发挥，积极促成学生的合作学习，既巧妙地化解了教学"尴尬"，又意外地谱写了一首课堂教学的美妙旋律。

病态扫描：问题杂乱，学生个体力不从心

【第1种教学】《天游峰的扫路人》

老师鼓励学生就"文"质疑，最后黑板上出现了以下许多问题：天游峰的扫路人是谁？天游峰为什么有扫路人？天游峰的扫路人有什么特点？天游峰位于什么地方？作者为什么不去写游人，而写一个扫路人？是什么笑声伴随着作者回到驻地的？作者为什么这么自信30年后老人一定活着？第七段中，为什么老人倒抽了一口气？茶为什么能沟通我们的心灵？写老人外貌的句子为什么不合在一起？笑声惊动了竹丛里的一对宿鸟，它们扑棱棱地飞起来，为什么又写它们悄悄地飞回原处？"不累不累"，为什么老人扫那么高的山而不累？作者为什么要写笑声一直伴随"我"回到驻地？……

这么多问题，教师在教学中依次让学生独立解决，导致一节课结束还没完成这些任务。

【评点】

学生通过初读课文，归纳出许多问题，如果这些问题逐个解决和让学

生独立解决，不但突出不了重点，而且时间也不允许。学生感到学得很乱，也很累，教师也教得很累。

理性操作：问题精选，学生群体齐心协力

【第2种教学】《天游峰的扫路人》

师：同学们提了好多问题，一个一个来回答太费时了，谁给我出个金点子？

生：让同学们解释一下，你再点评一下。

师：你们认为，这属于什么点子？

生：银点子。

师：谁说金点子？

生：让小组讨论，会的解决，不会的请教老师。

师：什么点子？

生：铜点子。

生：把一些问题并在一起，再作解答。

师：什么点子？

生：金点子。

通过讨论，大家认为“累”字很重要，为什么游人累而老人不累呢？还有一个就是老人能活到30年后吗？然后，师生围绕这两个问题进行深入探究。

【评点】

上述这么多问题，这位教师采取了先师生合作商量解决方案，然后组织学生合作讨论研究对象，最后再让学生针对精要问题进行合作探究，取得了很好的教学效果。

B.“激进”现象：偏重“合作学习”，轻视“独立学习”

病态扫描：热闹的合作学习的背后是独立学习的弱化

【教学片段 1】“10 以内数的加减法”

有位教师让学生摆学具（双色片），把 10 个双色片分成两部分，并写出相应的加减法算式。学生独立操作后基本上都能完成任务。而教师却要求学生以小组为单位，一人摆双色片，三人写算式。事实上四个学生并没有合作，仍然是摆双色片的只管摆双色片，写算式的只管写算式，而且写算式的比摆双色片的还要快。

【评点】

教学过程中，安排学生讨论和合作学习的前提是讨论合作的内容应该是有必要的，即对学生来讲可能是有一定的难度的，就知识而言是有一定广延性和思维的深刻性的。否则就可能出现合作时表面上轰轰烈烈，答案却是单一的、显而易见的，学生觉得无话可说，讨论根本没有价值，只需独立思考的局面。

理性操作：无奈的独立学习的前景是合作学习的强化

【教学片段 2】“多边形的认识”

师：刚才我们认识了四边形、五边形、六边形等多边形，现在请小朋友把学具盒中的皮筋拿出来，拉一个三角形。（学生很容易地拉出了一个三

角形）

师：再拉一个四边形。（学生同样很快地拉出一个四边形）

师：能拉一个五边形吗？（部分学生尝试后失败了，也有部分学生借助于牙齿或其他硬物拉出了五边形。教师及时给予表扬）

师：能拉一个六边形吗？（大部分学生尝试后都失败了。有的学生抱怨太难了，有的学生说手指不够用）

师：刚才有的小朋友说手指不够用，你能想办法解决吗？（这时，有些同桌上的小朋友开始合作，成功地拉出了六边形）

师：（及时加以表扬，并让学生介绍方法）那么七边形、八边形、九边形等多边形你们能拉出来吗？（学生胸有成竹地说：只要有很多同学帮忙，再多边形也能拉出来）

师：小朋友，当我们在做某一项事时，如果一个人无法完成时，可以请其他小朋友一起合作完成，你们说是吗？

【评点】

案例中，教师并没有明确指出让学生合作完成任务，而是让学生在成功拉出三角形、四边形、五边形的基础上，拉六边形、七边形等多边形。让学生明白成功与失败的关键在于手指够不够用，“逼”学生想办法去“借手指”，在“借手指”的过程中，使学生明白当一个人不能完成某项任务时，可以求助其他同学的帮忙，并对“合作是一种需要而不是一种命令”形成正确的认识。

病态扫描：流于形式的合作

【教学片段1】《曼谷的小象》

一节课中教师组织了三次合作学习：第一次在初读课文后，要4人小组合作学习生字词；第二次在重点理解小象拉车、洗车部分，要学生讨论“谁指挥小象拉车、洗车？阿玲为什么要指挥小象拉车、洗车？小象怎样拉车、洗车"？第三次大组交流"假如不要小象帮忙，我们还有哪些办法把车拉出来"？

【评点】

对合作学习内容的设计、要求的提出、呈现的方式、活动的展开，缺乏深思熟虑，主观随意。对哪些问题该合作学习，哪些问题不该合作学习，组织几次合作学习，何时进行，缺乏筛选和计划，往往该合作的合作，不该合作的也合作，合作学习的问题没有质量。

理性操作：不断深入的合作

【教学片段2】《伞》

有位教师在指导学生写以《伞》为话题的作文时，她在一番启发引导后，要每位同学都想想自己与"伞"有关的故事，然后在六人小组中交流；交流后再想一想，听了别人的故事后，自己有没有新的启发，自己的故事是否需要修改或调整；然后再推荐一人在班级中交流；班级交流后，再对自己的故事进行反思，最后把它写成作文。

【评点】

这是一个真正的合作过程，从它的"个别—小组—个别—班级—个别"的形式中，我们可以看出，它有一个不断反思、不断碰撞、不断升华的思维过程，这个升华就是由合作产生的，不合作，就不可能得到升华。

辩证认识

合作与独立是一种辩证关系，要提倡合作与独立并重。合作的前提是独立，合作学习必须建立在个体独立学习的基础上。学生要参与讨论、探究、交流，需要以自己的独立见解与认知能力作为支撑，如果学生没有自己的观点，就直接参与合作学习，那么合作就没意义。

一、有效教学要处理好“个体学习”和“合作学习”的辩证关系

1. 功效作用的再认识

我们倡导小组讨论，更多的是为学生之间的互动、互补、互助提供舞台，小组讨论方式的运用与否，应该以是否有利于“三互”功能的发挥为标准。不顾学生的实际，不顾学习内容、环境的限制，盲目滥用只能事与愿违。因为独立仍然是最佳的思维品质之一，能独立习得的一般就不要交流合作；交流合作应该起到“整体大于部分之和”的效应，即，一定是引起了彼此思维的有效碰撞，产生了高于个体先前认知水平的新的思维。

2. 适用范围的再审视

确实，小组合作这一学习方式的积极意义已在很多的教学实践中得以证实。但“以偏概全，适用全体”的观点和做法都是不可取的。也就是说，并不是所有的内容都必须借助于合作才能进行学习，对很多新旧知识之间坡度较缓或需要通过深入思考逐渐领悟的知识，往往个体学习的方式优于小组合作学习。就小学生的学习而言，强调改善学习方式，决不意味着用一种学习方式代替另一种学习方式，而是强调从单一的学习方式转向多样化，并提高每一种学习方式的内在品质。

3. 教学内容的再选择

教师要深入地研究教材，研究学生，精心选择有探讨价值的内容，合

理把握合作学习的时机，确保在教师的引导下，使学生有所悟、有所得。“没有进攻，就没有合作”，在可能引起正反意见争鸣的地方开展交流合作，以求得“组内冲突”的解决，往往富有价值。

4. 学习习惯的再培养

在课堂教学中组织合作学习时，一方面要先引导学生独立思考、形成自己的初步见解；另一方面要重视小学生在倾听、协作、质疑等活动中所应具备的尊重不同观点，善于交流沟通，实事求是，服从真理等品质的培养。唯有这样，才能让小学生在合作学习的过程中体验平等、感受公正，使不同天赋、潜质的学生在彼此的交流中得到最充分的发展。

5. 学习评价的再思考

在合作学习中引入“基础分”（指学生以往学习成绩的平均分）和“提高分”（指学生测验分数超过基础分的程度）是一个非常有特色的评价方法。学生只要比自己过去有进步就算达到了目标。从评价方式看，合作学习中有个人评价与小组评价、自我评价与同伴评价、学生评价与教师评价，这几组评价应以前者为主，但又要多重结合。其中，小组自评非常重要，它是在小组活动的某一时期内，对哪些小组成员的活动有益或无益，哪些活动需要改进的一种反思。合作学习的评价方式还可以分为过程评价与终结评价，其中以过程评价为主，主要评价学生在小组合作中的行为表现、积极性、参与度以及学生在活动中情感、态度、能力的养成情况。

二、有效教学要处理好“竞争学习”和“合作学习”的辩证关系

合作与竞争是教学交往过程中的一对不可或缺的相互促进因素。学生在课堂中的竞争有利于活跃课堂气氛，增强学生学习的乐趣；有利于激发个体奋斗，提高个人学习的效率；竞争还能使个人在与他人的较量中对自己作出更实际更全面的评判，从而促进扬长避短。但是，单纯的竞争也可能会使一部分学生过分紧张和焦虑，从而抑制了学习；并且全班竞争的胜利者总是少数人，这就有可能使相当一部分能力较差的学生产生挫折感；在竞争中往往以最后的胜利结果作为学习的主要目标，而学习活动过程中的内在价值和创造性就难以实现。

课堂中学生之间的合作不仅能增强集体的凝聚力，形成积极的课堂氛围，促进学生智慧的发展和良好品德的形成；同时，学生间的合力往往胜过个人的努力，更有利于解决新的复杂问题；在决定任务和评价作业

时，学生间合作讨论所形成的一致意见往往更易于被大家所接受。另外合作也能促使学生积极思考彼此之间的差异，学会取长补短，自觉地改进学习的态度与方法，发挥生际互补作用。

当然，学生之间的合作与竞争是对立统一的：若利益一致，往往出现合作；若利益相斥，往往出现竞争。在课堂的集体活动中，有时可能同时发生合作与竞争，有时可能交替出现合作与竞争。我们不能片面强调竞争而否定合作，同时也不要滥用合作而忽视竞争，合作与竞争两者不可偏废。关键是教师要协调合作与竞争的关系，使两者相辅相成，成为促进课堂管理功能和调动学生积极性的有益手段。存在于群体与群体之间的竞争无疑会促使群体内部的个体加强合作，形成参与竞争的合力。同样，合作的成功会使新的竞争更加激烈，容易使教学推向高潮，增强竞争的实力和信心。

拓展延伸

专场1：小学数学

一、避免合作学习的教学误区

（一）合作学习中学生的不良状态

1. 安安静静的"无言堂"
2. 热热闹闹的"众言堂"
3. 规规矩矩的"操作场"
4. 个别学生的"休闲场"
5. 少数优生的"表演场"
6. 随随便便地"乱收场"

(二)合作学习中教师的问题行为

1. 分组不科学——“鱼目混珠,鱼龙混杂”
2. 分工不到位——“无所适从,不知所措”
3. 规则不明确——“如堕五里雾中”
4. 时机不恰当——“家常便饭,食之无味”
5. 时间不充足——“蜻蜓点水,浮光掠影”
6. 评价不全面——“东边日出,西边雨”

二、创设合作学习的教学环境

(一)安全的心理环境

学生只有在这种满足了生存需要和安全需要的氛围中,才能毫无戒备地和老师、同学进行交流,这样,学生的思维就会更加活跃,探索热情就会更高涨,合作的欲望就会更强,课堂就会更加生气勃勃。

(二)充裕的时空环境

一方面,在小组合作之前教师要给足学生独立思考的时空;一方面,在小组合作时教师要给足学生讨论、交流的时空,让各种不同程度学生的智慧都得到尽情的发挥;一方面,在学生合作后教师要给足学生的发言、补充、更正甚至于辩论的时空。

(三)热情的帮助环境

教师应因组而异,为学生提供必要的启发式帮助。教师要以一个普通合作者的身份,自然地参与到有困难的小组中去,让学生觉察不出因本组水平低而需要教师的帮助。考虑到学生能力之间存在的差异,教师可以设计一些具有帮助性的提示,在部分学生遇到困难时,能得到一定的启示,而不至于让他们束手无策。

例如:教学“三角形的内角和”时,教师要求学生进行探究:1. 猜一猜,一个三角形的内角和是多少度?2. 试着用手头的各种三角形来证明自己的猜想,把经过证明得到的结果写下来。(如果有困难,可以打开信封寻求帮助)3. 把你的证明方法与同伴交流一下。其中第二个步骤对一部分学生有一定困难,因此教师在这里安排了一个信封,内容如下:(1)分别测量三角形的三个内角各是多少度,再算三角形的内角和。(2)把三角形的三个内角拼在一起,看看拼成一个什么角。在这个信封的帮助下,那部分有困难的小组也顺利地完成了探究活动,使得整个小组合作显得有序、高效。

(四)真诚的激励环境

首先,教师要有意识地给他们多创造一些表现的机会,以激发他们奋发向上的热情,为学生的成功学习创造条件。其次,教师应营造一种可以充分发挥学生个性、各抒己见、相互交流甚至各执己见的合作学习氛围,从而产生进一步合作的欲望。

三、重视合作学习的教学品质

(一)合作学习要追求自愿

组织学生小组合作学习时,教师应考虑学习内容的合作目的和合作价值。一般来说,合作学习可以从以下几个角度切入:一是面对数学问题,在学生持有各自思想、观点和方法时,组织学生相互交流、沟通观点、碰撞思想、论证方法、合作互助,共同探索新知;二是面对数学问题,分工合作、收集信息、整理材料、发现问题、研究问题,共同寻找策略、解决问题等。

例如:教学"长方形的面积"中,教师安排了三个环节:(1)教师发给学生 12 个 1 平方厘米的面积单位,先让学生摆放长 3 厘米、宽 2 厘米和长 4 厘米、宽 3 厘米的长方形。在这个环节中,学生都可以运用学具独立完成学习任务;(2)教师出示一个长 5 厘米、宽 3 厘米的长方形,让学生用面积单位去摆放。学生手上的学具不够摆,于是,同桌之间自发地进行了合作,把双方的学具放在一起使用;(3)教师给学生一个长 7 厘米、宽 4 厘米的长方形,让学生用面积单位去摆放。此时,两个学生手上的学具又不够摆,促使学生创造性地摆学具,出现了沿长方形的长和宽来摆等,从而求出长方形所含的面积数的创新做法。

(二)合作学习要强调共享

1. 成果交流活动

例如在学习新知时,当学生独立学习后,他们的学习体验肯定是各不相同的，有的学生有了自己独特的学习体会，他们非常需要和同学交流，这时安排小组合作交流，使学生之间的学习资源相互融合、相互碰撞，甚至来一场“头脑风暴”，做到学习信息的交流与共享。

2. 难点求助活动

学生在学习过程中，都会产生这样或那样的困惑，在这时候，教师就可以安排同学之间的合作学习，比如可以一对一或几对一的互助形式进行学习，这样既培养了优等生，又使困难生学会了知识。

（三）合作学习要注重提升

建构主义学习理论告诉我们，学生学习的实质是“认知、协商、提升”。学生之间相互合作学习仅仅是一种学习方式，重要的是要让学生通过合作学习提升学习经验，形成规律性知识，学会学习，形成能力。

例如：教学“圆锥的体积”时，学生通过自学都知道了圆锥的体积公式。难点就在学生对推导圆锥体积公式成立的前提条件是“等底等高”理解不足，于是教师在教学中安排了学生之间相互合作的环节：(1)创设学习矛盾。在学生自学课本后，教师出示一对不等底等高的圆柱和圆锥，结果不存在圆锥体积是圆柱体积的三分之一的关系，激发起学生积极的学习态度；(2)合作探究，提升经验。教师发给每组学生一些圆柱和圆锥，其中有等底等高的，也有不等底等高的，让学生合作学习，结果很快从操作经验中提升出规律性知识：只有在等底等高的条件下，圆锥的体积才是圆柱体积的三分之一。

四、提供合作学习的教学支持

（一）提供“自学提纲”，启发学生“独立思考”

学生主动学习的第一步是独立学习，但独立学习不是简单的“自由学习”，而应该是教师引导下的有效独立思考的过程。为了使独立学习富有成效，教师应提供一个基于问题思考的“自学提纲”，为学生指引学习思路，为下一步开展合作交流和进一步的合作探究奠定基础。

（二）提供“合作指南”，启发学生“合作探究”

为了使学生的合作学习井然有序，使合作小组里“人人有事做，事事有人做”，避免“形合而实不合”或“合而不作”的现象，教师在学生合理分组的前提下，要在开展合作探究前给学生提供一个“合作指南”，使他们有一个“操作程序”。在设计讨论的问题时应注意以下几点：(1)讨论的问题要有一定的开放性；(2)讨论的问题难易要适度，讨论题要遵循“难度大于个人能力，小于小组合力”的原则，难度大于个人能力，使小组合作成为必要，小于小组合力，可以保证小组合作的成功；(3)讨论的问题要有一定的梯度和层次。

例如：学习“圆的周长”时，可提供以下一些操作步骤：(1)小组讨论：怎样根据提供的材料(圆片、细绳、直尺等)测量出这些圆片的周长？由组长主持，人人都要发言；(2)合作动手：根据讨论出来的方法，互相配合把圆片的周长测量出来；(3)再次讨论：①用这些测量方法能测量所有圆的周长吗？②能不能像正方形周长那样用公式来计算？③圆的周长可能和圆的什么有关系？(4)再次动手：通过测量和计算，探索出圆的周长和圆的什么之间存在着什么样的规律？

(三)提供“交流建议”，启发学生“数学表达”

当学生经过自己的独立思考后，教师要引导他们进行小组内或组际的交流活动，让他们把自己的学习成果用数学语言表达出来。有些教师对学生的交流内容和方式不作任何引导，任由他们“自由说”，结果不少成绩中下的学生，要么在小组里“哑口无言”只做“陪伴郎”，要么就说得支支吾吾，零散无序，既浪费时间又使学生养成不良的表达习惯。因此，教师在学生交流之前应该提出一个“交流建议”，使学生“有话可说”、“有话能说”。

例如：学习“统计”时出示：

张莉同学1—7岁身高增长情况统计表

年龄/岁	1	2	3	4	5	6	7
身高/厘米	70	84	92	99	105	111	116

在学生独立观察和思考的基础上，组织学生进行4人小组的交流。教师提出建议：由组长安排“说”的次序，人人都要发言(不善于发言的大家要进行帮助和激励)，没轮到时认真倾听(通过倾听去评价别人、反思自己)，发言时围绕以下一些问题来展开：(1)从表中可以看出张莉同学的身高和年龄有什么关系？(2)哪一年龄段长得最快？哪一年龄段长得最慢？(3)预测一下，张莉8岁时可能有多高？(4)你还能提出哪些数学问题？

五、充实合作学习的教学环节

(一)组内合作阶段

教师要精心设置讨论题,选择适宜的讨论方法,并帮助做好适度的调控。针对不同的学习材料,还应选择不同的小组讨论方式,这样也能满足学生多方面的交往需求:(1)中心发言式,一人作中心发言,其他学生作必要的修改、补充。这种方式有利于形成统一的意见,但易出现一两个人包办一切的现象;(2)指定发言式,组员举手,组长指定发言,其他组员有不同意见的,可继续举手发言,最后由组长综合大家的意见。这种方法保证小组讨论秩序井然,但学生的发言受到一定的限制;(3)唧唧喳喳式,小组成员自由发言,讨论起来比较宽松自由,可以活跃学习气氛,但容易造成学习秩序的混乱,一般要与指定发言式交替进行;(4)两两配对式,同桌先进行交流,然后再把意见带到小组,它适用于难度较大的思考题和拓宽思路的提高题;(5)切块拼接式,接受任务后,由组长将任务分解,每个组员担当某一方面的"专家",思考后再在小组内汇总,它适用于多步骤的操作训练题等;(6)接力循环式,组员轮流发言、作业,宜用于开展小组内的学习竞赛,促进学习者平等竞争、共同参与。为便于操作,教师还可以研制一些非言语性的符号,如用一个人像表示讨论方式为中心发言式,用两个面对面的人像表示讨论方式为两两配对式等等。这些方式本身并无优劣之分,关键是要求教师能根据布置的内容,灵活地选用与之相匹配的方法,只有这样,讨论才能高效、有序地进行。

(二)组际交流阶段

教师要善于鼓励、引导一个小组勇敢地面对大家(汇报者代表小组,并由小组推荐),自由充分地展现他们本组的合作成果。此间,教师既要有所为,又要有所不为,即不应随意终止该组的汇报和展示,不应对该组的见解仓促进行肯定或否定,不应对汇报者进行"启发"和"诱导"。教师应该组织、提醒其他小组仔细倾听、认真观察、深入思考汇报小组的结论,并与自己小组的结论进行比较,找出一致见解或不同观点。待汇报小组阐述完本组观点后,教师应激发其他小组相继地、有秩序地发表自己的看法:持相同观点的,可以用自己的实例或论证加以补充、完善;持否定观点的，则指出对方结论中的“症结”，对其观点进行批驳，并提出本方观点；尚有疑问的，则向相关小组提出质疑，请相关小组给予答复等等。此间，教师需要把握的要点是：(1)尽量全面掌握全班学生的讨论情况，做到心中有数；(2)注意发现闪光点，为调整后续的教学策略寻找最佳切入口；(3)引发争论，将问题的探讨引向深入。

(三)集体认同阶段

通过前两个阶段，解决中心问题的探究活动已基本结束。然而，在学生的脑海中，问题的结论却显得颇为繁杂，需要经过梳理和提炼，学生之间也存在着理解、掌握水平上的差异性问题，需要经过进一步的总结和明确。首先，教师引领学生以小组为单位对第二阶段的“组际交流”进行回顾、整理和反思：(1)大家普遍认同的结论以及解决问题的方法有哪些？(2)大家有没有分歧？如果有，那么分歧主要集中在哪些问题上？(3)有没有无法解决的问题？然后，小组共同交流整理后的结果。本阶段为教师接下来的教学提供了重要的依据，一方面，对于学生集体认同的“正确的”结论或方法，如果是正确的，教师应给予热情的表扬或鼓励，如果这些结论或方法尚有不完善之处，教师应着重指出，并给予改进和完善；另一方面，对于学生集体认同的分歧或无法解决的问题，教师应给予精讲、点拨，因为这里的讲才是学生最需要的，也必然是高质、高效的。

以上三个阶段各有侧重，第一阶段以独立思考为基础，第二阶段以小组汇报、交流为主体，第三阶段以回顾、反思为主要活动，环环紧扣，步步落实。

专场2：小学语文

一、给学生独立的自信

从心理测试和调查问卷中的多项指标获息，课堂上约有57%的学生从众心理强。他们常常丢弃自己内心的真实想法，被老师和“权威”同学的意见左右，不敢大胆地说出自己的“主张”，亮出自己的“声音”。因此，教师在课堂教学中有意识地科学地培植学生“做好自己”、“做亮自己”的精神品格，显得尤为重要。

(一)给他一对自信的翅膀——相信自己

【案例】《珍珠鸟》

我让学生为课文中的插图(人鸟和谐共处的画面)题名。学生的题名有“朋友”、“幸福”、“温暖”,大多是从人鸟双方的和睦关系进行构思命名的。巡视时,我发现一名学生题为“期盼”,可交流时,他却改为“美好”——

师:开始,你为什么题为“期盼”?能告诉老师吗?

生(不好意思,又有点害怕):我觉得,人与鸟相处得这么美好,太少见了,我期盼能多一些这样的场景。

师:你的这种想法不是很特别吗?如果你把自己的观点坦露给同学们,大家肯定会很赞同的。你怎么又改了呢?

生:我跟他们的想法不同。

师:不同好啊!这说明你的思维与众不同,很独特呀!人啊,最重要的是要有表明自己想法的勇气,可不能人云亦云!你说是吗?

生(眼睛一亮,又有点害羞):知道了。老师,其实我题为“期盼”还有一层含义呢,我想作者肯定也期盼珍珠鸟能永远像现在这样依偎在自己身旁,珍珠鸟也期盼自己能永远拥有这样一位呵护它的主人。我说得对吗?

(二)给他一双批判的眼睛——反思自己

例如:教学《蘑菇该奖给谁》时,学生就“蘑菇能不能奖给小黑兔”展开了一番辩论。大多数学生认为蘑菇可以奖给小黑兔,因为它母亲事先并没有讲明比赛的要求,更没有讲明比赛的对手。于是,教师引导学生对自己的思考进行一番斟酌:如果你是小兔,你愿意做小白兔还是小黑兔?做一个像小白兔一样敢于挑战强手的人,还是做一个像小黑兔一样轻而易举战胜弱者的人呢?做哪一种对自己的发展更好?经过思想斗争和思维的不断交锋,学生们对自己的想法有了清醒的认识,敢于和高手较量,虽败犹荣。后来,在教学《蚂蚁和蝈蝈》时,对蚂蚁的勤劳和蝈蝈的懒惰,学生又有了一番讨论。可喜的是有些学生已不再人云亦云,他们能大胆地、批判性地提出自己的观点:蚂蚁和蝈蝈各有各的劳动观念,但自己更欣赏蚂蚁,不愿意做“无远虑”的蝈蝈。

(三)给他一个宽广的胸怀——完善自己

【案例】《游园不值》

一次语文实践活动课上,杨凯同学和秦磊同学合作表演古诗《游园不值》。排练时,秦磊坚决要求就诗意加以表演和背诵。而杨凯则提议,结合自己的想象,再充实一些游春情节,以凸显古诗内涵。我暗地里开导杨凯,劝慰他包容秦磊的"自以为是",同时派班长和他一起讲道理给秦磊听。慢慢地,秦磊接受了他的意见。表演成功后,面对老师和同学们的夸奖,秦磊说:"如果当初杨凯也和我一样任性,闹情绪,表演肯定会中途'流产'。幸亏杨凯大度,包容了我的错误,我真得谢谢他!"杨凯则落落大方地说:"从你身上,我也学到了不少,我们在一起合作,是借鉴对方长处、吸取对方优点的最好时机。如果没有你,光靠我一人,又哪能成功呢!"

二、给学生合作的舞台

(一)合作学习的目标

1. 促进学习与促进合作

一些学校和教师还只是盯在"分数"上,还是追求单一的认知性目标,只重视通过合作促进学习,忽视了通过学习促进合作,这就有悖于合作教学的应有之义。教学与交往是一种同构关系。合作和学习应该是相辅相成的,合作既应该是学习的手段也应该是学习的目的。学生的合作精神和能力应该在知识的学习中形成和发展,虽然合作精神和合作能力对于知识学习的促进性作用短期内往往难以体现出来,但是学生非认知品质的优化、合作能力的提高最终会促进学生诸方面的和谐发展。

2. 缩小差异与扩大差异

与分层教学一样,合作教学也是一项面对学生差异的革新试验。但在实际工作中,一些教师往往误以为面向全体学生,促进学生全面发展,就是要缩小、消除学生间的差异。其实,面向全体与面对差异之间并不矛盾。学习差异是一种具有某种合理性的客观存在。个体间性别特征、心理特征与心理发展潜力诸方面都存在差异,必然会导致学习差异。学习差异有横向差异与纵向差异之分,横向差异是就不同维度而言的,是指个体不同智能发展水平的差异;纵向差异是就同一维度而言的,是指个体同一智能发展水平的差异。加德纳的多元智能理论就比较好地解释了这一点。横向差异并无优劣之分,因而根本不存在"缩小"、"消除"的必要。即使是纵向差异,也未必需要完全"缩小"或"消除"。我们应该利用、适应学生之间的差异,促进各类学生在原有基础上都有所发展,让每一个学生都能通过合作学习提高自己的合作意识和各项能力,合作教学关于"提高分"的评价方式就是为此而设计的。

(二)合作学习的分组

1."座位编排"不等于"形式"

在实施小组合作学习过程中,学生分组的座位排列方式往往直接影响着学生合作参与的深度和广度。教师适当改变座位排列方式,按学生的学习水平、智能情况、性格特点、操作能力等具体情况混合编组,例如教师将桌子摆成L型、矩形、圆桌形、方阵形或其他各种新组合方式,学生不再只是面对教师,更可以直接面对学习上的同伴,这一形式虽然不是合作学习的关键,但也显得非常重要。这种座位编排的形式创设了"无威胁"的课堂气氛。

2."分组"不等于"好、中、差搭配"

在教学实践中,往往按照学习成绩将好、中、差不同层次的学生搭配在同一个学习小组中,这样容易给一部分优秀学生造成超越于集体的优越感,而另一部分学生则产生一种自卑感、抵触感甚至产生合作时"随大流"和"搭便车"等现象。一个好的分组方法应该是根据优势互补原则对学生进行针对性分组,这样就既承认了同学之间的差异,又能结合教师对每一个学生的充分了解。例如,可以首先承认所有的学生都有优秀的一面,然后让学生自愿组合成学习小组,最后在征得小组成员的意见后,教师再适当调整,这样做的理由是因为学生比老师更了解自己。

3."小组成绩"不等于"个人成绩"

合作学习强调的是集体的成就,每个学生对小组的成就都负有重要责任。因此有的老师简单地认为个人成绩就是集体成绩的简单平均是很不科学的。由于成绩评价和奖励的不公,更容易直接造成新一轮合作学习中部分学生积极性受挫的问题。一般来说,小组成绩不能等同于个人成绩,两者应该分开评价并分开奖励。例如,可以设立最佳合作小组奖,作为对合作任务完成得出色的小组进行奖励,这项荣誉为该合作小组的全体组员享有,对于个人,可以设立最佳表现奖、优秀个人奖等单项奖,作为对个体的奖励。合作学习的成绩评价应该注意点面结合、结果与过程相结合，对合作小组的评价应着眼于过程，而对个人的评价应比较偏重于结果。

（三）合作学习的时机

1. 在重点难点处合作

例如，《我盼春天的荠菜》一文中，有一句话："我不敢回家，我不是怕妈妈打我，而是怕妈妈那哀愁的眼睛"。学生很难理解，是教学的难点。教师如能组织学生抓住"哀愁的眼睛"，从整体切入，通过分组学习，让学生合作探究，在小组中交流各自的体会和感受，促使学生对课文有更深入全面的思考和感悟，教学效率就会大大提高。

2. 在思想矛盾处合作

例如，教学《琥珀》一文，有学生质疑："我发现课文中有矛盾，前面写'太阳暖暖地照着'，后面却写'太阳光热辣辣地照射'。"教师引导学生讨论：课文为什么多处写到"太阳"呢？可能和什么有联系呢？学生发现：早上，太阳刚出来，让人感到不怎么热，所以是"暖暖地照着"；而到了夏天的晌午，太阳升到头顶了，所以"火辣辣地照射着整个树林"。正因为太阳光渐渐地变得热起来，所以人们可以闻到松脂的香味；而到了晌午，太阳光变得更强烈了，所以老松树渗出厚厚的松脂来，才会发生下面的故事。这样学生明白了，原来课文几处写到"太阳"是与松脂球的形成有关系。

3. 在教材空白处合作

例如，《穷人》一文结尾写到桑娜一家生活拮据，可还收养了邻居的两个孩子。教师设下悬念：这些穷人的命运将会怎么样呢？让我们也当当小作家，把故事续编下去。虽然是续写大作家的作品，有一定的难度，但由于学生兴致高昂，小组同学之间优势互补，他们的潜能得到了很好的发挥。小组讨论，代表发言，一个比一个说得精彩。最后再让学生写下来。"思"、"读"、"写"三结合，可谓"一石三鸟"。

4. 在反馈评价时合作

许多语文课的效率不高，有一个重要原因是教学过程中缺少及时的反馈，教师对教学效果缺乏行之有效的检测、监控策略。通过师与生、生与生之间的合作来评价学习效果，反馈教学情况，应是一种切实可行的办法。例如以同桌合作来检测抄写、默写的情况，以小组合作来检查听说读写的效果……

（四）合作学习的结局

1. 要避免成为教师的传声筒

有的教师为了让合作学习之后的交流更顺利，与自己的教学设计更吻合，在学生小组活动的过程中，利用巡视的机会，通过一些简单的提问，将自己所希望的结论有意识地暗示给学生，甚至趁机安排好下一环节的教学内容和程序。这样的实质是“变相灌输”。

(1)交流要定“质”

课堂交流，它应当有可供客观衡定的质量标准。这就首先要区别“课堂交流”与“提问应答”之间的区别。第一，提问应答常常是教师考问，学生则多数为被动地指名回答，“课堂交流”则是学生有充分的探究准备之后的主动要求和自我展示；第二，在传统的逐段讲问的课堂中，面对教师琐碎的提问，学生习惯于简单回答，往往只是从课文中找个别词语或句子以读代答，很少有自己的见解和感悟，而课堂交流则应当以成段的话语，进行有头有尾、有理有据的阐述，如果学生不会交流，教师则应当引导学生逐步学会交流，而不能消解了“质”的意识，淡化了“引导过程”；第三，提问应答多数形成的只是师生双向之间的短距离交往，而交流则往往体现为师生之间、生生之间的多向思维碰撞，有助于激起头脑“风暴”。

(2)交流要定“题”

课堂交流的呈现虽然可以分布于教学过程，但主要还是在深读探究阶段。这时的课堂交流能否到位，与探究题的质量是有重要关系的。这就是说，交流题要有较大的覆盖面(能涉及课文的大部分，有充分的思维空间)，有较强的穿透力(能直击课文的要旨，有正确的思维定向)，有较好的探究性(能引发疑窦，有合适的思维强度)，有较浓的情趣味(能激起研读兴趣，有一定的思维诱力)。

(3)交流要定“程”

交流是一个过程，而不应单一地急于去追求结论，甚至把凝固的结论强加给学生。所以，良好的课堂交流状态，它既是学生从不会交流到学会交流的方法掌握、提升过程，更是不同的认识相互排斥、冲撞、融合、认同的过程。

(4)交流要定“本”

课本是一课之本，也是学生深入解读、产生感悟、引发体验之本。因此，课文的用词造句、语言示范，不可淡出交流圈。有些学生在交流时往往忽视了研读课文的词句，而习惯于用自己不规范的语言去讲情节，甚至凭感觉揣摩。这种习惯很不好，使交流消解了教材作为语言范本的作用。语文课有别于其他学科的地方便在于它不仅要使学生明白课文说什么(这是各门学科都要达到的)，更要去品赏课文是怎么说的(这是语文课所特有的）。所以，“课文是怎么说的”，也就应当更多地体现在语文课堂的交流之中。

(5)交流要定“量”

在学生自主读书、合作探究的课堂里，交流成了一个十分重要的讨论、开掘和点拨、提升的平台。学生的解读感悟，教师的顺学而导，都得借重于这个平台，所以，交流就不能只是“蜻蜓点水”，也不可“虚晃一枪”，必须保证占有一定的时空的量，才能有充分的生成。

2. 要避免成为优生的传声筒

(1)先写后说

讨论前，小组成员先独立思考，把想法写下来，再分别说出自己的想法，其他人倾听，然后讨论，形成集体意见。这样可保证小组中的每个成员都有思考的机会和时间。

(2)有的放矢

在小组中每位成员独立思考后，抽签决定一位成员陈述自己的意见，其他成员以他的意见为靶子，发表自己的见解。

(3)互相提问

我们可以要求学生在阅读文本或材料的基础上互相提问，可小组内提，也可小组间提。学生总期望能提出难住对方的问题，这样，学生会更认真地阅读、更深入地思考。

(4)组员流动

在分组合作时，可采用小组成员动态编排的方法。如让女生固定在座位上，而让男生流动等。这样，不仅使学生有新鲜感，而且使学生不断有机会了解更多的观点；也可以打破组内长期形成的有的学生在组内起控制作用，有的学生则处于从属地位的态势，给每位学生提供平等发展的机会。

画龙点睛

•你有一个苹果，我有一个苹果，交换以后，每人仍然只有一个苹果，也就是“1＋1＝2”，但前提是每人先得有自己的苹果；你有一种思想，我有一种思想，交换以后，每人可能不只一种思想，也就是“1＋1＞2”，但前提是每人先得有自己的思想。

课堂焦点 9

“学科知识”与“学科文化”

“学科文化”问“学科知识”:“你是谁呀?”

“学科知识”说:“我是你的灵魂呀。”

“学科文化”不相信自己的眼睛:“怎么长得不太像呢?”

“因为你已经增光添彩了,长了见识,添了气质。”

经 DNA 鉴定,“学科知识”确实是“学科文化”的本体。

旁征博引

[爱花及人]

在电视上看到这样一个画面:记者请一位资深的老花农谈经验,他于是一边给一枝花示范施肥、浇水,一边讲解管理要领。末了,他抬起头看看镜头,以为节目结束,便俯下身子,轻轻抚摸着花枝,说:“你今天好漂亮、好精神啊!”记者觉得奇怪,问:“你每天都这样赞美它们吗?”“不。但还是常有的。”老花农解释说,“花跟人一样,它能听懂你的话:及时得到表扬,一高兴长劲就大了,明天你来看,小家伙会长得更好呢!”

曾看到一个小女孩和一个小男孩在公园里追逐玩耍,小男孩不小心把一朵鲜花扯了下来。小女孩停下来,急得大叫:“你弄痛它了!”

花的感觉,小女孩是如何体验到的?可是,那种痛,经她那么一说,却分明在我们心中轻轻地蜇了一下,竟如此真切!

经常感动于公园管理人员的创意,“草木孰能无情,愿君足下惜青”,在那青青草地的一块奇异的石头上刻有这样几个字,每次走到此处,心头总有一股暖意在流动。

[教育启示]

在一般人眼里,“怎样养花”只是一种专业的知识,是没有感情的;但在养花人眼里,“怎样养花”却是一种特有的文化,是具有感情的。他的成功可能就在于:他用专业化管理使花具有漂亮的外形,而用人文化管理使花具有美丽的神情。

在教育教学中，一方面，孩子自有他们多姿多彩的世界，这也就是孩子有属于自己的“儿童文化”；另一方面，学科知识有着它自身的文化领域，还有着超越它本身的文化视野。在教学中，我们应该力求体现这基于学生的“儿童文化”和基于学科的“知识文化”，这样我们的教学就会充满诗情画意。

绝对现场

[讨论缘起]

在传统教学中，许多人将学科教学等同于知识、工具和技巧，于是工具性的技巧训练充斥学科教学过程中，形成了保守、自缚、僵化的“茧式”课程文化，削弱了课程本身所具有的创新培养、思想净化和文化再造等诸多教育功能。

在新课程教学中，提倡关注学科知识的同时要关注学科文化。然而，课程改革实验中出现了另一种倾向：重视人文性，忽视工具性，变以往的重“技巧训练”弃“体验感悟”为如今的重“体验感悟”忘“技巧训练”，造成知识本体的失落或淡化。

另外，许多教师把“工具性”和“人文性”看成了两极框架，错误地将两个概念“实体化”，认为“工具性”与“人文性”是两类均可实指的“客观事物”，从而煞费苦心地将其在教学过程中加以外化、突出或放大。

A.“保守”现象:偏重“学科知识”,轻视“学科文化”

病态扫描:学科封闭:只唱一首歌

【教学片段 1】“有趣的拼搭”

师:通过活动,你发现哪一种物体比较难堆?

生 1:圆柱比较难堆。

师:为什么呢?

生 1:因为它容易摔跤。

生 2:球最难堆。它总是坐不住,滴溜溜地滚。

教师连忙用数学语言“它们的稳定性比较差”进行纠正和规范,这些一年级的学生表现出似懂非懂的表情。

【教学片段 2】“轴对称图形”

师:学了新知识,你会举一些轴对称图形的例子吗?

生 1:……

生 4:人的屁股是对称的。

生 5(受生 4 影响):我妈妈的乳房是对称的。

师:停!你们想到哪里去了?你们怎么可以想到这些呢!下不为例!

【评点】

与成人不同,数学在孩子眼中是五颜六色的。枯燥、生硬的数学“经典”知识,“播”在孩子那里,“扎根”的是孩子的儿童世界,“浇灌”的是孩子的天真浪漫,这就可能“开”出了一些成人意想不到的“奇花异草”。有些孩子的语言似乎是“非数学化”的,例如“摔跤”、“坐不住”等,有些孩子的语言似乎是“荒诞不经”的,例如“屁股”、“乳房”等。如果我们转换视角,细细品味,就可以透视出孩子思维的真实性和广阔性,儿童文化赋予了学习材料以生活意义和生命意义。

言为心声，童言无忌。教师要善于听出学生“漂亮”语言的弦外之音、言外之意，理解儿童文化与成人文化之间的区别，发现他们谬误中蕴含的新奇、琐碎中寄托的真切、荒诞中包裹的合理，引导他们的思想抽穗、情感聚变、知识拔节。

理性操作：学科开放：同唱一首歌

【教学片段3】“循环小数”①

师：同学们，你们玩过击鼓传花吗？谁来说说是怎么玩的？

生1：“击鼓传花”是这样玩的：一个同学用布蒙住眼睛开始击鼓，其余同学听着鼓声传花。鼓停时，花在谁的手里，谁就要表演节目。

生2：鼓停时，花才能停下来。

生3：传花时不能乱扔，要一个一个按顺序传。

师：对！就是要按照一定的顺序依次（加重语气）传。如果鼓声不停下来，想象一下，那朵花会怎样呢？

生4：一直传下去。

生5：花会在同学的手里传了一圈又一圈。

师：是的！花会按次序不断地一圈一圈重复（加重语气）传下去。下面我们再来做个游戏。先听我拍手×××|×××|，你们会按照这个节奏依次不断地重复拍下去吗？（学生一起拍起来）拍下去能拍完吗？

生6：拍不完，因为你让我们不断地重复拍。

师：对，“不断地拍”就是“无限地拍”，无止境。那么再拍下去节奏会变吗？

生7：不会的。因为要依次重复拍，所以后面的节奏和前面的还是一样的。

师：“依次不断重复出现”，也就是“循环出现”。“循环”出现不仅可以在打节奏、击鼓传花中用到，在生活中也常常能看到，你能举个这样的例

---

① 江苏省锡山高级中学分部　陈蓓蓓

子吗?

生8:一年四季,都是按“春—夏—秋—冬”的顺序出现的。

生9:在自然课上老师介绍过月亮形状也是按照顺序变化的。月初是新月、上弦月,月中是满月,月底是下弦月,最后又回到新月。下个月再这样循环。

师:说得非常好!在自然知识里也有许多循环出现的现象,比如太阳每天会东升西落,月亮每个月有阴晴圆缺,一年四季更替等等。

生10:我觉得在体育课上老师喊口令:一二一,一二一……这样的口令也可看作循环出现。(同学听了哈哈大笑)

生11;我在数学兴趣班学到这样的题△○○△○○△○……,问后面是什么图形?这里的图形就是一个△两个○这样循环下去的。

师:是啊,在数学里也有循环的现象。大家来算一算1÷3,你可能发现了什么?

【评点】

循环小数的意义之所以难以理解、表达,是因为其中有几个关键字词需要学生正确理解,如“依次”、“不断”、“重复”等等,如果这三个词仅仅让学生在数学的世界中去认识它们,是很枯燥和抽象的。“循环”的现象对于学生并不陌生,在他们的日常生活和其他学科学习中已耳濡目染,有了一些感性的经验。所以,教师创设了综合学习的情景,分三层引导学生去探索、发现、体验。像这样打破学科限制,允许学生在数学课中研究与数学有关的其他问题,可以使数学从其他学科的问题中找到应用的广阔途径,丰富对数学内涵的理解,从而突破教学的重点和难点。

病态扫描:缺乏文化视野,窄化文本解读

【第1种教学】《望月》

《望月》是一篇美文,十几岁的小外甥面对皎皎明月吟诵出了许多描写月亮的优美诗句,把月亮想象成天的眼睛,把月亮落下去了想象成了月亮困了,要睡觉了。许多老师在教这篇课文时都不约而同地引导学生进

行拓展延伸：①你还知道哪些描写月亮的诗句，课前查找资料进行搜集、背诵，课上吟诵比赛；②你对月亮会产生什么奇特的想象，发表你的见解。

【评点】

这就是这篇美文要学生掌握的东西吗？其实，这样的文本处理由于缺乏文化视野而走入了狭隘。我们不妨多问几个为什么：为什么一个十几岁的小孩会对月亮情有独钟，吟诵出那么多的优美诗句？为什么这个小孩能无比兴奋地把月亮想象成天的眼睛，并绘声绘色地给"我"讲述妙不可言的"月亮童话"？……答案很明了，这不就是在昭示我们：用心去亲近自然，用心去亲近世界，大千世界也就会亲近我们人类，世界便会给予我们无穷无尽的美妙与快乐。

理性操作：置身文化解读，敞亮学生视野

【第2种教学】《望月》

第一步，吟咏文本，含英咀华：引导学生反复朗读课文，读出韵味读出灵性，并在对话中交流出小外甥讲述"月亮童话"时的天真可爱的神情，充满趣味的奇特想象，浑然无痕的流畅语言。

第二步，引进资源，拓展文本：同学们，可爱的小外甥用他纯真的童心去观察月亮，获得了自己独特的体验，他仿佛和月亮成了亲近的朋友。的确如此，当我们用心去体验这个世界的时候，世界便会给予我们意外的收获。老师带来了一则小故事，读了之后相信你对此会深有同感的。

苏姗解谜

在巴黎卢浮宫里，有一块希腊的大理石像断片，上面刻着两个美丽女孩的侧影，她们面对面，在彼此赠送手里的莲花。在希腊，莲花被视为神圣的花，传说，莲花杯形蓝色的花蕊是一种能吸尽苦难的遗忘剂。为了研究这块石雕上那两个女孩形象的含义，众多学者费尽心思进行考证，翻阅了大量资料，引经据典，却始终没有得到最具权威的结论。很偶然的一天，一位名叫苏姗的小姑娘跟着爸爸来到卢浮宫，走到这块大理石雕面前，苏姗便情不自禁地吻了吻那两个手持鲜花的女孩。

"你知道吗,她们为什么要互相赠送一朵花?"苏姗的父亲随口问道。

"她们在互相祝贺生日。"苏姗脱口而出,紧接着,她又补充一句:"因为,她们长得一模一样,她们是在同一天过生日嘛!"

在心灵的体验下,在童真的遐思下,小姑娘最自然、最本能的反应,却道出了多少深奥的学者所孜孜以求的对一件艺术品的诠释。

第三步,回归文本,探究升华:①同学们,读了苏姗的故事,我们不禁又想起了文中的小外甥,现在我们再来读小外甥,我们一定又有了更深的感受;②小外甥和月亮一样去睡觉了,他把观察想象的空间留给了我们大家。你们看那夜幕下的江面,江边的山、树,深邃的天空,你也用你的心去体验、去遐想,你又会生发出怎样的情愫与想象,拿笔写下来。

【评点】

这个教学不是在贴文化标签,而是紧扣文本挖掘文本的文化内涵;拓展文本,放大信息视野;回归文本,自由创造体验,在语言实践中,升华对语言的文化透视。

教育贵在精神与文化的引领,当我们站在文化的高度引领学生去审视一篇篇文章,去品味语言、运用语言时,我们的学生定会从狭隘走向广阔,其内心必然一片澄明,视界必然特别敞亮。

B."激进"现象:偏重"学科文化",轻视"学科知识"

病态扫描:文化味何须浓浓的化妆

【教学片段1】"轴对称图形"[①]

为了彰显"轴对称图形"的文化内涵,我搜集了大量有关"轴对称图形"的资料,有自然景观、有民间工艺、有商标集锦、有经典图案……应该

① 江苏南京市北京东路小学 张齐华

说.轴对称图形的美感及其文化内涵在这一设计中得到了相当充分的体现。

认识轴对称图形的概念后,我出示5个平面图形:你觉得哪些是轴对称图形?

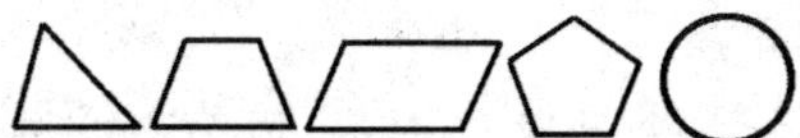

师:同学们发表了不同见解。那究竟该听谁的?

生:动手试一试吧。(学生拿出这5个图形动手操作、验证。)

生1:我想说这个平行四边形。原以为它是轴对称图形,可是把它对折后,我才发现它并不是。

生2:老师,我不同意。我也把平行四边形对折,它是一个轴对称图形。

生3:我把这个平行四边形对折后,发现两边是两个完全一样的梯形,所以我们认为它是一个轴对称图形。

生4:我们反对。虽然对折后两边大小一样,但并没有完全重合,你看,这边多出了一些,而那边又少了一些,不符合轴对称图形的定义。

生5:我反对。虽然对折后两边没有完全重合,但只要我们沿着折痕剪开,换一个方向后两边就能完全重合了。所以我们认为它是一个轴对称图形。

生6:对折后两边完全重合,才算是轴对称图形,剪开后两边重合是不算的。

生7:(补充)不然,黑板上应该写"对折剪开后两边完全重合"了。

生8:再说,如果剪开的话,原来图形的特点已经被破坏了。最多只能说现在的图形是轴对称图形而已。

生9:如果平行四边形的四条边长度一样,变成一个菱形的话,(我颇感意外,临时剪了一个菱形)把它对折后,两边完全重合,所以它是一个轴对称图形。

师:你的发现告诉了我们,也许一般的平行四边形不是轴对称图形,但有些特殊的平行四边形却是轴对称图形,比如菱形。

生10:我觉得还有长方形和正方形,它们对折后也能完全重合。

生11:既然这样,我觉得屏幕上这个三角形虽不是轴对称图形,但有些特殊的三角形却是,比如等腰三角形和等边三角形。

生12:正五边形通过对折,我发现它是一个轴对称图形,但如果它不是正五边形，那它就不是了。（正在这时，我发现有位学生画了这么一个五边形：⬠，我顺势拿起这个图形，放在实物展台上。）

师：瞧，这位同学画了这样一个五边形，想象一下，它是轴对称图形吗？（是！）看来，除了正五边形外，有些特殊的五边形同样也是轴对称图形。

生13：我认为圆是一个轴对称图形，因为把它对折后两边能完全重合。而且圆的直径就是它的对称轴。

师：能和圆的其他知识联系起来进行思考，真不错。不过，准确地说，直径所在的直线才是圆的对称轴。

生14：我还想补充，不管什么圆，它都是轴对称图形。

师：你的补充很有见地。讨论平行四边形、梯形、三角形时，我们既要考虑一般的情况，又要考虑特殊的情形。但圆就不同，所有的圆都是轴对称图形，不存在什么特殊的情况。看来，数学学习中，具体的问题还真得具体对待。

【评点】

文化不是外在的附属品。数学的文化诉求不应从数学之外去找寻。这节课的最大看点似乎在大量对称图案、标志、建筑的介入以及桂林山水和生物对称性的渗透，这些固然很好地体现了轴对称图形的美与和谐。然而，本课最为成功也最能充分彰显数学文化魅力的地方反而是围绕“5个图形中哪些是轴对称图形”所展开精彩的教学对话。粗粗看来，内容朴素无华，似与文化相去甚远，然而细细琢磨，这当中所体现出的对于数学思维的有效关注和巧妙引导，对于数学思维品质及数学思辨能力的培养，以及由思考而带来的智力愉悦，恰恰彰显了更为本质的数学文化魅力。

数学最内在的文化特性应该是数学本身，应该反映数学的个性，体现数学的思维魅力。如果数学课堂使学生真正感受到了思维的快乐，并且因为思维品质的优化和思维能力的提升，而使学习个体的本质力量得到体现，那么，数学的文化张力也就真正得到了彰显。

理性操作:文化味只需轻轻的点化

【教学片段 2】“比的意义”①

师:下课之前,我想介绍在 100 多年前一位德国的心理学家做过的一个实验,今天我想和大家一起重做这个实验。愿意吗?(生齐:愿意!)

多媒体显示:

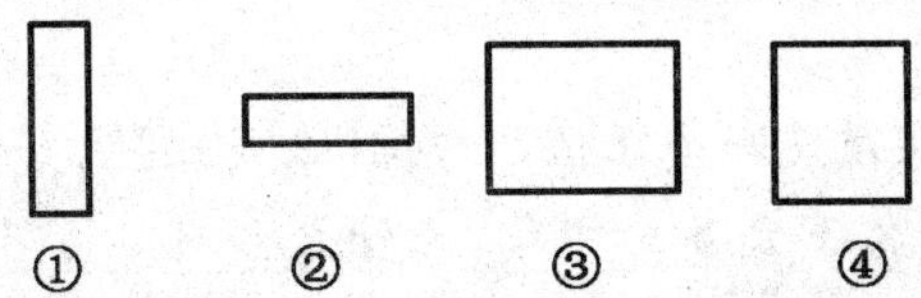

师:投影中的四个长方形中,你认为哪个长方形最漂亮?(生举手表决)

师:很多同学都认为④号长方形漂亮。没想到事隔 100 多年,我们的眼光和那位心理学家的研究结论不谋而合。

师:为什么许多人都觉得④号长方形最漂亮?因为这个长方形的宽和长的比的比值接近 0.618。我们数学书的封面宽与长的比值接近 0.618。16K、A4、8K 纸的宽与长的比值也接近 0.618,相片宽与长的比值还是接近 0.618……

师:人们把 0.618 这个数叫“黄金数”,它是美的象征。古希腊人认为:最美的人的体形应是肚脐把身长作“黄金分割”,也就是人肚脐以上的身长和肚脐至脚的长的比值是 0.618。古希腊许多建筑中都有 0.618。在现代的生活中也有很多应用,例如华罗庚的“优选法”等。想了解一下吗?(生齐:想!)下面我们上网看一看,在百度中输入 0.618,会有什么结果?

生 1:0.618 与购物有关系,是优选法中的一种。

生 2:0.618 与膳食有关系。

生 3:0.618 在军事上也有用途。

---

① 江苏省淮安市实验小学 毛文波

生 4:0.618 在股市上也有作用。

生 5:还有专门的 0.618 研究所。

师:由此可见,黄金数在各个方面都有它的用途。难怪 17 世纪欧洲著名科学家开普勒曾把“黄金分割”和“勾股定理”称为几何学的两大宝藏。如果大家想更多地了解有关0.618和黄金分割,可以上网仔细查阅。过几天我们再一起交流,好吗?

“这节数学课留给学生印象最深的是什么?”第二天,我进行了调查。调查结果是:全班56 位同学中有30 位同学对“黄金数 0.618”留下了很深的印象。

【评点】

“黄金数”其实质是一个比值,但对什么是比值,如何求比值,学生已会了,课后并没有留下太多的印象,为什么会对 0.618 那么难忘?因为 0.618 具有文化味,那么多的文化背景,学生怎么能不兴奋?情绪怎么会不高昂?怎么会不惊叹?投资了那么多的情感,当然难忘!因为数学知识无需终生铭记,但数学精神会激励终生;解题技能无需终生掌握,但数学观念及其文化哲学会受用终生。

病态扫描:人文性的异化:大张旗鼓的思想教育

【第 1 种教学】《“精彩极了”和“糟糕透了”》①

师:对一个七八岁的孩子写的第一首诗,妈妈的评价是“精彩极了”,爸爸的评价是“糟糕透了”。这到底是怎么一回事呢?

生:妈妈的评价“精彩极了”,这是对孩子的赞扬与鼓励,爸爸的评价“糟糕透了”是对孩子的批评。

生:我觉得正像作者在文中所说的那样:“‘精彩极了’也好,‘糟糕透了’也好,这两个极端的断言有一个共同的出发点——那就是爱。”

师:作者为什么要说“精彩极了”和“糟糕透了”都是爱?

---

① 张家港市外国语学校小学部 李霞

生:我有时候虽然考试考砸了,但妈妈总是和我一起分析失败的原因,鼓励我下次考试时好好努力。我觉得妈妈的这种鼓励就是一种爱,这种爱使我在失败的时候重新树立信心,争取成功。

生:我爸爸、妈妈就不是这样。我一旦考试考得不好,他们就要狠狠地批评我,说我考试前不认真复习,考试时不细心,有时候我都被他们说得失去信心了。所以,我觉得批评并不是爱。

师:刚才这两位同学说的情况正好相反,那你们说说,一个人需要鼓励吗?

生:需要!

师:因为鼓励能给我们信心!那需要批评吗?

生:(有点儿疑惑)也需要。

师:为什么?

生:因为一个人如果一直生活在赞扬声中,那他就很有可能会得意洋洋,骄傲自满,就很有可能会迷失方向,所以,一个人的成长需要批评。

生:我觉得一个人的成长既需要鼓励,也需要批评。正如刚才两位同学说的那样,鼓励能给人以信心,批评能使人知不足,这样才能把事情办得更好,人生的航标才会有正确的方向。

师:说得真好!刚才那位同学,现在你是否理解你的爸爸妈妈了?

生:(笑了笑)嗯。

师:爸爸妈妈的批评也是对你的爱呀!那你们现在知道应该怎样面对赞扬和批评了吗?

生:当我得到一个人的赞扬时,我不应该沾沾自喜,不能被鲜花和掌声所陶醉,而应该反思一下自己是不是真的做得很好,值得别人去赞扬。

生:当我做错了事,受到别人的批评时,我也不能气馁,应该正确认识自己的不足,树立信心,争取把事情做得更好。(许多学生都谈了体会,而且谈得不错)

【评点】

教师为了使学生弄清楚"为什么说'精彩极了'和'糟糕透了'这两个极端的断言有一个共同的出发点——那就是爱?"这一问题,花费了不少心思启发学生,还让学生联系自己的实际生活谈体会。应该说,学生对这一问题理解得是比较深刻的,同时,学生也受到了一次非常生动、形象的思想教育:学生对父母的爱有了更进一步的理解,对"人生道路上应该如

何面对鼓励与批评”有了比较透彻的体会。

但综观整个教学过程，教师比较重视对学生的思想教育，而忽略了语言文字的训练。我们不能把语文课上成思想品德课，而要在突出语言工具性和基础性的教学过程中渗透道德教育。

理性操作：人文性的深化：潜移默化的文本感悟

【第2种教学】《“精彩极了”和“糟糕透了”》

在探究“为什么对同一首诗父亲与母亲的评价会截然不同”这一问题时，教师引导学生进行了三次对话：第一次对话，研读描写母亲、父亲评价的有关语句，说说你从中读出了什么。学生读文后纷纷说读出了母亲的惊喜及对“我”的赞扬，感受到了父亲的严厉；第二次对话，“那么，母亲仅仅是在赞扬诗的本身吗?”“父亲又仅仅是对诗质量的评价吗?”让学生带着问题再次深入阅读课文。学生从“他需要鼓励”、“那的确是一首相当糟糕的诗”等语句中体会到母亲的赞扬其实更重于对“我”的鼓励，也体会到了父亲的严厉是为了让“我”保持清醒的头脑，不骄傲自大。因为“我用最漂亮的花体字”书写、“用水彩笔在这周围描上一圈花边”、“急不可耐地等候父亲的夸奖”等语句已显现出“我”的得意、骄傲。此时学生的认识有了提高；第三次对话，“假如母亲对‘我’的第一首诗的评价是‘糟糕透了’，父亲的评价还会是‘糟糕透了’吗?”通过讨论，学生透过词句表面看到事情本质，明白了父亲、母亲两种截然不同的评价其实都是源于对“我”的深沉的爱。

【评点】

语文课程的核心理念是培养学生的语文素养。语文素养就是工具性与人文性统一的体现。语文教学要因文悟道，寓思想品德教育于语言文字的训练之中，而且这种教育是在语文教学过程之中进行的，应该是潜移默化的，不是孤立的，更非牵强的，或随意延伸的。案例中，三次对话从不同层面、不同角度发掘文章的内在含义，在层层深入的探究中，学生的思维得以深入拓展，文本的文化内涵得以深入发掘。

辨证认识

学科的工具价值和文化价值是辩证的统一体。学科的工具价值，只有与学科的文化价值统一，学科教学才能发挥最大价值。学科发展包括学科知识的发展和学科文化的发展。学科文化在学科知识的发展中产生，同时又促进了学科知识的进一步发展。

一、有效教学需要处理好"学科知识"与"学科文化"的辩证关系

斯普朗格以为文化是由两个相关过程组成：一个是文化的传播过程，另一个是文化的创新过程。提倡学科文化，是想提倡两种主张：一方面，主张不仅要从学科知识的自身逻辑，而且还要从人的文化素养养成的视角来分析作为教材的学科知识体系；另一方面，主张从个体的人获得文化修养的角度来检讨学生的学习方法。

科学哲学家拉卡托斯把一门学科、一种理论体系二分为由核心知识构成的"硬核"和由细节性知识构成的外壳性"保护带"。也就是说，核心知识是学科的根本，决定着该学科的存在。或者说，一门学科，因其"根本"才成其为这门学科所代表的独特的文化，学科中具体的知识、知识的细节只是文化的表层、外壳。如果说学科文化广义泛指学科中的所有知识，那么狭义所指应限于学科中核心的、特别的、能对人的修养产生重要影响的那些东西，那些深层意义上的东西。很显然，狭义的学科文化即学科的基本观点、看法、情感、态度、思想方法等。学科文化中的核心"知识"存活于各种语言、文字材料中。

1. 数学文化在于最大限度地张扬数学思考的魅力

数学有三个层面：第一个层面是公式定理，第二个层面是思想方法，第三个层面是文化价值。文化的载体可以是文字的，可以是非文字。数学文化的基本内容是数学史、数学家、数学思想、数学观点、数学思维、数学方法等等，数学文化的根本特征是它表达了一种探索精神。

数学文化不是简单意义上的"数学+文化"。数学真正的文化要义在于，它可以最大限度地张扬数学思考的魅力，并改变一个人思考的方式、方法、视角。数学学习一旦使学生感受到了思维的乐趣，使学生领悟了数学知识的丰富、数学方法的精巧、数学思想的博大、数学思考的美妙。那么，数学的文化价值必显露无遗。从这一意义上讲，任何数学课堂，我们都可以触摸到数学文化的脉搏，它是一种极轻极淡的文化浸润和熏染。

另外，英国著名数学教育家斯根普"我现在认为在'数学'这同一个名词下所教的事实上是两个不同的学科。"同样是教同一知识，但不同的人却在传授不同的文化。因为不同的授课者的文化背景有差异，教学观念有差异，所以学生接受的是不同的文化。

2. 人文教育是语文学科本质属性决定的个性任务

工具性是人文性的基础，它犹如硬币的两面，一面是人文性，一面是工具性，而语言文字是其共同的载体。离开工具性谈人文性，有舟无水，寸步难行；没有了人文性，那便是有水无舟，亦无法欣赏到"小小竹筏江中游，悠悠青山两岸走"的绝妙景致。

语文学科的工具性和人文性的统一必须掌握两点：第一，二者的统一，不能偏重某一方面。语文教学不仅仅要同各科一样完成思想教育的共同任务，而且进行人文教育是语文学科本质属性决定的个性任务；第二，工具性与人文性的统一，必须寓教于文。作为语文教材其着眼点是在语文形式；而其他学科如历史、地理、社会、思品等，教学的着眼点是在语言内容。语文教学着眼于语文形式，但并不是抛弃内容，语言所载负的人文、思想、情感内涵，是寓于语言之中的，也就是必须寓教于文。

工具性和人文性的统一是语文教学的宏观概念，不是每篇课文、每节课、每个教学环节都必须在这两方面同等对待，平均用力的。就具体课文而言，有的以落实工具性目标为主，渗透人文性目标，有的以落实人文性目标为主，兼顾工具性目标；就学段而言，小学阶段侧重落实工具性，中学阶段侧重落实人文性；就一节课而言，应该找准人文性和工具性的结合点，在适当的语言学习环节中渗透人文精神。适当的学习环节一般在“内容精彩处”，“语言运用经典处”，“学生困惑处”和“师生情感共鸣处”。衡量人文性和工具性的统一是否成功，主要看是否有利于语文教学三维目标的有机融合，是否有利于促进学生语文素养的全面提高。

二、有效教学需要处理好“学科本体”与“学科综合”的辩证关系

学科的界限不应是实线和直线，而应是虚线和曲线；学科学习应对超越学科框架的综合性学习予以支持和保障。但是，这并不意味着可以任意地弱化“科别(学科间的差异)”，无度地模糊学科的界限。

诚如叶圣陶先生所说：“教育的最后目标都在种种境界的综合，就是说使分立的课程能发生的影响纠集在一块儿，构成了有机体系的境界，让学生的身心都沉浸其中。”而相对于“教育的最后目标”，现时的学科教学还只是一条路径，这条路径必须是清晰的，相对独立的，即不管怎样“综合”，它归根到底要体现学科的鲜明特征。而所谓的“纠集”，必须建立在较为坚实的分科教学基础之上，而且在学生那里，它是一个无形的、不自觉的“内化”过程。

以语文教学为例，我们借用佛家禅悟的“三境界”来说明这一关系：语文姓“语”名“文”，正如“山就是山，水就是水”一样，个性非常鲜明，故要扎扎实实地学习语文知识和进行语文能力训练；而我们又要改变过于强调学科本位的状况，要体现各科整合的综合性，于是让学生唱之、蹈之、画之。此时，似乎“山不是山”，“水不是水”，语文课不像语文课了，如果就此打住，当然就不像语文课了，然而，我们的唱之、蹈之、画之，指向清楚，是为了更好地学习语文的。这样，尽管山环水绕，但是“山还是山，水还是水”，语文课的味道依然十分浓郁。

拓展延伸

专场1:小学数学

一、用人文关怀来点燃数学情感

人文主义心理学指出:限制和顺从不能培养创造性,权威主义的教育只能造就驯服,而不是有创造性的学生。因此,在数学教育过程中,我们应尊重学生的情感和个性,营造一种自由、平等的人文氛围,倾注教师的人文关怀,点燃学生强烈的数学情感,从面引发学生积极的情感反应,让学生获得生动、和谐的发展。

二、用审美眼光来体验数学美感

“数学是这个世界之美。”数学璀璨的概念、简洁明快的公式、绚丽多姿的符号、奇特奥妙的问题、深邃透彻的逻辑、和谐对称的图形,仿佛使你进入了诗情画意的世界。数学以其简洁性、对称性、和谐性、统一性、奇异性为特征表现出自身的美。作为教师,要努力丰富自己的美学涵养,练就一双发现美的慧眼,挖掘儿童的数学世界里所蕴含的数学美,从合适的视角唤醒儿童的审美需要,强化美的体验,提升数学美的文化教育价值。

例如:当学生认识1、2、3、4、5……时,教师用一粒葡萄和一串葡萄向他们渗透辩证思想的美妙,“一和多是不能分离的、相互渗透的两个概念,而且多包含于一中,同等程度地如同一包含于多之中一样……”(恩格斯)平行的双轨、相交的马路、成对的窗户、明亮的双眼、灵敏的双耳、勤劳的双手、蝴蝶的双翅、天上的月亮与水中的倒影等展示着大自然和人类创造中对“二”的情有独钟;三人为众,三木为森,三石为磊,三日为晶,这些向学生描述着构字的美学法则……

当学生诵读着乘法口诀时，教师同时让学生们领略三角形的排列、朗朗上口的句式、阶梯式的递进等带来的简洁与奇异美；当学生怀着创作的激情，用七巧板拼出了新颖奇特、出人意料、千变万化的花鸟虫鱼、飞禽走兽、山水人物时，数学的奇异与统一美在他们心中显得是那样妙趣横生、令人神往；当学生欣赏着上海大剧院整体搬迁的壮观场景，芭蕾舞演员快速旋转的优美舞姿，他们感受到了生活中的平移和旋转，当学生利用枫树叶通过平移、旋转设计出精美的图案时，自己也不禁被和谐、对称的数学美所折服。

三、用历史足迹来传承数学文化

每一个数学知识的背后都有一个丰富的数学文化，每一个知识内容的背后都有一段动人的数学故事，每一次数学发展的背后都有一个伟大的数学天才。英国数学家格雷舍认为：“任何企图将一种科目和它的历史割裂开来，我相信，没有哪一种科目比数学的损失更大。”所以我们在数学教学过程中应努力去挖掘蕴含在数学知识背后的人文因素，使其脱去僵硬的外衣显露出生机、洋溢着情趣。

四、用生活实例来提升数学价值

其实人文性是从带有现实问题的学习材料中凸显出来的。所以我们的数学教学只有接通数学知识的生活源泉，才会充满生机与活力，才会折射出人性的美丽。因此我们的教学内容应更多地取材于生活，打破形式化的叙述，及时将具有生活背景和时代气息的学习材料呈现给学生。只有当数学知识成为学生看得见、摸得着、听得到的实体，让学生感受到数学知识中那扑面而来的生活气息时，学生才能体会到数学与生活的密切联系，体验到数学的社会价值和生活价值，领略到数学的人文魅力。

五、用人性养育来实施数学教育

“教学永远具有教育性”，这是教学活动的一条基本规律。课堂不仅是学科知识传递的殿堂，更是人性养育的圣殿。教师要充分挖掘和展示教学中的各种潜在因素，使教学过程成为学生人格的健全和发展过程。

例如：学习了“周长”和“面积”之后，在学生理解“周长一定的长方形，长和宽的悬殊越小时，它的面积就越大”的基础上，引导学生联想到一个班级、一个家庭、一个社会，如果人与人之间越平等、越和谐，那么整个群体的实力就越强大。

又如：生活像四则运算，如何做人就如同第一级运算，怎样做事就如同第二级运算，只有先学会老老实实做人，再学会踏踏实实做事，人生才能获得真正的成功。因此四则运算教学设计时，教师就可以考虑如何增添有关环节，让学生感悟这种哲理。

六、用学科融合来彰显数学魅力

克莱因认为：“数学是人类最高超的智力成就，也是人类心灵最独特的创作。音乐能激发或抚慰情怀，绘画使人赏心悦目，诗歌能动人心弦，哲学使人获得智慧，科学可改善物质生活，但数学能给予以上的一切。”数学的教化功能如此强大，令人震撼。数学教育不能只局限于数学本身，拓宽作为教育的数学的学科视野，显得尤为迫切和必要。

1. 数学＋语文

【案例】“确定位置”

师出示古诗：一去二三里，烟村四五家，亭台六七座，八九十枝花。

师：这首诗有什么特别之处吗？

生：这首诗里藏着一到十这十个数字。

师：你能准确地说出这几个数字的位置吗？

熟悉的小诗一下子拉近了与学生的距离，学生们热情高涨，根据刚学的“第几排第几个”的位置表达方式，争抢着说着这几个数字的位置。

2. 数学＋美术

【案例】“轴对称图形”

师拿出一张纸，问学生：你会玩什么？

生:我会折飞机。

生:我会折青蛙,再和同学们一起玩。

生:我会剪开一小块,折成一个心形,许个愿。

生:我会折窗花。

接着,老师进行了示范,先把纸对折,再从折痕的地方任意撕下一块,哗哗哗,一会儿就撕出了一棵漂亮的松树,老师利落的撕纸表演让学生看得目瞪口呆。老师趁机问学生:想玩吗?(生:想)

学生开始了折纸活动,灵巧的小手把一张张白纸变成了一个个美丽的图形。结合师生的撕纸作品,自然引入新课学习——《轴对称图形》。

3. **数学+音乐**

【案例】"认识圆周率"

圆周率π,祖冲之用分数$\frac{355}{113}$来近似地表示它。但这个分数较难记忆,教学时,我让学生用音阶来表示π,即把最小的三个奇数1、3、5各重复唱一遍:do do mi mi sol sol,再一分为二,把do do mi mi sol sol前三个数作分母,后三个数作分子,成了$\frac{355}{113}$,用计算器一算,就出来了。这下同学们都摇头晃脑地唱起了乐谱,纷纷说这种借助音乐的记法妙不可言,令人难忘。

专场2:小学语文

一、树立语文学科文化的教学思想

文化可以使人超越于生活的表层领域,不为技术经验或工具理性拘谨、束缚,进入人格自我完善的境域,充满睿智和灵性地观照世界,应答世界,表现世界。文化人格是人格的深层结构,是个体全部生活的精神之"根"。

小学语文教学应当有这样的文化追求，要让学生通过语文的学习，得到一种文化的浸润。这里的“文化”包括：(1)道德文化。在语文学习过程中，学生应该得到道德的“洗礼”，一方面清除道德的渣滓，一方面滋生道德的灵光；(2)精神文化。语文教育要有助于学生精神的提升，要让学生产生热心于语文的冲动和表达，并通过这种“冲动”与“表达”实现完美人格的塑造；(3)情感文化。语文，与其说是一种符号，不如说是一种“感情”。语义的“感”包括：民族感、自豪感、责任感；(4)时代文化。语文教材中有许多展示现代科技成果的篇目，跳动着强烈的时代脉搏，引领学生感受并呼喊出“时代”的最强音；(5)技术文化。能够有效掌握语文这个工具的“帮手”，它包括良好的语文学习习惯、科学的语文学习方法、优秀的语文学习品质、健康的语文学习心理和稳定的语文学习情绪等。

而“浸润”则概括了学生对文化的三个不同层次的作用过程：一是阐释文化。教师要引领学生对上述的文化种类，从内涵到外延作出系统而又正确的“解码”；二是内化文化。语文中的诸多文化都是客观存在的，但如果在语文教育中学生不能很好地将其“内化”，便犹如美丽的花瓶，充其量是一种摆设。教师的作用就是帮助学生顺应或同化那些必得的“文化”；三是建构文化。表现为学生对文化的冲动、向往、追求和表达，并建立初步的文化体系和具有个性化的文化风格。

(一)文化是一种精神，引导儿童探寻意义

任何教学所传播的总是文化，而且是在形态上多种多样的文化。传播文化并不意味着你的教学就是有“文化”内涵的。因为我们所追求的“文化”，诚如众多文化学家所说，不是那些可见的、物态化的符号、图像或行为，而是一种无声的语言，一种只对孜孜叩问它的人才会彰显的内在意义，一种人们用于解释经验、创造世界过程中所反映出来的精神性、人文性的价值取向和情感信仰。教学作为一种文化活动，其终极目的就是要引导学生探寻、体验和理解蕴含在教材文本中的真、善、美、圣、爱等方面的丰富意义，将文化本身的精神、人文内涵分娩于主体之中，激活、唤醒和培育学生的价值感和人生情愫。

例如：一位名师执教《秋天的怀念》，老师声情并茂的范读、如诉如泣的音乐、黑板上慈祥又苍老的母亲画像，无一不敲击着学生的心弦，尤其是师生一次次走进字里行间，品读、感悟、晤谈、倾诉，使得这位苦难而坚韧的母亲形象渐趋高大，母亲的忍耐，善良，担忧和希冀，一切的一切，无不让学生的心灵受到极大的震撼……

诚然,要想在学生的心灵深处留下文化精神的痕迹,靠那种喋喋不休的讲解,层层剥茧的分析是无济于事的。德国文化教育学的鼻祖狄尔泰认为,在体验的基地上,学生内心生活的精神网络系统就形成和发展起来。因此,凭借情感的感受、体验、陶冶而不是理性的讲解、诠释,可以筑就通往意义理解的大道。受到陶冶的学生,会产生一种类似于"高峰体验"的生活,他会感到从心灵的懵懂和沉睡中醒来,言谈中洋溢着人性的光辉。这,就是文化的力量。

(二)文化是一种积淀,引导儿童沐浴传统

一定的文化从孕育到成熟,有一个漫长的创造、积累、模式化的过程。这就是文化的积淀。文化的积淀是一个通过从其他人或文本那里接受传统的哺育和滋养,在与传统的对话和晤谈中渐渐形成超越生物机体禀性的完整人格的过程。

汉语文化形象丰赡,情趣盎然,神韵饱满,意义遥深,具有极为独特的人文品格。因此,我们应当充分利用汉语的文化禀性,借助开拓阅读的疆域,来开拓文化视野,让学生在文本的学习中继承优秀的民族文化,吸收借鉴世界多元文化,让历史文本在现实的语境中辐射出积极的存在意义,在继承与发展中熔铸学生健康的积极的文化品格。为此,我们必须改变语文教学过分强调学科知识传授与技能训练的倾向,基于特定的汉语文化情境来设计我们的语文教学。

例如:赵丽宏的《望月》是一篇融散文、诗歌、童话三个文化视角为一体的优秀作品。散文笔触下的月亮女神柔美、仁慈、祥和,古诗视野中的月光清幽、旷远、圣洁,童话视角中的月亮纯真、神奇、有灵性。一位著名的学者说,中国的文化起源于月神文化,中国文化在某种意义上说就是月亮文化。一位教师就设想凭借这一文本在儿童的心底埋下民族文化的种子。教学中,教师对文本材料进行了多向度的拓展,如儿歌、古诗、现代散文,并综合了音乐、图画等多种资源。在朗读、欣赏、吟诵、想象等活动中,师生一起沐浴在月光的清辉里,体验赏月的美好意境,感悟写月亮的诗多如繁星。在童话情境中,伴随着《童年时代》的美妙吟唱,充分伸展学生童年特有的创造想象天赋,想象自己飞向了神奇的月亮,写出自己的月亮诗篇。

(三)文化是一种濡染,引导儿童丰富涵养

著名的文化学家皮尔森说过一句意味深长的话,"'文化'不是一个名词,而是一个动词"。也就是说,文化是一种习得、积累的过程。这一过程

在文化学上称之为濡染。濡染是一个由外而内逐渐内化的过程，它最终表现为经典的东西活化在日常中，理性的东西凝结在感性中，历史的东西融会在心理中，社会的东西内蕴于个体中，个体的文化品位、文化气质或文化涵养就是这样建构起来的。

通过语文学习，让学生走出一个健康的“真我”来：(1)关注“人性”。人性就是自然性。高尚的人往往都是自然的人，而真正做到了自然，方可促使人走向高尚；(2)关注“人本”。语文教育要以“人”为本，不能以“书”为本；(3)关注“人情”。文章有情，人更有情，语文课应该以“情”贯穿；(4)关注“人品”。语文课要教会学生“懂事”，要教会学生“懂人”，要教会学生“懂理”；(5)关注“人格”。人格的要求对小学生来说不必过高，可定位在：有自己的独立性、有学习方面的良好作风、有勤奋好学的精神、有能够抗挫折力的心理、有长大能够为社会做点事的志向、有追求向上的理想等。

例如：教学《孔子游春》，教师大胆地给文本增容，补充《论语》中浅显易懂的文言文，让学生跟随孔子置身于大自然课堂，在论水谈志中，找到文白语言的连接点，在共同的内容上感悟言说形式的差异。巧妙地将我国古代文化所独有的借物喻人、托物言志的“比兴”手法，和日常生活中习以为常的比兴现象相沟通，使学生获得自我感悟的迸发。同时设置“对话”机制，搭建“畅谈”平台：“遥想孔子当年——从孔子游春说开去”，用率真与智慧激扬满腔豪情，绽放思辨花蕊。

(四)文化是一种智慧，引导儿童提升悟性

哲学家赵汀阳说过：“无智慧的文化是危险的，它意味着思想文化的停滞和无能。”语文教材所展示的一篇篇童话、一则则寓言、一个个故事、一首首诗歌涵古蕴今，不仅意韵隽永，且充满神韵遐思，或蕴含哲理，或昭示信念，或启迪心智。智慧非知识、技能，不是靠传授就能获得的。学贵参悟，参的过程中，有感悟、领悟、顿悟。语文教育在学生智慧的生成上，可着重考虑以下几个方面：(1)潜力的开发；(2)思维的启迪；(3)想象的培养；(4)个性的发展。

例如：寓言故事《揠苗助长》，寓言文化是诸多文化现象中一朵瑰丽的奇葩，是最具智慧的文化经典。寓言教学从某种意义上说是一种有儿童特点的哲学教育。帮助儿童学好寓言的最好策略是充分利用寓体的形象性，引导儿童在深切的感受中领会寓意。教学中，教师作了层层铺垫：首先，让孩子们说说“你们有什么好办法帮助禾苗长大呢”，充分激活、调动学生认知结构中的内源因素。接着抓住“巴望、焦急、筋疲力尽”等词语仔

细推敲、着力渲染，突出寓体形象的喜剧性矛盾，以使学生萌发直观的推论。继而诱发学生想象：如果你们就是这一棵棵被拔的小禾苗，会说什么呢？为学生进一步分析寓体角色的行为提供正确的参照标准。最后，进行角色表演：如果你就是农夫的儿子，看到禾苗全死了，你会怎么劝你爸爸呢？引领学生一步步分析、判断、推论，向寓意逼近。教学中，通过朗读、探究、鉴赏、交际、表演等语言活动，通过体察、体验、意会等情感活动，通过认识、概括、推敲等思维活动，自然地进行语言思维、逻辑推理、因果评判，获得大脑两个半球的交替兴奋，使课堂呈现生动活泼的景象，思维不断激活，想象不断放飞，灵感不断涌现。这就是智慧的操练！

二、追寻语文学科文化的教学途径

"人文"一词由两个词素构成，一是"人"，二是"文"。人既是个体性的人，又是文化中的人，而文化则又是人的文化。

(一)挖掘教材的人文因素，培育学生的人文精神

1. 解读教材的文化坐标

语文课堂里，学生们应该感悟到的东西，是那些活跃在文字背后的文化因子，而要达到这种境界，首先取决于教师对教材解读的视野与高度。

(1)比较拓展，建构文化主题——架设文化坐标的第一维度

这里所说的"比较"，源于比较文学，就是将同一题材的不同文体，或是将同一作者的不同风格的作品放在一起比较阅读，由此对文本意义进行主题性概念的建构。

①走进原著，进行叙述方式的比较

例如：《三借芭蕉扇》选自于古典小说《西游记》，选入教材时作了改编。教学时，可以将原著中的文字链接运用，让学生们两相对照，展开比较性阅读，感受到原著与现代文体叙述方式上的差异，从而引导学生主动地走近原著，亲近原著，把学习的触角延伸到课外。

②主题鉴赏，进行叙述风格的比较

例如：教材中的《荷花》开头的两个自然段——

夏天到了，荷花开了。

雷雨后的夏夜，空气清新，星星和月亮像刚刚洗过似的。此时此刻，

去北海公园散步，实在是一种美的享受。且不说北海桥头凉风习习而来，且不说楼台亭阁如同仙境一般，单是北海里的一大片荷花就能使人心旷神怡，流连忘返了。一根根荷箭亭亭而立，一片片荷叶挨挨挤挤，一颗颗水滴在荷叶上滚来滚去，一朵朵荷花在朦朦胧胧的夜色中盛开着，散发出一阵阵清香。

一位教师教学时，提供了叶老的《荷花》中的开头两个自然段——

清早，我到公园去玩，一进门就闻到一阵清香。我赶紧往荷花池边跑去。

荷花已经开了不少了。荷叶挨挨挤挤的，像个碧绿的大圆盘。白荷花在这些大圆盘之间冒出来。有的才展开两三片花瓣；有的花瓣全都展开了，露出嫩黄色的小莲蓬；有的还是花骨朵，看起来饱胀得马上要破裂似的。

叶老文章中优美的笔调作为学生学习理解时的有益补充，教师还提到了朱自清的《荷塘月色》、宋代诗人杨万里的"接天莲叶无穷碧，映日荷花别样红"的名句，营造出有主题的文化空间。

③走近作者，进行叙述主体的比较

【案例】《只拣儿童多处行》

师：同学们，冰心奶奶写这篇《只拣儿童多处行》时已是两鬓斑白的老人了，她年轻的时候，写过《寄小读者》一系列的通讯（出示其中的"通讯十"），读一读，你们发现了什么？

生：我感觉到冰心奶奶与小朋友用心在交谈，她真心地愿意与儿童交朋友，联系今天学的课文，我觉得从年轻时起，冰心奶奶就拥有一颗率真透明的童心。

生：这段话的主题是母爱，真诚地赞美和歌颂了人世间最伟大的母爱。

师：是啊，在人生的不同阶段，冰心奶奶始终把童心和母爱作为她文学创作的两大主题。今天，我们只是初步地接触了冰心，要想进一步了解冰心，需找来她的作品仔细阅读，细细玩味，静静地沉醉于冰心奶奶爱的世界里！

(2)还原统整，再现文化图景——架设文化坐标的第二维度

"入其境，才能知其义。"还原统整，就是把教材所呈现的知识信息还

原到历史的情境里考察，让静态的文本信息变得厚重鲜活起来，在纵深的历史里获得高品位的文化支撑。

【案例】《孔子游春》

这篇课文不仅仅只记叙了孔子带领弟子郊游的事情，它的文化内涵是儒家文化。

师：跟随着孔老夫子，置身于这样一种美景中，你最想做什么？

生：我想在草地上放风筝，风筝一定飞得很高。

生：我想任春风吹拂，再跳个舞。

生：我还想唱一首歌呢！

师：孔子的弟子曾点想的和你们几乎是一样的。他说，"莫春者，春服既成；冠者五六人，童子六七人，浴乎沂，风乎舞雩，咏而归。"……

师：千秋百代后的我们都可以称作孔子的弟子，让我们也来直抒胸臆，向孔子老师畅谈自己的志向，（指名一生扮演"孔子"）现在你和弟子们谈志，看看你有没有孔子民主平等的风范。（学生们各抒己见，"孔子"都能给予恰如其分的鼓励评价。忽然，有学生询问台上的"孔子"："你的志向是什么？""孔子"回答："我的志向是当一位科学家。"）

师：孔子什么时候改行啦？当年，孔子的弟子子路确实问过孔子相同的问题。（揭示：子路曰："愿闻子之志。"子曰："老者安之，朋友信之，少者怀之。"）……

这堂课的结尾处，教师引用 1982 年美国前总统里根在孔子 2533 年生辰纪念大会献词中的一段话："孔子高贵的行谊与伟大的伦理道德思想，不仅影响他的国人，也影响了全人类。孔子学说世代相传，提示全世界人类丰富的做人处世原则。"师生们饱含深情地朗读这段话，文化的回响回荡在学生的心灵里。

(3)生本设计，尊重儿童文化——架设文化坐标的第三维度

①生本设计：引入时尚元素

例如：《林冲棒打洪教头》是独立阅读课文，重要的是设计一个有价值的话题。课文里有两种意义上的"三"，第一次是洪教头与林冲初次会面时，林冲三次主动施礼，洪教头均不予理睬，一副桀骜不驯的嘴脸；第二次是林冲与洪教头过招，只三个回合，就把洪教头打得趴在地上。由此联想

到"三顾茅庐"、"三打白骨精"、"三番五次"以及诗词里的诸如"七八颗星天外，两三点雨山前"等等。在中国古典文学里，含有"三"的典故、话语构成了一种"有意味"的文学现象。为了活跃学生的思维，引发学生自主地阅读讨论，不妨安排这样的教学形式：同样是"三"，表达效果有何不同？关于"三"，还让你想到了哪些故事或成语？为了帮助大家很好地解决这个问题，你有三种方法可供选择：(1)选择同伴求助，讨论解决；(2)选择现场求助，请求大家帮忙；(3)给老师来点问题。

套用中央电视台知识类节目《开心辞典》的主持样式，在解决此类开放性的颇有难度的问题时，可以激发起学生们浓厚的兴趣和参与的愿望。适时地利用一些时尚的流行语，打破教师固有的言语方式，给课堂吹进一股清新别致的风，轻轻地"叫醒"学生们的耳朵。

②生本设计：契合儿童生活

例如：在教学《恐龙》时，为了强化学生们对恐龙世界的感受，我们可以引用《侏罗纪公园》的音像资料，也可以让学生课后用绘画、模型等自己喜欢的方式再现恐龙时代……

③生本设计：关注学习方式

例如：在学习《音乐之都维也纳》时，借助于网络环境，学生可以欣赏奥地利首都维也纳如诗如画的美景，欣赏壮丽恢宏的交响乐，还可以观赏中国民族乐团在维也纳国家歌剧院演出的音像资料。为了便于学生的学后交流，网络上的BBS留言版提供自由发言的平台，老师摇身一变，成为一名普通的网民，参与讨论，积极互动，创造出平等民主的"网上家园"，拓宽信息反馈，深化课文的理解。

2. 挖掘教材的文化内涵

语文教材具有丰富的人文内涵，人文教育内容中艺术审美、人生态度、传统文化都可以从教材中找到相对应的内容。在"艺术审美"方面，如《月光曲》中月光曲轻柔舒缓、沉重刚健、高昂激荡的旋律。在"人生态度"方面，如《我的伯父鲁迅先生》中鲁迅的那种"为别人想得多，为自己想得少"的精神。在"传统文化"方面，如《纸的故事》能感受到作为中国人的自豪。诸如此类，每一篇课文都有一个主题，这也是文本价值、人文内涵的主要表现，是显而易见的。教材中还有许多"隐性"的人文因素，需要在教学中用心发现。

(1)在"空白"处挖掘人文内涵

例如：《比金钱更重要的》一文，抓住"事隔三天，一位陌生男子打来电话"这一显性信息，可设计一道填空题作铺垫："车主回来取车，发现了（

），心想：（　　）。又发现了（　　），心想：（　　）。三天后，他又想（　　），于是拿起话筒，拨通了电话……”学生将心比心想象体验了三天中车主矛盾的内心世界。既是对语言的理解和运用，又能深切感受诚实与信任比金钱更重要的道理。

(2)在“词眼”处挖掘人文内涵

例如《小镇的早晨》中“……不时有一叶叶小舟从半圆形的桥洞中悄悄地钻出来，又在河上轻轻飘过”。学生提出小舟在河上应用“漂”。通过讨论感悟小舟像在风中“飘”过，无声无息，不留痕迹，更能突出小镇早晨的恬静氛围。

(3)在“结题”处挖掘人文内涵

例如《四个太阳》的结束部分，可设计训练：“小朋友们，每个人心中都有一个美好的太阳，你想画个什么样的太阳，送给谁呢？”先说后画，再把小朋友们的话串联起来，变成一首诗。这样的训练是对课文的延伸和拓展，进一步丰满课文的人文内涵。

(4)在“模糊”处挖掘人文内涵

例如古诗《悯农》体现的是诗人对人民的关爱、对民生疾苦的同情。而学生“见物不见人”，说懂得了爱惜粮食。老师让学生再读古诗，思考粮食是哪里来的，学生就会领悟到诗的主题。

(二)采用科学的教学理念，塑造学生的人格品质

1. 识字教学中，“文字”与“人文”相映成趣

【案例】《卧薪尝胆》

师：“奴仆”见过吗？

生1：见过。电视里那些服侍当官的下人就是奴仆。

生2：在皇宫里的太监也是奴仆。

师：在古代，“奴仆”就是下等人。

生3：我家隔壁的人家就有奴仆，那个女的天天给那家人做事。（众笑）

师：那个女的到底是不是奴仆？我们先来了解一下什么样的人才是奴仆，老师把他们画出来。你们可要仔细看哟！（在黑板上画“女”字的象形文字。教师侧身站着，低头，俯身，双手前伸交叉在胸前）这是什么人哪？（生笑）这是女人！古代的女人见了男人就要这样，一副温顺的样子。（再画“奴”字的象形文字）尽管女人已经很听

话，很温顺了，男人们还是用一只大手一把抓住女人，想打就打，想骂就骂。这样的女人就是“奴”！这个字就是“奴仆”的“奴”。

师：（问刚才的学生）你看到过隔壁家的男人打骂过那个女人吗？（众笑）

生：没有。他们对那个女人挺好的。（众大笑）

师：在我们新中国，人与人是平等的，所以没有“奴”。

生：还有“仆”吗？（众大笑）

师：（在黑板上画“仆”字的象形文字，边画边解说）这是一个侧身站立的人，有人在他头上戴了一个“羊”的标志，表示这是一个战俘或罪犯。在他的屁股后边还要插上几根尾巴，让他走在大街上。如果是你，会觉得怎么样？

生：只有动物才有尾巴，很难为情。

师：不把人当人！

生：这是对人的侮辱！

【评点】

这种“咬文嚼字”不是单纯地用技术去肢解文字，而是用“人文”着手带动学生对形式进行领悟，这样的识字教学不仅仅限于对语言文字的学习，还让孩子们从经典语言文字营造的意境中得到陶冶和升华，获得了智慧的碰撞、灵性的舞动！

2. 阅读教学中，“文本”与“人文”相得益彰

课文蕴含着丰富的人类文化精髓：有人文沉积的“物”——《长城》；有人文色彩的“事”——《特殊的葬礼》；有人格魅力的“人”——孔繁森；有哲学启蒙的“理”——《最大的麦穗》。教学诗歌，是对人类灵魂与命运的一种探讨；教学散文，是语言浸润的情感体悟。为实现语言发展与精神提升的统一，教师须带学生走进教材，以课文情境和情感、作者情感和情思、课堂情境和情趣，去撞击学生心灵。

(1)形象理解与形象熏陶

例如：“旧毡帽朋友把自己种出来的米送进了万盛米行的廒间，换到手的是或多或少的一叠钞票。”（《粜米》）这句话蕴含的形象和情感很是丰富，可这样引导：农民手拿一叠或多或少的钞票会想些什么？会想到哪几个不同时候的情景？以引导想象农民在田间干活时、丰收在望时、收打粮食时、早晨离家时、奋力拉船时、老板威吓时、马上回家时的情景，让学生

借助形象理解农民田间劳动的艰辛、盼到丰收的欣喜、早晨离家的希望、奋力拉船的劲头、面对老板的无奈、马上回家的遭遇。

(2)深刻理解与深切感悟

例如:阅读《美丽的公鸡》,一教师这样引导:①如果你们是啄木鸟、蜜蜂、青蛙,你们觉得自己美吗?为什么?——设身处地,正面理解;②你们都认为自己美,那为什么又不去跟公鸡比美呢?——叙谈体会,反面理解;③如果那只跟人比美的公鸡来到你面前,你会跟他说些什么知心话?——现身说法,升华理解。

(3)朗读表达与情感抒发

【案例】《卖火柴的小女孩》

教师引导朗读"'奶奶!'小女孩叫起来,'啊!请把我带走吧!我知道,火柴一灭,您就会不见的,像那暖和的火炉,喷香的烤鹅,美丽的圣诞树一样,就会不见的!'":你看到了什么样的小女孩啊?

生:我看到小女孩身着破烂的衣服,在刺骨的寒风中,在冰冷的雪地上,高举着双手在向奶奶发出凄惨的叫喊,她要奶奶带她离开这黑暗的世界。

生:小女孩骨瘦如柴,衣服褴褛。在火柴的亮光中,她看到了自己的奶奶——世界上唯一疼她的奶奶,她是多么高兴啊!她高声地呼喊着,要奶奶把她带走。(其他学生发言略)

师:同学们,假如你就是卖火柴的小女孩,这么寒冷,这么饥饿,这么痛苦,这么孤独,你看到了奶奶——世界上唯一疼你的奶奶,你会怎么喊啊?(稍停,酝酿感情)让我们一起向奶奶呼救吧!(学生朗读课文,朗读中情真意切,朗读后不少同学已是泪流满面)

(4)语言表达与情感表达

例如:阅读《鼎湖山听泉》,在凭借语言引导感受鼎湖山泉水的美妙,感受大自然的魅力后,教师要学生在如下短文的括号里填上合适的象声词,并通过朗读体会晨曲的美妙,体会大自然的美妙——

《乡村晨曲》

("喔喔——喔——"),雄鸡啼鸣,惊醒了熟睡的人们。("吱呀,吱呀……")家家户户的门陆续打开了。紧跟着,("沙沙沙沙")的刮锅声,("丁零当啷")的洗碗声,凑成了乡间美妙的交响曲。

小鸟在枝头（“叽叽喳喳”）地唱着，鸭子（“嘎嘎嘎嘎”）地叫着，（“扑通扑通”）地下了河，早起的人们正在河边（“啪啪、啪啪”）地洗衣服。

路上渐渐热闹起来。（“吱呀，吱呀”），菜农挑担上街卖菜了；（“丁零丁零”），人们骑着自行车上班了；（“突突，突突”），专业户上街跑运输了；（“嘀嘀，嘀嘀”），的哥、的姐驾着轿车进城了。

美妙的乡间晨曲，惊得星星隐去了身影，引得蓝天拉开了帷幕，逗得太阳露出了笑脸。

3. 作文教学中，“文章”与“人文”相互渗透

语文是一门充满诗意的学科。语文的本性、本体和本色是诗意，语文的活力、灵魂和生命是诗意，语文的希望、出路和最高境界还是诗意。

美国哥伦比亚大学的科克教授认为：“相信儿童能写诗，尽可能使儿童感到写诗很容易、很愉快、很兴奋……帮助儿童了解诗好在哪里，并鼓励儿童写更多的诗。”教师要鼓励学生写诗，大胆发挥想象力。在想象的过程中“文字规则似乎非常自然地、渐渐地为孩子们所掌握”。

例如：教师在教学《赠汪伦》时，在课堂上让学生回忆和亲人告别的场面，模仿其格式写一首短诗。一位学生的《赠外婆》是这么写的：岑岑乘车将欲行，忽闻窗边叮咛声。秋时朝阳暖如火，恰似外婆送我情。

（三）沟通学科的相互联系，开阔学生的人文视野

1. 语文＋美术

（1）将优美的“话”变成精彩的“画”

例如：教材中的《梅雨潭》、《五彩池》、《火烧云》、《南极风光》、《蝴蝶王国》等课文都是描写自然景观的，教师在引导学生赏析优美词语、精彩句段中认识了大自然的美，在朗读中体会大自然的美、语言文字的美，学生边读边想象画面。

又如：在拼音“l”的教学中，当学生掌握了发音后，教师问：“‘l’像什么呀，你能把它的样子画出来吗？”学生们兴趣盎然地忙开了，“一根吸管”、“一支笔”、“一根球棒”、“一根棍子”、“一节甘蔗”等五花八门的图案让人记忆深刻。在学完所有的韵母后，为加强记忆，教师让学生挑四种自己喜爱的颜色，分别涂在单韵母、复韵母、前鼻韵母和后鼻韵母上，学生在涂色的过程中既巩固认识了这些字母的形状，又分清了它们的细微差别。

（2）将精彩的“画”变成优美的“话”

例如：在进行“小学生日常行为规范”的养成教育时，教师不是枯燥生

硬地说教,而是开展漫画作文征集活动。孩子们千方百计地去发现去观察身边的美与丑,用画笔和文笔热情赞扬美德,强烈讽刺不良行为习惯。画漫画的过程就是作文构思的过程,而且漫画塑造形象的手法独特多样,夸张、象征、比喻、拟人、拟物、对比、悬念……由于表达方式生动活泼,所以作文也异彩纷呈,特别有创意。

2. 语文+音乐

(1)把“听”与“写”紧密结合

书写汉字时运笔的过程与乐曲同样富有韵味,起承转合,提点撇捺,就像是乐曲的强弱缓急一般。因此,书写时配上适当的音乐,不但能使学生非常容易地把那些被乐曲激活的情感融入一笔一画之中,而且能使写字者将内心的情感提升到乐曲所要表达的境界。

(2)把“读”与“乐”紧密结合

例如:教《月光曲》一课前,教师先简介贝多芬的《月光奏鸣曲》,随后播放了有关的部分,让学生进入“未成曲调先有情”的境界;教《卜算子·咏梅》一课,教师在结束部分放了一曲《红梅赞》,点石成金,余味无穷;教《我的黄油布伞》,讲到“偶一回头,我望见了娘那带笑的黄油布似的脸,心里一酸,眼里涌出了泪水”时,教师播放了《世上只有妈妈好》这首歌曲,悠扬、真挚、深情的乐曲深深地打动着学生的心。

(3)把“曲”与“作”紧密结合

例如:一次作文课,题目是《我的妈妈》,教师想先让学生到前面讲述自己的妈妈,可出乎意料,竟然没人举手。问了几个学生才知道,同学们对自己的妈妈并不是无话可说,而是精神紧张。这时教师对学生说:“谁会唱《世上只有妈妈好》这首歌?”通过唱歌,他们消除了精神的紧张,教师抓住时机问:“你们喜欢这首歌吗?”“为什么?”同学们兴趣和情感被歌曲所调动,回答得头头是道。教师便对学生们说:“同学们,你们的妈妈都很好,愿意把她写到作文中去吗?”同学们连连点头。

3. 语文+科学

例如:上《种子萌发》一课,教师让学生亲自实验。有的学生把黄豆、绿豆等种子装在两个盘子里,一个放在常温下,一个置于冰箱里,每天浇水,有的分别把种子淹没于水中、半没于水中、放在无水之处……通过实验证明,种子发芽需要适宜的温度、水分和空气。最后让学生写科学童话《种子自述》等。

4. 语文+数学

【案例】《陶罐和铁罐》

师:小朋友,我们来做几道数学题。(生愕然:上语文课,做数学题?)

师:请你们仔细看看,能发现什么问题?(出示:1+8=9、2+7=9、3+6=9、4+5=9、6+3=9、5+3=9、8+1=9、7+2=9)

生:老师,有一道题错了,5+3不等于9。

师:真厉害!请问,你为什么不说有7道题做对了,而要说有一道题做错了呢?

生:错误往往容易被人发现。

生:我们做数学题时习惯找错误。

生:别人的优点不易被自己注意,善于发现别人的不足可能是一种习惯。

生:老师,这样的题目是不是和我们今天要学习的课文《陶罐和铁罐》有关?

师:你怎么知道的?

生:课文里铁罐只看到自己的长处,看不到自己的短处。

师:你真聪明,预习得也不错。结果怎么样了呢?

生:陶罐出土成了文物,铁罐却化为泥土。我们要懂得多发现别人的长处,正视自己的短处。

画龙点睛

• 学科知识对于学科文化,不能“一叶障目”——“只见树木,不见森林”;学科文化对于学科知识,不能“琳琅满目”——“只见繁花,不见绿叶”。

后 记

和我一起阅读三个故事吧。

在课堂之外，在教案之外，教育还有更为广阔的空间。那些空间在我面前展开的时候，我看到了教育更为精彩的图景。这些课堂和教案之外的空间，大多是我在读书的时候偶遇的，那些富有启迪的文字和故事，对思绪混乱的我，如同醍醐灌顶。而从教育的视角去解读和重构这些文字、这些故事，更是给我很多人生启迪和教育体悟。

无疑，这些多哲理故事给了我对教育教学的辩证思考和理性认识，走在传统教学与新课程教学的“十字路口”时，它让我不至于迷路，站在传统教学与新课程教学的“跷跷板”上，它让我不至于失衡。

这些哲理故事，促成了我观察教育教学现象的辩证思维，也促成了我编写本书的动机、思想、结构与期望。

本书编写动机缘起于第一个哲理故事《难回平常》——

有一位女子，出身于一个平常的家庭，做一份平常的工作，嫁了一个平常的丈夫，总之，她十分平常。

忽然有一天，报纸大张旗鼓地招聘一名特型演员，演王妃。她的一位好心朋友替她寄去一张应聘照片，没想到，这个平常的女子从此开始了她的“王妃”生涯。

太艰难了，她阅读了许多有关王妃的书，她细心地揣摩王妃的每一缕心事，她一再重复王妃的一颦一笑、一言一行……

不像，不像，这不像，那也不像！导演、摄影师无比挑剔，一次又一次让她重来……

现在，平常女子已能驾轻就熟地扮演王妃了。糟糕的是，现在她要想回复到那个平常的自己却非常困难。每天早晨醒来，她必须一再提醒自己“我是谁”，以防止毫无来由地对人颐指气使；在与善良的丈夫和活泼的女儿相处时，她必须一再告诫自己“我是谁”，以避免莫名其妙地对他们喜怒无常。

平常女子深感痛苦地对人说：一个享受过优厚待遇和至高尊崇的人，回复平常实在是太难了。说这话时，她仍然像个王妃。

基础教育课程改革已经有些年头了，回顾来路，我们会发现，一些教师能较好地感受并把握传统教学到新课程教学的变化脉搏，而有些教师却承受着由“不习惯”到“习惯”的无奈与冲动：有的教师是因为无法接受或适应新课程教学而仍“习惯”于传统教学，这属于无奈的“守旧”现象；有的教师急功近利，片面地追求、热衷而“习惯”于新课程教学中出现的一些新名词、新理念、新方法、新手段等“时髦想法”与“新式武器”，并一味地“放大”处理，急切地想到达理想的彼岸，反而迷失自我，导致从一个极端走向另一个极端，患上了上述故事中那个“假面人”的痛苦，这属于冲动的“追新”现象。

本书编写思想启发于第二个哲理故事《背后的道理》——

智者有两个徒弟。一次，他们看到一只蜜蜂努力地朝窗外飞，却被窗上的玻璃挡住了，一次次徒劳地摔下来。

徒弟甲说：“这只蜜蜂真是愚蠢啊，既然知道这个方法行不通，为什么还要做努力呢？”他从中得到领悟：世上有些事，不能强求，该放手时就放手。

徒弟乙说：“这只蜜蜂真顽强，它那么勇敢，失败了也不屈服。”他也从中得到启示：做人就应该像蜜蜂那样，锲而不舍。

于是，两人争执起来，谁也说服不了谁。

智者说：“你们谁都没错。”两个徒弟不解。

智者拿出一块大饼居中切开：“两个半块饼，你们说哪半块好，哪半块不好？”他们回答不出。

徒弟两人醒悟：一个事物的两个方面，本来没有绝对的是非问题。

世界上的事物都有它的两面性，不存在绝对的“是”与“非”、“好”与“坏”、“对”与“错”，也不存在绝对的“这”与“那”……在教育教学中，不管是传统观念亦或新课程理念，也都有它的相对性，不同的教学主体、不同的教学对象、不同的教学内容、不同的教学环境、不同的教学媒体、不同的教学评价，不同的教学思想应有它适用的“教学市场”，我们不能用孤立的、片面的、局限的心态来理解，而应用辩证的眼光来看待，用理性的思维来分析所谓的“新”、“旧”教学观。

从哲学角度来阐释教学中存在的诸多关系，是我们深入研究教学现象和正确把握教学规律的新视角。积极的应用哲学平衡论认为：宇宙是一个自发、矛盾、有序循环的整体。整体中的矛盾双方都有首先趋向自身平衡的本性，矛盾的任何一方都不可能消灭对方而独立存在。对立面的存在有利亦有弊，事物发展的方向总是趋向综合的、最佳的动态平衡。平衡是相对的、积极的、动态的、大致和大体上的平衡。平衡是“渐变与突变、持续与间断、有序与无序、和谐与抗争”的有机统一。因此，平衡是一个变化的存在。

改革的一个基本要义是寻求平衡。真理往往在两个极端之间。如何克服新课程教学前期容易出现的认识上的片面化和做法上的极端化，也许《中庸》中的“极高明而道中庸”，正是给了我们对教学现象进行辩证思考的方向——寻求对立面的必要平衡，在平衡中适度，在平衡中突破，在平衡中深化，从而创建和谐的生态课堂。平衡实质上是对事物本质的重新认识和准确把握，是教学的深入和突破，是一种高明的境界。

本书编写期望寄托于第三个哲理故事《时不我待的成功》——

1973年，英国利物浦市一个叫科莱特的青年，考入了美国哈佛大学，常和他坐在一起听课的，是一位18岁的美国小伙子。大学二年级那年，这位小伙子和科莱特商议，一起退学，去开发Bit财务软件，因为新编教科书中，已解决了进位制路径转换的问题。

当时，科莱特感到非常惊讶。对Bit系统，默尔斯博士才教了点皮毛，要开发Bit财务软件，不学完大学的全部课程是不可能的。他委婉地拒绝了那位小伙子的邀请。

10年后，科莱特成为哈佛大学计算机系Bit方面的博士研究生，那位退学的小伙子也是在这一年，进入美国《福布斯》杂志亿万富豪排行榜。1992年，科莱特成为博士后，那位小伙子成为美国第二富豪。1995年，科莱特认为自己已具备了足够的学识，可以研究和开发Bit财务软件了，而那位小伙子则已绕过Bit系统，开发出Eip财务软件，它比Bit快1500倍，并且在两周内占领了全球市场，这一年他成了世界首富，一个代表着成功和财富的名字——比尔·盖茨。

在这个世界上，有许多人认为，只有具备了精深的专业知识才能创业。然而，世界创新史表明：先有精深的专业知识才从事发明创造的人并不多，不少成就一番事业的人，就是在知识不多时，就直接对准了目标，然后在创造过程中，根据需要补充知识。

在这个世界上，似乎存在着这么一个真理：对一件事，如果等所有的条件都成熟才去行动，那么你也许得永远等下去。

上面的故事给了我编写本书的行动勇气。尽管本书无法“把所有问题都自己扛”：一是可能有些材料还不典型或不翔实，二是可能有些认识还不全面或不科学。教学关系的研究远不如本书中所列的九种，我们还可以从其他视角切入，例如：知识性与精神性的辩证统一，间接性与直接性的辩证统一，个体性与集体性的辩证统一，认知性与情意性的辩证统一，有意性与无意性的辩证统一……但只有行动起来，才可能促进问题解决策略的成熟。

所以希望上面的故事对读者也有启发，要学会“在行动中研究，在研究中行动”：一是不要等所有的条件都成熟才去行动，那么你也许得永远等下去，二是要在不断行动、不断研究、不断反思中使不成熟的条件逐步变得成熟。

最后，十分感谢本书案例的提供者、本书出版的支持者，还想感谢本书质量的鉴定者，请将您阅读后的“鉴定意见”发送至 yyh@e172.com 或 13861472533@e172.com。

严育洪

2006 年 6 月于江苏无锡